Desarrollo Web

con

CMS

Drupal 7 y Joomla 2.5

Ángel Arias

ISBN: 978-1497567412

ÍNDICE

Nota del Autor

Esta publicación está destinada a proporcionar el material útil e informativo. Esta publicación no tiene la intención de conseguir que usted sea un maestro de las bases de datos, sino que consiga obtener un amplio conocimiento general de las bases de datos para que cuando tenga que tratar con estas, usted ya pueda conocer los conceptos y el funcionamiento de las mismas. No me hago responsable de los daños que puedan ocasionar el mal uso del código fuente y de la información que se muestra en este libro, siendo el único objetivo de este, la información y el estudio de las bases de datos en el ámbito informático. Antes de realizar ninguna prueba en un entorno real o de producción, realice las pertinentes pruebas en un entorno Beta o de prueba.

El autor y editor niegan específicamente toda responsabilidad por cualquier responsabilidad, pérdida, o riesgo, personal o de otra manera, en que se incurre como consecuencia, directa o indirectamente, del uso o aplicación de cualesquiera contenidos de este libro.

Todas y todos los nombres de productos mencionados en este libro son marcas comerciales de sus respectivos propietarios. Ninguno de estos propietarios han patrocinado el presente libro.

Procure leer siempre toda la documentación proporcionada por los fabricantes de software usar sus propios códigos fuente. El autor y el editor no se hacen responsables de las reclamaciones realizadas por los fabricantes.

Introducción al Diseño Web

Se puede entender el diseño web como la actividad enfocada a la planificación, el diseño y la implementación de sitios y páginas web. Para que un diseño web cumpla a la perfección con los objetivos de mostrar la información de manera adecuada y cuidar la forma en la que ésta se presenta hay que tener en cuenta diferentes factores:

El acceso a la información debe ser fácilmente accesible, proporcionando al usuario recursos para acceder a todas y cada una de las páginas web de un sitio (navegabilidad).

La navegación por nuestra página ha de ser cómoda, por lo que nuestra interfaz tiene que ser clara y fácil de usar (usabilidad).

Analizar y organizar la información, seleccionando la estructura más conveniente para mostrarla (arquitectura).

Cuidar la interacción del usuario con medios como el audio, imágenes, vídeo, etc. (interactividad).

Generalmente cuando hablamos de diseñar una página web a lo que nos referimos inconscientemente es a desarrollar un sitio web. Un sitio web generalmente está compuesto por varios documentos, o páginas web, organizados jerárquicamente bajo un entorno general definido.

No se debe confundir sitio web con página web. Su principal diferencia radica en el hecho de que una página web es una parte indispensable e indivisible de un sitio web con un nombre de archivo definido, mientras que el término global sitio web hace referencia a los conjuntos de estos elementos denominados páginas web.

El diseño web abarca muchas habilidades y disciplinas en la producción y mantenimiento de sitios web. Las diferentes áreas de diseño web incluyen diseño web gráfico, diseño de interfaz, la edición, incluyendo el código estandarizado y el software propietario, diseño de experiencia de usuario, y la optimización de motor de búsqueda. A menudo muchas personas trabajarán en equipos que cubren diferentes aspectos del proceso de diseño, aunque algunos diseñadores serán capaces de cubrir a todos. Los diseñadores web se espera que tengan un conocimiento sobre la usabilidad y la accesibilidad web.

Marketing y diseño web

El diseño web y el marketing en un sitio web puede identificar lo que funciona para su mercado objetivo. Esto puede ser un grupo de edad o rama particular, por lo que el diseñador debe de conocer las tendencias de la audiencia. Los diseñadores también pueden comprender el tipo de sitio web que se está diseñando, lo que significa, por ejemplo, que un sitio web (B2B) Business-to-Business tendrá consideraciones de diseño que pueden diferir considerablemente de un sitio web de venta al por menor o de entretenimiento. Debería hacerse una cuidadosa consideración para asegurar que la estética o el diseño general de un sitio no choquen con la claridad y la exactitud de los contenidos o la facilidad de navegación web, especialmente en un sitio web B2B. Los diseñadores también pueden considerar la reputación de la empresa o propietario del sitio para asegurarse de que son retratados favorablemente.

Diseño de la experiencia de usuario y diseño de interacción

Una buena navegación por el contenido de un sitio web por parte del usuario, a menudo depende de la comprensión de los usuarios de cómo funciona el sitio web. Esto es parte del diseño de la experiencia del usuario. La experiencia del usuario se refiere a los esquemas, instrucciones claras y etiquetas de una página web. El diseño interactivo del sitio web hará que un usuario entienda mejor de cómo puede interactuar con el sitio web. Si un usuario ve el sitio web como un sitio útil, tendrá más probabilidades de que el usuario siga usando su sitio web. Sin embargo, los usuarios con menos experiencia son menos propensos a ver las ventajas y la utilidad de una interfaz web menos intuitiva. Esto lleva a la tendencia para crear una experiencia de usuario más universal y de más fácil acceso para dar cabida a la mayor cantidad de usuarios posible, independientemente de la habilidad del usuario. Gran parte del diseño de la experiencia de usuario y del diseño de interacción se consideran en el diseño de la interfaz de usuario.

Las funciones interactivas avanzadas pueden requerir de la instalación de plug-ins, como el Adobe Flash Player. Elegir si desea o no utilizar la interactividad que requiere plug-ins es una decisión crítica en el diseño de la experiencia del usuario. Si el plug-in no viene pre-instalado con la mayoría de navegadores, hay un riesgo de que el usuario no sepa que hacer para poder visualizar el contenido del sitio web, y lo normal es que el usuario no tenga la paciencia para instalar un plug-in el sólo para acceder al contenido. También hay un riesgo de que la interactividad avanzada pueda ser incompatible con los navegadores más antiguos o configuraciones de hardware. La publicación de una función que no funciona correctamente es potencialmente peor para la experiencia del usuario que no hacer ningún esfuerzo.

Diseño de página

Parte del diseño de la interfaz de usuario se ve afectada por la calidad del diseño de la página. Por ejemplo, un diseñador puede considerar sobre el diseño de la página si los elementos de esta deben permanecer consistentes en diferentes páginas cuando se diseña la posición de los elementos sobre la página web. El ancho de página también puede considerarse vital para alinear objetos en el diseño para una o más posiciones. Los sitios web más populares tienen generalmente el mismo ancho para que coincida con la ventana del navegador actual más popular, con la resolución de la pantalla actual más popular, con el tamaño del monitor actual más popular. La mayoría de las páginas están también alineadas hacia el centro.

Un diseño puede estar dividido en objetos (barras laterales, bloques de contenido, áreas de publicidad incrustadas, áreas de navegación) que se envía al navegador y que se encaja en la ventana de la pantalla por el navegador. A medida que el navegador reconoce los detalles de la pantalla del lector (tamaño de la ventana, el tamaño de fuente relativo a la ventana, etc), el navegador puede hacer ajustes específicos sobre el diseño para los usuarios y que estos sean diseños fluidos. Aunque tal despliegue a menudo puede cambiar la posición relativa de los objetos de contenido importantes, las barras laterales pueden desplazarse a lo largo de la página para ver la continuación el texto en el cuerpo de la página. En particular, la posición relativa de los bloques de contenido puede cambiar mientras que deja el contenido dentro del bloque afectado. Esto también minimiza la necesidad del usuario para desplazarse horizontalmente la página.

El Diseño Web Sensible es un nuevo enfoque, basado en CSS3, y un mayor nivel de especificación por dispositivo dentro de los estilos de la página a través de un mayor uso de las CSS.

Tipografía

Los diseñadores web pueden optar por limitar la variedad de tipos de letra de los sitios web usando sólo unos pocos que sean de un estilo similar, en lugar de utilizar una amplia gama de tipos de letra. La mayoría de los navegadores reconocen un número determinado de fuentes, que los diseñadores utilizan principalmente para evitar complicaciones.

Gráficos en movimiento

El diseño de página y de interfaz de usuario también puede verse afectada por el uso de gráficos en movimiento. La elección de si desea o no utilizar gráficos en movimiento puede depender del mercado objetivo de la página web. Los gráficos en movimiento pueden ser esperados o por lo menos mejor recibidos en un sitio web orientado al entretenimiento. Sin embargo, un sitio web público objetivo con un interés más serio o formal (por ejemplo, empresas, comunidades o gobiernos) podrían encontrar las animaciones como un elemento innecesario y molesto aunque sólo sea para fines de entretenimiento o decoración. Esto no quiere decir que el contenido más delicado no pueda ser mejorado con presentaciones animadas o de vídeo que sean relevantes para el contenido. En cualquier caso, el diseño gráfico de movimiento puede crear la diferencia entre elementos visuales más eficaces o imágenes que distraen.

Calidad de código

Diseñadores web pueden considerar esto como una buena práctica para cumplir con las normas. Esto se hace generalmente a través de una descripción que precise lo que cada elemento de la página web está haciendo. Las normas deben relacionarse con el diseño correcto de las páginas para facilitar la lectura y el desarrollo de elementos codificados que se cierran adecuadamente. Esto incluye errores en el código, un diseño más organizado para el código, y hacer identificaciones seguras y las clases que se identifican correctamente.

Introducción a Drupal 7

¡Enhorabuena! El hecho de que usted ha empezado a leer este libro significa que usted está interesado en aprender más acerca de la publicación en la web con el sistema Drupal. Drupal es una herramienta de gran alcance, flexible, fácil de manejar, e inspiradora. Usted obtendrá mucha diversión y muchas experiencias gratificantes, y si utiliza Drupal, los administradores y los visitantes de los sitios que usted construya también obtendrán diversión y experiencias gratificantes.

Al empezar a aprender Drupal puede parecer que hay un número infinito de cosas que se pueden aprender. Y hasta donde yo sé, esto puede ser cierto. Durante los años que he trabajado con Drupal he aprendido cosas nuevas constantemente, y sin embargo, todavía no he tenido la sensación de que lo he aprendido todo.

Pero con los años también estoy cada vez más y más convencido de que hay una manera de empezar con Drupal para que su aprendizaje sea mejor y más gratificante. Cuando usted comienza a aprender sobre Drupal creo que es importante empezar aprendiendo a utilizar varios módulos importantes. Si no es un experto en el uso de estos módulos cruciales, y usted quiere reinventar la rueda, perderá muchas de las ventajas que ofrece el framework de Drupal. Si usted aprende a dominar estos módulos, tendrá las herramientas para crear de forma rápida y eficiente la *Estructura* de casi todos los tipos de sitios web que usted pueda imaginar. También deberá estar preparado para profundizar sus conocimientos en el desarrollo web con Drupal, si desea codificar, construir interfaces, proyectos de ecommerce, o si se especializará en algún otro tema del desarrollo web.

Este libro cubre las habilidades básicas que debe aprender un nuevo desarrollador de Drupal (y un poco más). De ninguna manera este libro es una descripción completa de todo lo que necesita o de todo lo que pueda utilizar, pero el libro está diseñado para darle una base sólida para seguir aprendiendo.

Espero que se diviertan tanto como yo lo hice cuando empecé a aprender Drupal, y espero poder aprender del conocimiento único que hay en la comunidad de Drupal.org.

¿Qué es Drupal?

La respuesta simple a la pregunta, "¿Qué es Drupal?", es: Drupal es un sistema de publicación web. Drupal es un programa o una aplicación web, que se utiliza para gestionar el contenido de un sitio web.

Pero ésta es sólo una parte de la respuesta real. Drupal no es sólo una herramienta para la gestión de contenidos en un sitio web, sino una herramienta para construir herramientas para gestionar el contenido de los sitios web. Es una herramienta utilizada por desarrolladores web para crear herramientas de publicación web a medida. En algunos aspectos, incluso se puede llamar a Drupal un lenguaje de programación.

Pero incluso esto no es la respuesta completa. La mayoría de las *Personas* que han utilizado Drupal durante un tiempo le dirá que Drupal es una comunidad: un grupo de *Personas* repartidas en el mundo, que comparten una meta común o interés, y sienten que tienen algo que los conecta. Esta comunidad cuenta con más de medio millón de miembros, que, de una manera u otra contribuyen al proyecto llamado Drupal. Algunos ponen sus esfuerzos del Core Drupal para mejorarlo y evolucionarlo (una contribución apreciada). Bastantes *Personas* construyen código con nuevas funcionalidades. Algunos trabajan con la documentación, traducciones, o responden a las preguntas de la gente nueva en Drupal. Algunas *Personas* en la comunidad son tan conocidas que casi pueden compararse con las estrellas de rock. Pero la gran mayoría de la comunidad se compone de *Personas* que en su mayoría sólo utilizan Drupal como herramienta de publicación. Ayudan a que el proyecto de vez en cuando se plantee nuevas preguntas, informan de un bug o traen las peticiones de nuevas características para los desarrolladores.

Varias de las *Personas* que van a ser muy importantes para el crecimiento y el desarrollo de Drupal en el futuro, acaba de comenzar a usarlo en estos momentos...

Software libre

Drupal se distribuye con una licencia generalmente llamada de código abierto. Esto significa que a diferencia de casi todos los otros sistemas de publicación de la misma magnitud, Drupal es gratuito. No hay que pagar por descargar o por comenzar a utilizar Drupal, y no hay ningún pago de licencia anual para seguir utilizándolo.

Más importante que el precio, sin embargo, es lo que se le permite y no se le permite hacer con Drupal. Si usted lee la letra pequeña de los contratos de licencia de usuario final para el software, verá que requieren que usted se comprometa a no instalar el programa en más de un cierto número de equipos, no piratear o realizar ingeniería inversa del software, y a que no vulnerará cualquiera de las patentes incluye el software.

Las licencias de código abierto se crearon como una reacción a los límites que existía con el software de código cerrado. Las licencias de código abierto dicen explícitamente que usted puede utilizar el programa de la manera que usted desee, puede jugar con su código para averiguar cómo se construye, puede compartir las copias del software a sus amigos, y puede utilizar el software (o parte de este) para hacer aplicaciones nuevas y mejores. Si utiliza Drupal para construir un sitio web, usted puede estar seguro de que puede escribir plugins para ayudar a que su sitio funcione mejor o utilizar drupal y sus plugins y modificarlos sin ser demandado.

La filosofía de código abierto es muy simple: Es mejor si trabajamos juntos.

Hace mucho tiempo, el software de código abierto era bastante insignificante en comparación con otros sistemas de software de pago, ya que eran utilizados principalmente por los nerds informáticos con pintas extrañas. Hoy en día, uno de los diez mejores sitios web del mundo (Wikipedia) se ejecuta con el software de código abierto, y está lleno de información que también se rige por las licencias de código abierto. Además, uno de los mejores sistemas de publicación web en el mundo es compartido como código abierto. Lo llamamos Drupal.

¿Cómo debo leer este libro?

Este libro está dividido en partes separadas:

La Parte A cubre los conceptos básicos y las habilidades que se necesitan tener para utilizar Drupal. Cada capítulo de la parte A termina con una serie de ejercicios o tareas que puede utilizar para poner los conceptos en la práctica.

La Parte B cubre algunos de los aspectos más desafiantes de la funcionalidad proporcionada por Drupal. También cubre el módulo *Views* - un paso importante en la comprensión y el aprovechamiento de la potencia de Drupal. En el final de los capítulos de la parte B terminan con más ejercicios, más amplios, que requieren más tiempo que las tareas de la parte A.

Parte C es una secuela que debe usar cuando se sienta cómodo con los conceptos de la parte B. Se presentan tres nuevos módulos, cada uno de ellos traen una importante clave para la construcción de sitios con Drupal. La parte C tiene más referencias y menos narrativa, pero con ejemplos de cómo utilizar los módulos que se proporcionan en cajas separadas y en los ejercicios al final de cada capítulo.

El Apéndice 1 se explica cómo instalar Drupal, los módulos y los temas. También presenta un enfoque para la forma de controlar la versión de la *Configuración* de Drupal.

El Apéndice 2 explica cómo usar Drupal en otros idiomas además del Inglés.

TIP: En este libro hay comentarios. Contiene algunos TIPs más avanzados que usted podrá apreciar la segunda o tercera vez que lea una sección, se pueden omitir con total seguridad en su primera lectura.

Las suites de ejercicio

Este libro contiene un gran número de ejercicios y tareas que se pueden utilizar para practicar sus nuevas habilidades sobre Drupal. Todas las tareas y ejercicios pertenecen a una suite de ejercicio. Hay tres suites:

La suite del jefe se utiliza en la parte A, donde un jefe ficticio le proporciona tareas relativamente sencillas. El objetivo de estas tareas es que usted pueda probar la interfaz administrativa y editorial de Drupal, no para construir sitios web completos.

La suite del Sitio de la documentación, abarca las partes B y C, donde verá la construcción de un sitio web utilizando una comunidad para la documentación en línea. Aunque los ejercicios encajan tanto en la funcionalidad y en el tema, la mayoría de los ejercicios sólo requieren que usted tenga la instalación. Usted no está obligado a hacer todos los ejercicios en secuencia, ni a hacerlos en absoluto.

El Sitio de Noticias privado también abarca las partes B y C, verá la construcción de un sitio web utilizando la publicación de noticias. Estos ejercicios son adecuados para cualquier persona que quiera pasar más tiempo explorando y probando las diferentes soluciones en Drupal. Mientras que cada ejercicio se describe como un caso de un usuario y las instrucciones de cómo hacerlo son una demostración, no hay soluciones sugeridas y sólo unos pocos comentarios.

Ejercicios y casos de usuario

Los ejercicios en las suites del Sitio de la documentación y del sitio de noticias (en las partes B y C) se presentan como historias/casos de usuario. Una historia de usuario es una manera de describir las tareas de desarrollo que son cada vez más comunes en el desarrollo web y en el desarrollo de software en general. El núcleo de una historia de usuario es una breve descripción de lo que es un tipo específico de usuario del sitio y que quiere hacer en el sitio web. Describiendo las tareas como las historias de un usuario le ayudará a enfocar el punto real de la funcionalidad, en lugar de las soluciones técnicas.

Las Historias de usuario son una parte importante de los métodos ágiles de desarrollo, un concepto central en el desarrollo del software moderno. Usted puede encontrar una introducción rápida de desarrollo ágil en la Wikipedia.

La Suite del sitio de Noticias sólo contiene información breve de la historia de usuario, mientras que el sitio de la documentación tiene descripciones más detalladas que le ayudarán a ponerse en marcha, entre estos:

Un título corto pero descriptivo, por lo que es más fácil de encontrar y recordar el ejercicio.

La historia real del usuario para el ejercicio. Esta es una declaración acerca de quién debería ser capaz de hacer algo, lo que deben hacer, y por qué se desea la funcionalidad. El porqué se considera importante en el desarrollo ágil, ya que ayuda a los desarrolladores a elegir entre diferentes soluciones.

Una captura de pantalla que muestra un ejemplo del resultado final.

La sección de demostración. Usted deberá llevar a cabo estos pasos para decidir en última instancia si la historia de usuario es completa o no. A menudo, estas medidas incluyen detalles sobre las tareas que no se mencionan en la historia corta de usuario, asegúrese de leer estas secciones.

Los preparativos necesarios. Estos se limitan a las tareas cortas y fáciles. No hay preparaciones adicionales, son necesarios si todas las tareas se llevan a cabo en una secuencia.

Una propuesta de solución, destinada a ser la forma más natural de resolver la tarea.

Comentarios señalando detalles que se podían haber omitido o enfoques alternativos para una solución.

Las soluciones sugeridas están destinados a ser las más naturales, pero es posible que hallen otras soluciones que son mejores desde otra perspectiva. Incluso hay casos en que los ejercicios están escritos intencionalmente de esta manera.

Lugares para conocer más

Este libro le dará unos conocimientos sólidos sobre el uso de Drupal, pero sólo cubre una pequeña parte de todo lo que hay que saber. Aquí hay algunos lugares con más conocimiento sobre Drupal:

drupal.org: Este es el sitio web principal de Drupal, y un centro para todo lo relacionado con Drupal. El sitio contiene foros, páginas de proyecto de los módulos y los temas, y una funcionalidad de búsqueda de gran alcance que le ayudará a encontrar cualquier cosa sobre Drupal.

La documentación de Drupal: Esta es la documentación oficial de Drupal, con un montón de guías y "How-to's" para todo el mundo, desde principiantes noveles a desarrolladores experimentados.

groups.drupal.org: Este es un lugar donde los drupalistas afines se reúnen para discutir sobre Drupal. Es probable que aquí encontrará algún grupo de Drupal de su país o ciudad, así como algún grupo de su interés en particular.

Internet Relay Chat (IRC): Drupal tiene muchos canales para chatear, a menudo con varios cientos de usuarios simultáneamente. Charlar con la gente es una excelente manera de obtener ayuda en caso de emergencia, así como de conocer a gente de la comunidad Drupal.

Planet Drupal: Esta página contiene un canal de noticias sobre Drupal, con noticias recogidas de todas partes del mundo Drupal.

Parte A: conceptos básicos del núcleo de Drupal (Drupal Core)

Esta parte cubre la funcionalidad y los conceptos más importantes de Drupal core (Drupal sin módulos adicionales). Estos conceptos se utilizan en casi todos los sitios Drupal, y son esenciales para la comprensión de cómo utilizar Drupal.

1: Nodos

2: Los usuarios y *Permisos*

3: Bloques

4: Menús

5: Otros ajustes básicos del núcleo de Drupal

1: Nodos

Es un efecto extraño, pero nunca falla, las *Personas* que saben mucho sobre un tema informático suele hablar muy a menudo en su propio idioma, y creen que las palabras son obvias para todos los iniciados en la informática ... o también pueden ser disparates a lo ojos de la *Personas* que no son noveles en el mundo informático.

Los cirujanos pueden utilizar stents, los carpinteros han afilado las tablas y los marineros saben cómo subir y bajar un brazo. Los drupalistas, también tienen unos cuantos términos extraños, algunos de los cuales aprenderá a lo largo de este libro. El más importante de estos es probablemente el nodo.

Un nodo es un fragmento de contenido en un sitio de Drupal. Puede ser una página de información, un blog o un comunicado de prensa. El contenido no tiene que ser como páginas web independientes sino que también pueden ser nodos, las imágenes, videos, o contenedores para recoger las páginas con acceso restringido a determinados usuarios.

Como desarrollador de Drupal, una de las cosas más importantes que deberá aprender es cómo usar los nodos para construir la *Estructura* de la información en una página web. En este capítulo se explica cómo utilizar las funciones básicas de los nodos.

TIP: En Drupal 7, el término nodo ha sido casi totalmente reemplazado por el término contenido. Pero el término nodo está siendo ampliamente utilizado por muchos módulos (plugins) y en la documentación oficial. Por eso es importante conocer y reconocer este término. En este libro, los términos de nodo y contenido se utilizan indistintamente para indicar lo mismo, si no se indica lo contrario.

La versión inicial de esta sección del libro vino del libro de Drupal 7: Conceptos básicos, cortesía de nodeone y Johan Falk. A continuación vamos a ver los siguientes ajustes con los nodos:

La creación de nodos

Edición de nodos y la gestión de las revisiones

Otras configuraciones de nodos

Ver modos de nodos

Los tipos de nodo y nodo de administración

Comentarios de nodo

Pon a prueba tus habilidades

La creación de nodos

En la primera página que aparece como administrador de un nuevo sitio de Drupal, hay por lo menos tres enlaces para añadir nuevo contenido, uno en la barra lateral, uno de los accesos directos en la parte superior de la página, y uno justo en el medio de la página. (Ver figura 1.1) Todos abren la superposición administrativa, que le permite crear o bien un artículo o una página básica. (Vea la figura 1.2).

Los artículos y las páginas básicas son dos tipos de nodo o tipos de contenido. Al hacer clic en cualquiera de los nombres de los tipos le dará un formulario que será utilizado para crear un contenido de ese tipo. Esto se conoce como el formulario de nodo. Los formularios utilizados para los artículos y para las páginas básicas son diferentes, pero funcionan de la misma manera. Usted recibirá un número de campos donde puede introducir información, donde tiene botones para obtener una vista previa o guardar el elemento de contenido. (Vea la figura 1.3)

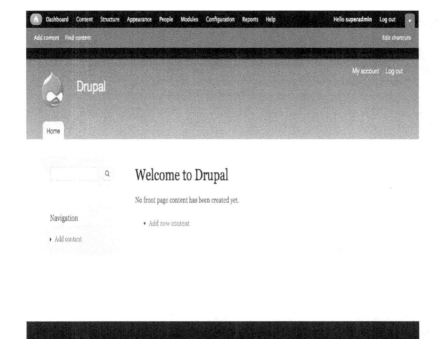

Figura 1.1: Una instalación estándar Drupal sin contenido - hacer
clic en añadir contenido para crear su primer nodo

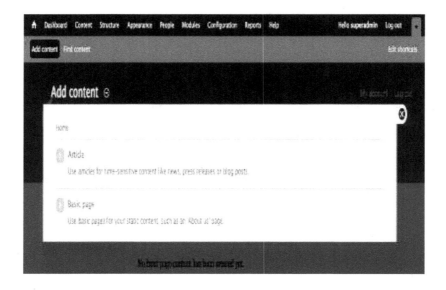

Figura 1.2: Superposición para añadir contenido o nodos con dos opciones: artículos y páginas básicas.

A continuación se muestra una descripción de los campos disponibles en el formulario de nodo artículo.

Título: Este es el título del artículo, y se mostrará en la parte superior de la página del artículo en la página web (que también se utilizará para el título HTML que se muestra en la barra superior del navegador web).

Etiquetas: Esta es una oportunidad para asignar a su artículo una o más palabras clave que se utilizan para categorizar el contenido. Drupal sugieren que las palabras clave coincidan con el contenido de su artículo. Si desea añadir varias palabras clave, sepárelas con comas. Las palabras clave por lo general se muestran como enlaces a las listas de todos los nodos con la misma palabra clave.

Editar/ocultar Resumen: Al hacer clic editar resumen, aparece un cuadro donde se puede escribir un resumen del artículo. Los resúmenes se usan a menudo cuando se enumeran los artículos, como un artículo llamado sumario. El enlace ocultar resumen oculta la caja de nuevo.

Cuerpo: Este campo se utiliza para el texto principal del artículo.

Formato del texto: Por lo general, el campo del cuerpo sólo contiene texto plano, pero puede interpretar algunas etiquetas de marcado HTML. También admite PHP si lo hemos configurado así. Estas se describirán con más detalle en una sección separada.

Imagen: Esto le da la oportunidad de subir una imagen que se mostrará junto con el artículo. Las imágenes subidas, por defecto, pueden proporcionar textos alt, que es el texto que se muestra si la imagen no se carga (esto es importante para los lectores de pantalla utilizados por *Personas* con discapacidad visual, así como para los robots de los motores de búsqueda).

En la parte inferior del formulario de nodo, hay una serie de ajustes de los menús, comentarios, y algunas otras cosas. Estos se describirán más adelante.

Por último, se encuentran los botones de Guardar o ver una vista previa del artículo. Al hacer clic en el botón Guardar le lleva a una nueva página web que le muestra el artículo que acaba de crear. (Vea la figura 1.4)

TIP: Los tipos de nodo también son llamados tipos de contenido.

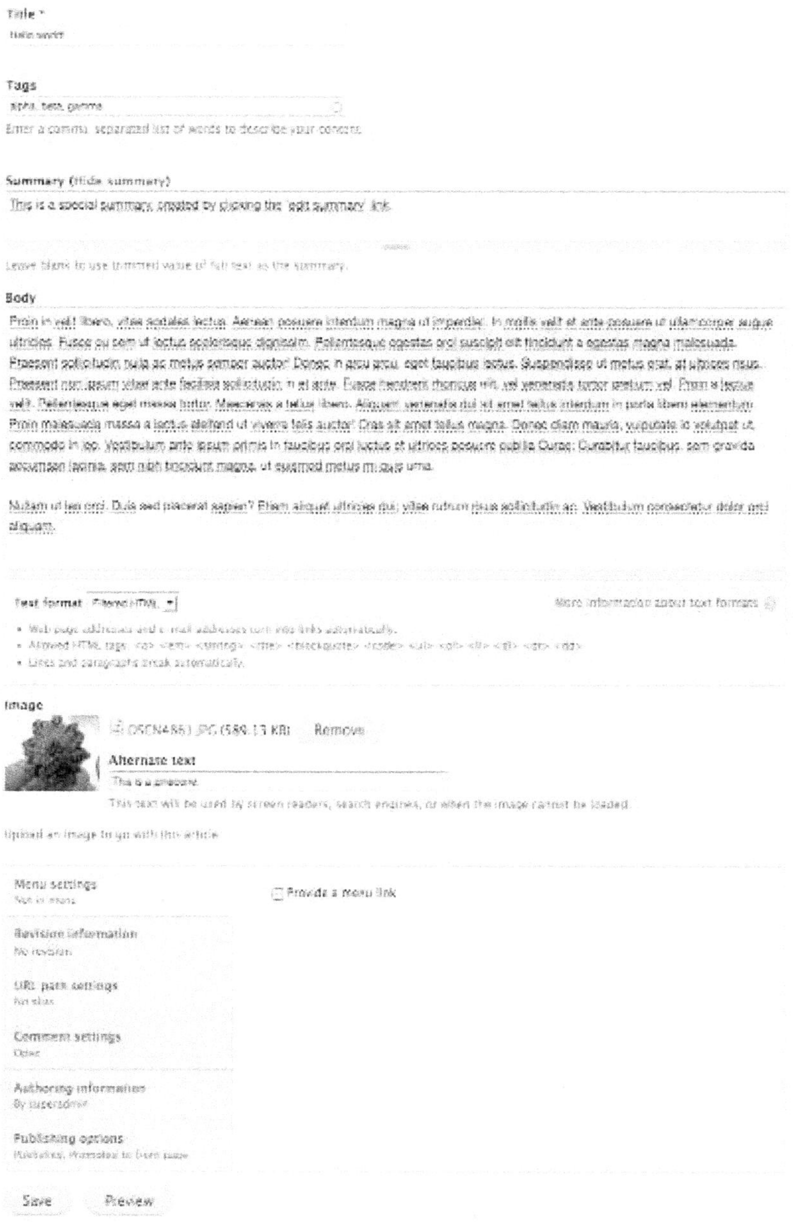

Figura 1.3: El formulario utilizado para crear nuevos artículos tiene
espacio para diferentes tipos de información.

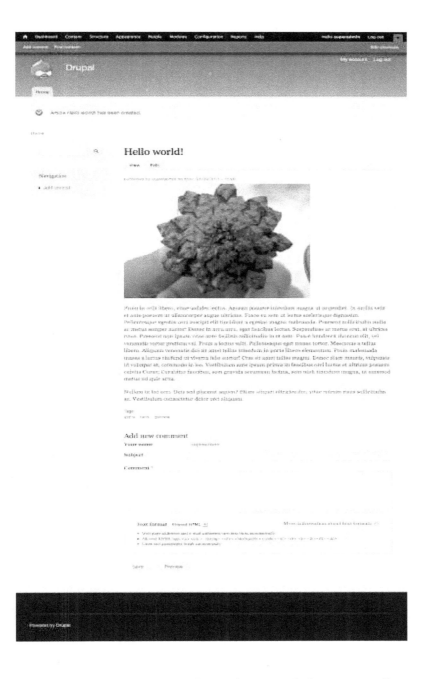

Figura 1.4: Un artículo de la página guardada, con su diseño por defecto.

Edición de nodos y la gestión de las revisiones

Un artículo de la página, al igual que otras páginas de nodos, tiene dos fichas: ver y editar. Al hacer clic en la pestaña de edición, se vuelva a abrir el formulario de edición de nodos, que es idéntica a la que usted acaba de utilizar, excepto por dos cosas. El formulario se rellena previamente con el contenido de su artículo, y hay un botón para eliminar el nodo al lado de los botones de guardar y vista previa.

Entre las opciones en la parte inferior del formulario de nodo, encontrará la información de revisión. (Ver figura 1.5). La opción de crear nueva revisión le dice a Drupal que archive la versión actual del nodo cuando se cree una nueva versión, esta es una característica muy útil si se desea tener el control sobre las versiones de su contenido. El nodo que ha archivado las revisiones se mostrará con una ficha adicional, revisiones. Haciendo clic en la ficha, esta le da una visión general de todas las revisiones disponibles, con enlaces para poder verlas, para revertir el nodo a la revisión seleccionada, y también para eliminar las revisiones, si es necesario. (Ver figura 1.6) Revertir un nodo a una revisión anterior no significa que Drupal elimine las revisiones, sino que simplemente coloca una copia de la revisión seleccionada en la parte superior como la revisión actual.

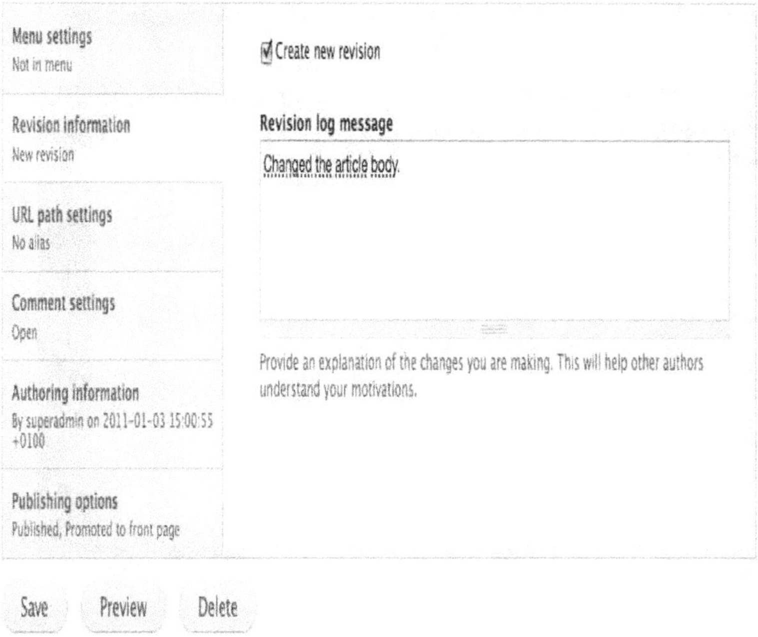

Figura 1.5: Drupal tiene una funcionalidad integrada para la revisión del nodo.

Figura 1.6: La ficha revisiones muestran todas las versiones anteriores de un nodo, junto con los mensajes de registro de las revisiones.

TIP: En general, los enlaces y los ajustes están accesibles solamente si está permitido el uso de estos. Por lo tanto, en la ficha de edición de un nodo sólo se muestra a los usuarios que tienen permiso para editarlo. La opción para cambiar los formatos de texto sólo se muestra si se le permite alternar los formatos. Al iniciar sesión con su cuenta de usuario 1 (la cuenta de administrador), lo normal es ver todas las opciones, para bien o para mal.

TIP: El módulo Diff le permite comparar las revisiones de nodo para ver lo que ha cambiado entre ellos. También le permite previsualizar los cambios en un nodo antes de guardar.

Otras configuraciones de nodos

Aparte de la información de revista, la parte inferior del formulario de nodo también contiene, por lo general, otras cinco fichas con ajustes:

Los ajustes del menú: Esto le da la oportunidad de añadir un elemento del menú que une al nodo. Veremos más sobre la gestión de menú en el capítulo 4.

Configuración de la ruta de la URL: Permite que usted dé al nodo una dirección URL en paralelo a la ruta utilizada Internamente por Drupal. La ruta interior de los nodos está siempre en la forma 'nodo/NN', donde NN es un número de identificación único para el nodo.

Ajustes de Comentarios: Esto le permite activar o desactivar los comentarios en cada nodo. Si el nodo ya tiene comentarios, puede elegir si quiere o no ocultarlos.

Información de Autoría: Esto muestra que cuenta de usuario se utilizó para crear el nodo, y cuando se creó. Ambos campos se pueden cambiar si es necesario.

Opciones de publicación: Esto le da tres opciones que controlan cómo y dónde el nodo debe aparecer en el sitio.

Publicado: De forma predeterminada, sólo los administradores pueden ver el contenido publicado, mientras que el contenido publicado es accesible para cualquier persona.

Promovido a la portada: Con esta opción activada, el nodo se incluirá en la lista que se utiliza de forma predeterminada como página de inicio de Drupal.

Fijar en la cima de las listas: Esta opción hace que el nodo aparece por encima de los otros nodos de la primera página, así como por encima de otras listas.

TIP: El módulo Pathauto le dará a sus nodos un alias de URL creado automáticamente. Estos se basan en patrones personalizables, tales como 'noticias/2013/mayo/titulo-articulo'.

Ver modos de nodos

Al visitar la página de un nodo, lo normal es ver todo su contenido. Cuando el nodo aparece en la primera página, sólo se muestra una parte del nodo. Con los artículos, el cuerpo es sustituido por un resumen y las imágenes se muestran en un formato más pequeño. Esto representa dos modos de visualización para los nodos: nodo completo y teaser (resumen).

Los nodos pueden ser configurados para ser visualizados de manera diferente en cada modo de visualización. Veremos más detalles sobre esto en el capítulo 8.

Los tipos de nodo y nodo de administración

Los artículos y las páginas básicas son dos tipos de nodos diferentes, son dos plantillas diferentes que se utilizan para crear y gestionar los nodos. Estas diferencias se reflejan en cierta manera.

Por ejemplo:

Hay enlaces separados para crear cada tipo de nodo.

Cada tipo de nodo tiene campos para diferentes sus conjuntos de información. Los detalles sobre esto los puede encontrar en el capítulo 6 sobre los campos.

Usted puede establecer *Permisos* separados para que los usuarios pueden crear, editar y eliminar cada tipo de nodo. Verá más información sobre los *Permisos* en el capítulo 2.

Cada tipo de nodo puede tener diferentes configuraciones predeterminadas para la gestión de comentarios, las opciones de publicación, los enlaces del menú, y mucho más.

Vamos a ver más detalles a continuación:

Los ajustes predeterminados para los tipos de nodos

Administración de nodo

Ajustes predeterminados para los tipos de nodos

En la barra de herramientas de administración, la barra negra que está en la parte superior de la página, en una instalación estándar de Drupal, hay una opción llamada *Estructura*. Esto nos lleva a una página con algunas de las opciones más interesantes para construir un sitio de Drupal, tales como tipos de contenido. Al hacer clic en este enlace nos lleva a una visión general de todos los tipos de nodos disponibles en el sitio web, junto con los enlaces para gestionar cada tipo de contenido. Encima de la lista, también hay un enlace para crear nuevos tipos de contenido. (Vea la figura 1.7)

Home » Administration » Structure

✛ Add content type

NAME	OPERATIONS			
Article (Machine name: article) Use articles for time-sensitive content like news, press releases or blog posts.	edit	manage fields	manage display	delete
Basic page (Machine name: page) Use basic pages for your static content, such as an 'About us' page.	edit	manage fields	manage display	delete

Figura 1.7: *Estructura*: los tipos de contenido en la barra de herramientas de administración nos proporcionan una visión general de todos los tipos de nodo de su sitio web.

Los enlaces con el nombre Gestionar Campos y Administrar Display (Administrar Presentación) son tan interesantes y tienen sus propios capítulos, por lo que no los veremos aquí. (Vea el capítulo 6 sobre los campos y los modos de visualización, y el capítulo 8 en la presentación de los campos). No se sorprenda al saber que el enlace eliminar se utiliza para eliminar el tipo de nodo. La edición del enlace se utiliza para establecer las propiedades más básicas para un tipo de nodo (Vea el gráfico 1.8). Estas propiedades son:

Nombre: Este es el nombre del tipo de nodo. Basado en su nombre en texto plano, Drupal sugiere un nombre de máquina que se utiliza para identificar el tipo de nodo en la base de datos de Drupal.

Descripción: Este texto aparece en algunas listas de los tipos de nodos, como la lista que sale al hacer clic en agregar contenido.

Ajustes del Formulario de envío: Esto le da la oportunidad de cambiar la etiqueta utilizada en el título del tipo de nodo, por ejemplo, si tiene un tipo de nodo para los contactos, establezca que la etiqueta "nombre" tiene más sentido que 'title'. También hay opciones para cambiar la *Configuración* previa del nodo, y para proporcionar el formulario de nodo con texto de ayuda.

Opciones de publicación: Se utiliza para cambiar la *Configuración* predeterminada de los estados de la publicación de los nodos. Esto incluye la opción de crear nuevas revisiones por defecto cuando se edita contenido. La modificación de estos ajustes no afectará a los nodos existentes.

Configuración de la pantalla: Esto le da la oportunidad de mostrar u ocultar información sobre quién creó el nodo y cuándo.

Configuración de Comentarios: Permite una serie de ajustes para que los usuarios formulen comentarios, como por ejemplo, por defecto permitir realizar comentarios o no, o si los comentarios se muestran como una lista lineal o en una *Estructura* de árbol.

Los ajustes del menú: Estas opciones determinan que los menús deben ser capaces de vincular a los nodos de este tipo, y si los nodos deben de estar incluidos en un elemento de un determinado menú por defecto. Veremos más información sobre los menús en el capítulo 4.

Otros módulos (plugins) nos pueden proporcionar nuevas opciones para la página, para editar la *Configuración* de tipo de nodo.

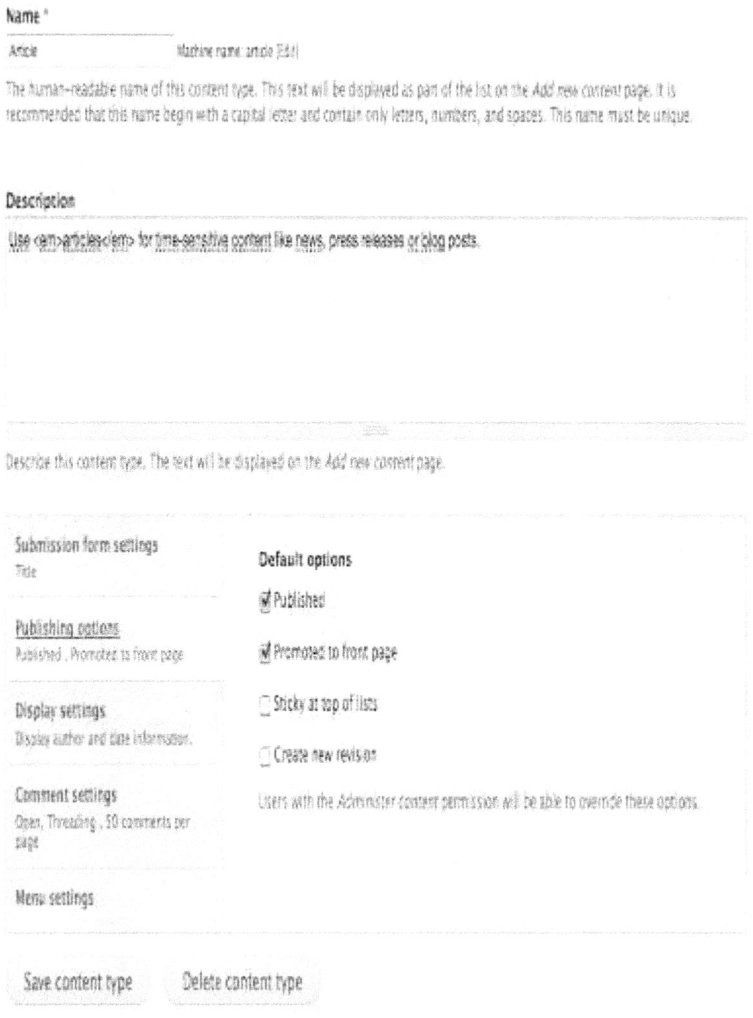

Name *

Article   Machine name: article [Edit]

The human-readable name of this content type. This text will be displayed as part of the list on the *Add new content* page. It is recommended that this name begin with a capital letter and contain only letters, numbers, and spaces. This name must be unique.

Description

Use articles for time-sensitive content like news, press releases or blog posts.

Describe this content type. The text will be displayed on the *Add new content* page.

Submission form settings
Title

Publishing options
Published , Promoted to front page

Display settings
Display author and date information.

Comment settings
Open, Threading , 50 comments per page

Menu settings

Default options

☑ Published

☑ Promoted to front page

☐ Sticky at top of lists

☐ Create new revision

Users with the *Administer content* permission will be able to override these options.

[Save content type]   [Delete content type]

Figura 1.8: Es posible establecer una serie de valores predeterminados por tipo de contenido, como las revisiones del nodo.

Administración de nodos

Los nodos pueden estar dispersos por todo el sitio de Drupal, y no siempre es fácil encontrar el nodo exacto que se está buscando. La barra de herramientas de administración tiene la opción de contenido que nos proporciona una lista de todos los nodos en un sitio web, junto con algunas herramientas útiles (Vea el gráfico 1.9), incluyendo:

Filtros para limitar la *lista de nodos*, seleccionando los tipos de contenido o sólo los nodos, con opciones de publicación para seleccionar.

Enlaces para ver, editar y eliminar todos los nodos.

Opciones para realizar actualizaciones masivas en los nodos, como por ejemplo, la edición, despublicación, o la eliminación de varios nodos a la vez.

Figura 1.9: La página de administración para gestionar el contenido tiene varias herramientas para realizar cambios masivos en los nodos.

TIP: Los grandes sitios de Drupal suelen tener páginas de administración personalizadas a medida que gestionan el contenido de acuerdo con los flujos de trabajo pertinentes a ese sitio. El módulo para *Views* de Operaciones Masivas (Bulk Operations) ofrece una página de administración alternativa para el contenido, con más opciones y mayor flexibilidad.

Comentarios en los nodos

Cuando se habilita el módulo comentarios, que es el caso en una instalación estándar, los usuarios pueden enviar comentarios a los nodos. (Ver figura 1.10). Como se mencionó anteriormente, es posible configurar los valores de activado o no en los comentarios para cada nodo, y también es posible cambiar la *Configuración* predeterminada para cada tipo de nodo.

Los administradores pueden gestionar los comentarios de dos maneras diferentes:

Cada comentario tiene un enlace de edición, que le permite a los administradores modificar el contenido de cada comentario, incluyendo el cambio de información sobre la contabilización y, opcionalmente, dejar publicar/no dejar publicar un comentario. (Vea la figura 1.11)

En la página de resumen de contenido hay una pestaña Comentarios que le lleva a una lista de todos los comentarios publicados en la página web. También hay fichas secundarias disponibles para cambiar entre ver los comentarios publicados y no publicados. Cada lista tiene herramientas para la edición, despublicación y eliminación de comentarios. (Vea la figura 1.12 y 1.13)

Los comentarios son similares a los nodos en su *Estructura*, pero desde una vista técnico, no son nodos.

Figura 1.10: Los nodos pueden tener comentarios y estos pueden ser ordenados en una *Estructura* de árbol.

Figura 1.11: Los administradores pueden, si es necesario, editar cada comentario de manera individual.

Figura 1.12: Desde la Administración del contenido podemos ver como una lista de los contenidos publicados que dispone de herramientas para anular la publicación de varios comentarios a la vez.

Figura 1.13: La lista de los comentarios publicados cuenta con herramientas similares a la lista de los contenidos publicados.

Pon a prueba tus habilidades

Las tareas que se describen a continuación son las primeras de una serie de tareas que nos pedirá un jefe de ficción, y más tarde también con la participación de un becario. No son historias de usuario completas, como las que usaremos en los ejercicios de las partes B y C de este libro, pero estas tareas son más rápidas y tienen un objetivo claro.

Crear un artículo

La creación de las revisiones

Edición de resumen del artículo

Niza URL de una página

Escribir artículos sin publicarlas

Publicación y actualización de fecha

Nodos de actualización masiva

Cambiar la *Configuración* predeterminada de nodo

Administración de comentarios

Crear un artículo

Hola, soy tu jefe.

He escrito una noticia que me gustaría que se publicara en nuestra nueva página web. Llamé a nuestros consultores web, pero me dicen que podemos publicar las noticias en el sitio web nosotros mismos, y me han enseñado cómo hacerlo. La historia que he escrito se puede encontrar en lipsum.com. ¿Puede poner esta noticia en nuestro sitio? Me gustaría que fuera a la derecha en la parte superior de nuestra página principal. Gracias.

La creación de las revisiones

Hola, soy tu jefe de nuevo.

Al parecer, el chico Lorem Ipsum ha cambiado su nombre y ahora quiere deletrearlo como LoremEpsum. ¿Podría actualizar el artículo? Me gustaría tener la antigua versión disponible en algún tipo de registro, no vaya a ser que Lorem cambie de opinión otra vez. Gracias.

Edición de resumen del artículo

Hola, soy tu jefe.

He estado pensando más en el artículo de Lorem, y no se ve muy bien en nuestra portada. Llamé a nuestros consultores web para pedirles que usen un texto especial sólo para la primera página, y, al parecer, esto es algo que también podemos hacer nosotros mismos.

Preparé un texto de introducción para lipsum.com, para la primera página. ¿Me puedes colocar ese texto en su sitio? Gracias.

Sugerencia: Se encuentra cerca de la parte superior, junto al cuerpo.

Agrega una página con URL

Hola, soy tu jefe.

La página web está bien en su conjunto, pero creo que debemos tener una página sobre nosotros disponible en mipagina.com/about-us. Llamé a nuestros consultores web, y dicen que se puede solucionar este problema. Lamentablemente no tengo tiempo para escribir el texto ahora mismo, por lo que tendrá que hacerlo usted. Gracias.

Escribir artículos sin publicarlas

Hola, soy yo otra vez.

¿Conoces la historia de la noticia en la que hemos estado trabajando hace unos días? Sé que ya la han terminado, pero me gustaría pensarlo un poco más antes de publicarla. Llamé a los consultores web, y dicen que en realidad podemos ponerla en nuestro sitio web, pero que configuremos la noticia para que no la puedan ver los visitantes. ¿Se puede hacer esto? Podría venir durante el fin de semana para realizar algunos cambios más en el artículo. Gracias.

Publicación y actualización de fecha

Hola, soy tu jefe.

Tuve un gran fin de semana de golf, y luego me hice un pequeño viaje en barco por las islas. Espero que el tuyo también fuera bueno. Mira, sobre de este artículo, no tengo más cambios, por lo que ya podemos publicarlo ahora. Por cierto: el proveedor de web dice que usted tiene que hacerle algo a la fecha para que se vea como si se hubiera escrito hoy. Gracias.

Actualización masiva de nodos

Antes de iniciar esta tarea, deberá crear una serie de páginas básicas y publicarlas en la portada del sitio.

Hola, soy tu jefe.

Sé que dije que quería un número de páginas de base publicadas en nuestra página principal, pero hay algunos artículos que queremos cambiar ahora. ¿Podría eliminar todos estos de la primera página? Bien, gracias.

TIP: El módulo Devel es una herramienta rápida para la generación de contenido de prueba de forma masiva, que se encuentra en fase de Desarrollo, vea el capítulo sobre la instalación y habilitación de los módulos en el Apéndice 1. Una vez habilitado, el contenido de prueba se puede crear haciendo clic en *Configuración* en la barra de herramientas y seleccionando generar contenido.

Cambiar la configuración predeterminada de un nodo

Hola, soy tu jefe.

Esta cosa del revisionismo es bastante útil, pero estoy irritado de tener que estar marcando la casilla "crear nueva revista" para cada artículo que creo. Llamé a nuestros consultores web, y dicen que se puede arreglar esto. (Estoy empezando a preguntarme si realmente necesitamos los consultores). ¿Se puede hacer de manera que todos los artículos y que las páginas básicas tengan la revisión activada por defecto? Gracias.

TIPS: admin/*Estructura*/Contenido: comentarios

Administración de comentarios

Antes de iniciar esta tarea, debe publicar una serie de comentarios en el sitio. (Utilice el módulo Devel si lo tiene instalado)

Hola, soy tu jefe.

Me di cuenta de que hay algunos comentarios muy raros y otros inapropiados en nuestro sitio web. Llamé a nuestros consultores web, y dicen que saben cómo ocultar o borrar los comentarios. También dijeron que es posible añadir "enlaces de acceso directo" a la barra de administración de las páginas que utilizamos más a menudo, pero no sé. De todos modos, échele un vistazo a los comentarios y elimine los que vea que son inapropiados. Gracias.

2: Los usuarios y permisos

Junto al contenido, los usuarios son probablemente el componente más importante de un sitio web, es más, podría ser incluso más importante que el contenido. Este capítulo le mostrará cómo administrar los usuarios, como dividirlos en grupos, y a decidir lo que se les permitirá hacer a cada grupo de usuarios en su sitio web.

La versión inicial de esta sección del libro vino del libro de Drupal 7: Conceptos básicos, cortesía de nodeone y Johan Falk.

Añadir y gestionar a los usuarios

Los Permisos y los Roles

Otros ajustes de la cuenta de usuario

Pon a prueba tus habilidades

Añadir y gestionar a los usuarios

La barra de herramientas de administración del enlace *Personas* le proporciona una lista de todas las cuentas de usuarios registradas en su sitio web. (Ver figura 2.1) La lista de usuarios comparte muchas características con la *lista de contenidos*. Hay enlaces para ver y editar cada cuenta, y hay herramientas para el filtrado y para la actualización masiva de cuentas.

＋ Add user

SHOW ONLY USERS WHERE

role	any	▾		Filter
permission	any	▾		
status	any	▾		

UPDATE OPTIONS

| Unblock the selected users | ▾ | Update |

☐	USERNAME	STATUS	ROLES	MEMBER FOR ▼	LAST ACCESS	OPERATIONS
☐	superadmin	active	• administrator	4 hours 15 min	3 sec ago	edit

Figura 02.1: La lista de cuentas de usuario contiene accesos directos para editar cada cuenta, así como herramientas para realizar actualizaciones masivas.

En la parte superior de la lista hay un enlace para agregar usuarios, que se utiliza para añadir nuevas cuentas en el sitio. El formulario para agregar nuevas cuentas es muy similar al formulario que se obtiene al modificar una cuenta existente. (Ver figura 2.2). A continuación se muestra una descripción de los ajustes en los formularios.

Nombre de usuario: Este es el nombre del usuario en el sitio web, es el que se utiliza al iniciar sesión. Debe ser único.

Contraseña actual (sólo la puede editar desde su propia cuenta): Para modificar una dirección de correo electrónico o una contraseña, se debe de poner, por lo general, la contraseña actual.

E-mail: Al igual que el nombre de usuario, la dirección de correo electrónico debe ser única. La razón de esto es que la dirección de correo electrónico debe estar disponible para su uso en caso de que la contraseña o el nombre de usuario fueran olvidados por el usuario propietario de la cuenta.

Contraseña/Confirmar contraseña: Esta es la contraseña del usuario, y se pide confirmación para evitar posibles errores ortográficos. Tenga en cuenta que Drupal no puede mostrar la contraseña actual. Todas las contraseñas se encriptan antes de ser almacenadas y Drupal no tiene ningún método para descifrarlas. Si introduce una contraseña corta o simple, recibirá una advertencia, pero Drupal no evitará que la use.

Estado: Las cuentas de usuario que están bloqueadas no se puede utilizar para iniciar sesión.

Roles: Muestra o establece los *Roles* de *Permisos* que tiene el usuario. (Consulte la siguiente sección para más detalles). Todos los usuarios tienen automáticamente el rol de usuario autenticado en cuanto iniciar sesión.

Imagen (sólo en la edición): Permite a los usuarios cargar una imagen y asociarla con su cuenta.

Superposición administrativa (sólo en la edición): Esta opción permite desactivar la superposición administrativa para los usuarios seleccionados, mostrando las páginas de administración sin la superposición.

Ajustes locales (sólo en la edición): Este ajuste se utiliza para cambiar la zona horaria de un usuario.

Notificar al usuario de la cuenta (sólo en la creación): Esta opción hace que Drupal envíe un e-mail al nuevo usuario con la información de la cuenta. Este es el único momento en el que Drupal envía una contraseña, si los usuarios pierden sus contraseñas, al solicitar la contraseña recibirán una sesión de una sola vez, para reemplazar la contraseña, en lugar de recibir la contraseña existente.

Username *

superadmin

Spaces are allowed; punctuation is not allowed except for periods, hyphens, apostrophes, and underscores.

Current password

Enter your current password to change the E-mail address or Password. Request new password.

E-mail address *

jonan.bidefinadonna.se

A valid e-mail address. All e-mails from the system will be sent to this address. The e-mail address is not made public and will only be used if you wish to receive a new password or wish to receive certain news or notifications by e-mail.

Password

Password strength:

Confirm password

To change the current user password, enter the new password in both fields.

Status

○ Blocked

◉ Active

Roles

☑ authenticated user

☑ administrator

PICTURE

Upload picture

[Buddre...]

Your virtual face or picture. Pictures larger than 1024x1024 pixels will be scaled down.

▼ ADMINISTRATIVE OVERLAY

☑ Use the overlay for administrative pages.

Show administrative pages on top of the page you started from.

▼ LOCALE SETTINGS

Your time zone setting will be automatically detected if possible. Confirm the selection and click save.

Time zone:

Europe/Stockholm: Monday, January 3, 2011 - 17:04 +0100

Select the desired local time and time zone. Dates and times throughout this site will be displayed using this time zone.

Save

Figura 2.2: La página se utiliza para editar las cuentas de usuario, y contiene una serie de parámetros, tales como los *Permisos/Roles* del usuario.

TIP: La mejor práctica dicta que no se debe utilizar la cuenta principal de usuario como una cuenta personal. La cuenta principal de usuario no pasa todos los controles de acceso en Drupal, y debe usarse para gestionar a los nuevos administradores del sitio.

TIP: La imagen que se sube en una instalación estándar de Drupal es un remanente de las anteriores versiones de Drupal. Las imágenes se manejan mucho mejor como campos en Drupal 7. (Consulte el Capítulo 8 para obtener más información). Se puede desactivar la funcionalidad de la imagen obsoleta mediante la *Configuración* de cuenta, que la puede encontrar en la barra de herramientas de *Configuración*.

Permisos y roles

La primera cuenta que se crea en un sitio de Drupal, es el usuario 1, y tiene permiso para hacer todo lo que se pueda hacer en el sitio. Pero ¿qué pasa con los demás usuarios?

Para ver los *Permisos* que tienen los diferentes tipos de usuarios, y para cambiar esta *Configuración*, utilice la ficha *Permisos* debajo del enlace *Personas* en la barra de herramientas. La página resultante contiene una larga lista de *Permisos*, y hay una columna para cada rol de su sitio, los usuarios anónimos, los usuarios autenticados y los administradores. (Vea la figura 2.3).

Marcando o desmarcando los diferentes *Permisos*, es posible hacer cosas como dar a los usuarios autentificados permiso para crear artículos o permitir a los usuarios anónimos realizar búsquedas en el sitio. Los *Permisos* se agrupan según el módulo que se encarga de ellos, y cuantos más módulos se instalan, más *Permisos* tendrá que configurar. (Vea el Apéndice 1 para obtener información sobre cómo agregar módulos).

Permissions   Roles

Permissions let you control what users can do and see on your site. You can define a specific set of permissions for each role. (See the Roles page to create a role). Two important roles to consider are Authenticated Users and Administrators. Any permissions granted to the Authenticated Users role will be given to any user who can log into your site. You can make any role the Administrator role for the site, meaning this will be granted all new permissions automatically. You can do this on the User Settings page. You should be careful to ensure that only trusted users are given this access and level of control of your site.

Hide descriptions

PERMISSION	ANONYMOUS USER	AUTHENTICATED USER	ADMINISTRATOR
Block			
Administer blocks	☐	☐	☑
Comment			
Administer comments and comment settings	☐	☐	☑
View comments	☑	☑	☑
Post comments	☐	☑	☑
Skip comment approval	☐	☑	☑
User			
Administer permissions			
Warning: Give to trusted roles only; this permission has security implications.	☐	☐	☑
Administer users			
Warning: Give to trusted roles only; this permission has security implications.	☐	☐	☑
View user profiles	☐	☐	☑
Change own username	☐	☐	☑
Cancel own user account			
Note: content may be kept, unpublished, deleted or transferred to the Anonymous user depending on the configured user settings.	☐	☐	☑
Select method for cancelling own account			
Warning: Give to trusted roles only; this permission has security implications.	☐	☐	☑

Save permissions

Figura 2.3: La lista de *Permisos* contiene una gran matriz de *Configuración*.

El subpestaña *Roles*, está visible en la lista de *Permisos*, y muestra una lista de todas las tareas de los *Permisos* disponibles en el sitio web. (Ver figura 2.4). Si su sitio tiene más niveles de *Permisos* que los tres incluidos en una instalación estándar, lo cual es muy probable, este es el lugar donde podrá agregar más. Cada nueva función estará representada por una nueva columna en la matriz de *Permisos*, y usted puede establecer los *Permisos* para cada función independientemente de las demás. (Ver figura 2.5). Rápido y hábil.

La asignación de funciones a los usuarios se realiza de una de dos maneras siguientes: usted puede editar cada cuenta de usuario que desea cambiar de manera individual, o usted puede hacer cambios masivos de la lista de usuarios.

Permissions **Roles**

Roles allow you to fine tune the security and administration of Drupal. A role defines a group of users that have certain privileges as defined on the permissions page. Examples of roles include: anonymous user, authenticated user, moderator, administrator and so on. In this area you will define the names and order of the roles on your site. It is recommended to order your roles from least permissive (anonymous user) to most permissive (administrator). To delete a role choose "edit role".

By default, Drupal comes with two user roles:

- Anonymous user: this role is used for users that don't have a user account or that are not authenticated.
- Authenticated user: this role is automatically granted to all logged in users.

Show row weights

NAME	OPERATIONS	
⊹ anonymous user (locked)		edit permissions
⊹ authenticated user (locked)		edit permissions
⊹ administrator	edit role	edit permissions
editor Add role		

Save order

Figura 2.4: Usted puede agregar más funciones de *Permisos* en la lista de *Roles*.

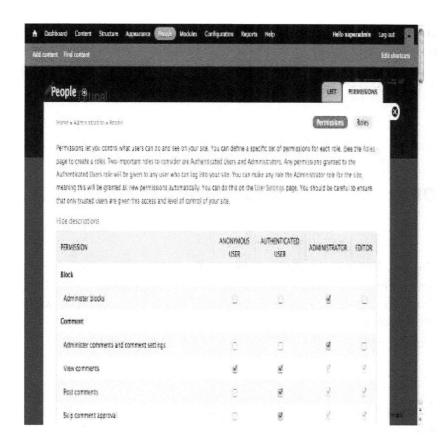

Figura 2.5: Cada nuevo rol puede tener una *Configuración* de *Permisos* distintos.

TIP: Si un usuario tiene más de una función, que es muy posible, obtendrá *Permisos* basados en todos estos *Roles*. La regla es que los *Roles* deciden lo que puede hacer, no lo que no puede hacer.

TIP: La matriz de *Permisos* es una de las páginas de valores de mayor actividad en Drupal, pero por suerte, cada permiso es más o menos auto-explicativo. Dado que los nuevos módulos suelen añadir nuevos *Permisos*, por lo es común que esperar a que el proyecto esté casi terminado antes configurar todos los *Permisos*. Esto evita tener que repasar toda la lista más veces de lo que sea necesario.

Otros ajustes de la cuenta de usuario

Haga clic sobre el enlace *Configuración* en la barra de herramientas y luego en *Configuración* de cuenta en el bloque *Personas*. En la página de *Configuración* verá más detalles sobre la configuración del usuario que un desarrollador Drupal debería saber. Los más importantes se describen a continuación:

Rol de administrador: El rol definido aquí tendrá automáticamente todos los *Permisos* establecidos en la matriz de *Permisos*.

Suscripción y cancelación: Este ajuste determina cómo se deben crear las nuevas cuentas, por ejemplo, si los usuarios deberían poder inscribirse, y también cómo se debe tratar el contenido y la gestión de las cuentas cuando se cancela una cuenta.

Personalización - Firma: Si las firmas están habilitadas, los usuarios podrán configurar una firma que se añadirá a todos sus comentarios (pero no en el contenido). Si un usuario cambia su firma, también se verán afectadas las firmas en los comentarios existentes.

E-mails: Esta opción contiene una serie de plantillas de correo electrónico que se utilizan cuando los usuarios se registran, si pierden sus contraseñas, y en algunos otros casos. Tenga en cuenta que hay algunos modelos de reemplazo de tokens disponibles para reemplazos dinámicos, como [Nombre de usuario:], y [usuario: one-time-login-url].

TIP: Al igual que las imágenes de los usuarios, las firmas son un remanente de las viejas versiones de Drupal. Mediante el uso de nuestro ingenio y unos cuantos trucos, también es posible sustituirlos por los campos.

Pon a prueba tus habilidades

Las tareas que se describen a continuación siguen la suite del capítulo anterior, con el jefe emitiendo órdenes sobre los cambios en una instalación estándar de Drupal. Las tareas no son historias de usuario completas, pero las tareas son rápidas y con un objetivo claro.

Crear cuentas de usuario

Actualizar la información de cuenta de usuario

Creación y asignación de *Roles*

Crear cuentas de usuario

Hola, soy tu jefe.

Nuestra empresa acaba de contratar a un becario hoy mismo, y este se va a quedar un par de semanas. Pensé que debía tener una cuenta de usuario en nuestro sitio web, pero no sé si este chico puede manejar todo esto de la tecnología. Podría crearle una cuenta para el nuevo compañero? El nombre de usuario será "Becario". Gracias.

Actualizar la información de cuenta de usuario

Antes de iniciar esta tarea, debe crear algunas cuentas de usuario en su sitio, y al menos uno debe tener el nombre de usuario "Manuel Rodríguez". (Use el módulo Devel generate para generar usuarios masivamente, si lo tiene instalado).

Hola, soy tu jefe.

Recibí una llamada de uno de nuestros miembros del sitio web que se había olvidado de su contraseña. Llamé a nuestro proveedor web, y dice que las contraseñas no se pueden recuperar, únicamente se puede configurar una contraseña nueva. Parece ser que es una especie de tema de seguridad. De todos modos, el tipo que llamó se llamó a sí mismo "Manuel Rodríguez", y quiere que su contraseña sea "drupal123456". Los chicos dijeron que Rodríguez podría solicitar una sesión de una sola vez y hacerlo él mismo, pero pensé que igual estaría bien que le actualizas la contraseña y su información tu mismo, así quedaríamos bien con el miembro de la web. Gracias.

Creación y asignación de roles

Hola, soy tu jefe.

Sé que ha tenido mucho que ver con el sitio web, los fines de semana de trabajo y tal, así que pensé que debería darle más ayuda para que pueda realizar su trabajo. Nuestro becario le ayudará durante las dos semanas que esté aquí. Llamé al proveedor web para darle una cuenta de administrador, pero al parecer nosotros podemos hacer esto. (Resulta que usted puede utilizar su cuenta habitual en el sitio para esto, ¡Yo no tenía ni idea de que el sitio estaba administrado a través de la interfaz del administrador, usuario 1).

Al hablar con nuestros consultores, estos nos dijeron que es posible introducir nuevos niveles de *Permisos* de alguna manera, e hicieron especial hincapié en que sería una mala idea dar acceso a la configuración del sitio a un becario.

De todos modos, si usted pudiera crear un nivel de *Permisos* de editor y asignar al becario como un editor, sería genial. (Confío en tu juicio cuando configure a lo que los editores deben y no deben estar autorizados para hacer). Espero que disfrute del apoyo del becario. Gracias.

3: Bloques

La versión inicial de esta sección del libro vino del libro de Drupal 7: Conceptos básicos, cortesía de nodeone y Johan Falk.

Regiones y *Bloques*

Configuración de bloqueo

Complementos y alternativas a los *Bloques*

Pon a prueba tus habilidades

Regiones y bloques

Cuando usted visita una página nodo en Drupal, o cualquiera otra página, Drupal saca el contenido correspondiente a la URL y en los formatos que permitan al navegador web la visualización actual. En la URL nodo/1, por ejemplo, Drupal muestra el contenido para el nodo con el ID 1. Pero no es sólo el contenido de un nodo lo que se muestra, sino que también puede haber elementos como menús, formularios de búsqueda, contenido relacionado, los últimos comentarios en el sitio, y mucho más.

Tanto el contenido principal como los otros elementos se muestran como *Bloques*, y estos, están situados en una de las regiones de la página web. Estos *Bloques* se pueden mover, y hay maneras sencillas, así como las más sofisticadas, para añadir nuevos *Bloques* en su sitio web.

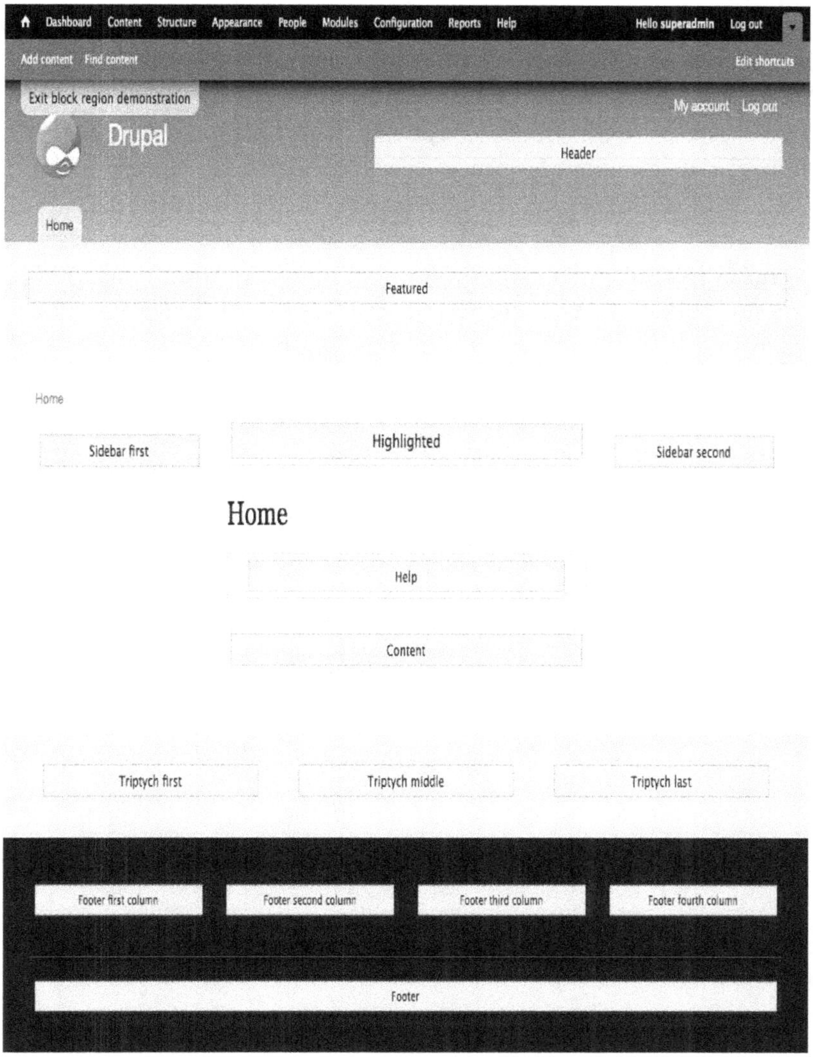

Figura 3.1: Los *Bloques* se colocan en una de las regiones de la página web. El enlace demostrar regiones del bloque de regiones en la página de administración de *Bloques* ofrece una visión general de las zonas disponibles en el tema actual.

Se puede llegar a una lista de todos los *Bloques* disponibles en el sitio mediante el uso de la barra de herramientas de administración al seleccionar *Estructura >> Bloques*. (Ver figura 3.2). Los *Bloques* están agrupados en la región donde se colocan, que podría ser, por ejemplo, la primera barra lateral (first sidebar) o contenido. También hay una lista de *Bloques* bajo el subtítulo deshabilitados, lo que significa que no se muestran en el sitio web. Puede mover los *Bloques* a una nueva región mediante el uso de la lista de selección de nombres de la región, o simplemente haciendo clic en la flecha hacia la clasificación de un bloque y arrastrándolo a la subcabecera de otra región.

Encima de la lista de *Bloques* está el enlace *Demostrar regiones del bloque*. Esto le lleva a una página donde todas las regiones están impresas claramente en una plantilla vacía del sitio web, por lo que es fácil de obtener una visión general de las zonas disponibles. (Ver figura 3.1). El enlace *Salir Demostrar región de bloque* se usa para volver a la lista de *Bloques*.

This page provides a drag-and-drop interface for assigning a block to a region, and for controlling the order of blocks within regions. Since not all themes implement the same regions, or display regions in the same way, blocks are positioned on a per-theme basis. Remember that your changes will not be saved until you click the *Save blocks* button at the bottom of the page. Click the *configure* link next to each block to configure its specific title and visibility settings.

Demonstrate block regions (Bartik)

+ Add block

Show row weights

BLOCK	REGION	OPERATIONS
Header		
No blocks in this region		
Help		
System help	Help	configure
Highlighted		
No blocks in this region		
Featured		
No blocks in this region		
Content		
Main page content	Content	configure
Sidebar first		
Search form	Sidebar first	configure
Navigation	Sidebar first	configure
User login	Sidebar first	configure
Disabled		
Main menu	- None -	configure
Management	- None -	configure
Recent comments	- None -	configure
Recent content	- None -	configure
Shortcuts	- None -	configure
Syndicate	- None -	configure
User menu	- None -	configure
Who's new	- None -	configure
Who's online	- None -	configure

Save blocks

Figura 3.2: La página de administración de *Bloques* muestra todos los *Bloques* disponibles en el sitio, agrupados según las regiones en las que se colocan o si están deshabilitados.

TIP: El tema de los usos del lugar dictarán las regiones que están disponibles. (Los temas dictan la presentación de los sitios Drupal, vea el Apéndice 1 para más detalles). Puede utilizar las pestañas de la página de administración de *Bloques* para distribuir sus *Bloques* en todos los temas habilitados. En una instalación estándar, el tema *Seven* se utiliza en las páginas de administración, mientras que *Bartik* se utiliza para todas las demás páginas.

Configuración del bloque

En la lista de *Bloques*, hay un enlace *Configurar* disponible para cada bloque. Cada enlace le lleva a una página donde puede cambiar la configuración del bloque. (Vea la figura 3.3).

Título del Bloque: Esto puede ser usado para reemplazar el título del bloque como se muestra a los usuarios. Para ocultar el título, escriba <none>.

La configuración de la región: Esta es una forma alternativa de mover el bloque entre regiones, de una manera similar a las listas de selección de la lista de región del bloque.

Parámetros de Visibilidad: Esta configuración proporciona algunas opciones básicas para determinar si el bloque debe estar visible o no:

Páginas: Permite mostrar u ocultar el bloque en base a la dirección URL de la página visitada. Puede utilizar * como un comodín para reemplazar la dirección URL completa o sólo algunas partes de esta. Cualquier patrón será comparado tanto con las rutas internas ('nodo/1') y como por el alias de la URL ("information/about-us").

Los tipos de contenido: Esto se puede utilizar para mostrar el bloque sólo cuando se muestran los tipos de contenido seleccionados.

Clases: Esto puede ser usado para mostrar el bloque sólo a los usuarios con las funciones seleccionadas.

Usuarios: Habilitar esta opción permite a los usuarios determinar si el bloque debe estar visible o no. (Estos *Bloques* pasan a estar disponibles en la página Editar de la cuenta de cada usuario).

Además de estos ajustes, muchos *Bloques* también tienen sus propios ajustes particulares. El bloque de la mayoría de los comentarios recientes, por ejemplo, tiene ajustes para el número de comentarios que se deben mostrar.

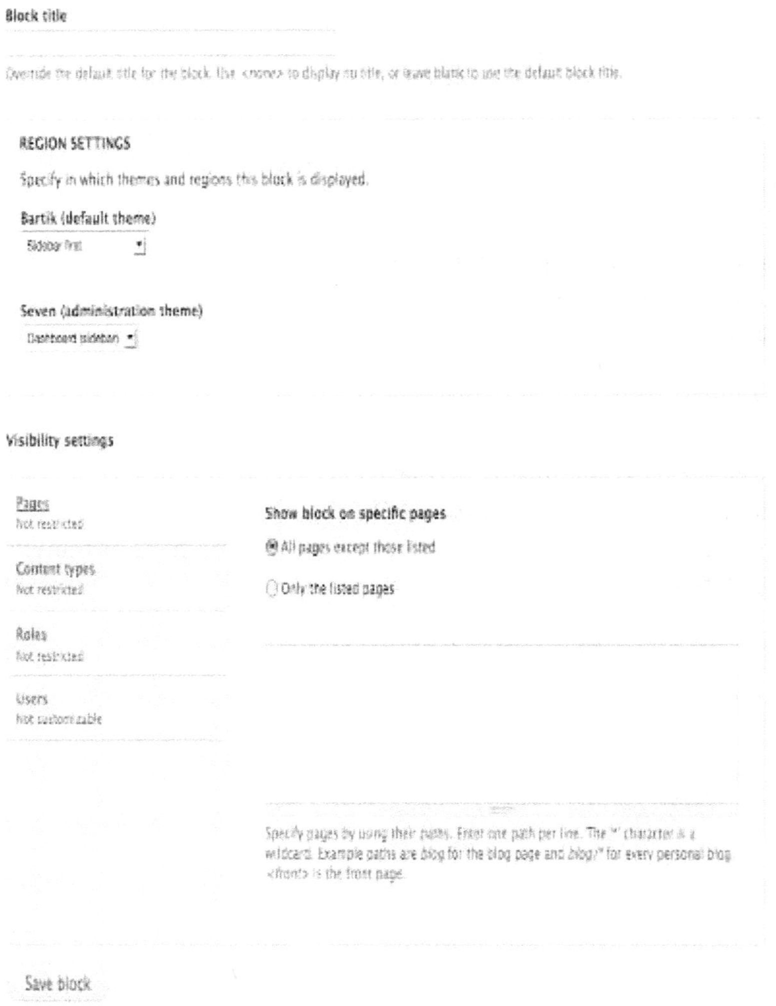

Block title

Override the default title for the block. Use <none> to display no title, or leave blank to use the default block title.

REGION SETTINGS

Specify in which themes and regions this block is displayed.

Bartik (default theme)

Sidebar first ▾

Seven (administration theme)

Dashboard sidebar ▾

Visibility settings

Pages Not restricted	**Show block on specific pages** ◉ All pages except those listed ○ Only the listed pages
Content types Not restricted	
Roles Not restricted	
Users Not customizable	

Specify pages by using their paths. Enter one path per line. The '*' character is a wildcard. Example paths are blog for the blog page and blog/* for every personal blog. <front> is the front page.

Save block

Figura 3.3: Cada bloque tiene su propia configuración, por ejemplo, algunos ajustes determinan en qué contexto debe mostrarse u ocultarse el bloque.

Añadir bloques

Muchos módulos añaden a la lista de *Bloques* nuevos *Bloques*, y también hay una gran cantidad de módulos que permiten que usted, como administrador, cree nuevos *Bloques* a través de la *Configuración*. (Un ejemplo es el módulo *Views*, que se describe en los capítulos 8-10). Para crear los *Bloques* más básicos, sin embargo, sólo es necesario el módulo de bloque en sí y el enlace añadir bloque justo encima de la lista de *Bloques*.

Esto le llevará a una página donde se puede crear un bloque con contenido estático.

Complementos y alternativas a los bloques

Gestionar *Bloques* puede convertirse rápidamente en un grande y complejo lío en sitios Drupal. En respuesta a este problema, se han creado una serie de módulos. Éstos son los dos más importantes que debe conocer:

Contexto: Entre otras cosas, este módulo ayuda a las reglas de visibilidad establecidas para los *Bloques* de una manera más flexible.

Paneles y el administrador de página (parte de la suite de *herramientas Chaos*): Estos módulos sustituyen el sistema de bloque por defecto con *Paneles* de panel. En comparación con los

Bloques, estos *Paneles* hacen que sea mucho más fácil de acceder y de utilizar la información contextual.

Estos módulos ofrecen una mayor funcionalidad al complementar o sustituir el sistema de *Bloques*. Los *Paneles* y el administrador de páginas se describen con más detalle en el capítulo 13. El módulo de contexto no se explicará más en este libro.

Pon a prueba tus habilidades

Las tareas que se describen a continuación siguen la suite de los capítulos anteriores, con el jefe dando las órdenes sobre los cambios en una instalación estándar de Drupal, y un becario igualmente ficticio que viene con nuevas ideas.

Bloques de Habilitación

Bloquea la *Configuración* de visibilidad

Bloques personalizados y más visibilidad bloque

Cambiar títulos de bloque

Mover Bloques

Bloques de Habilitación

Hola, soy tu jefe.

El tráfico en nuestro sitio va muy bien. Me di cuenta de que hay comentarios nuevos todo el tiempo, así que pensé que deberíamos hacer visibles a nuestros visitantes. ¿Podría hacer una lista de los comentarios más nuevos para que aparezcan en la parte superior de la barra lateral izquierda? Llame al consultor web si se encuentra con problemas, o que le ayude el becario si quiere. Gracias.

Bloquear la configuración de visibilidad

Hola, soy el Becario.

Estoy tratando de hacer un seguimiento de cuánto se utiliza realmente el sitio web, y pensé que sería una buena idea ver cuánta gente está conectada en un momento dado. Sé que hay un bloque para esto, pero pensé que podría ser una buena idea que este bloque solamente lo veamos los administradores y los editores, y así lo probamos durante una semana antes de hacerlo público. Pero no estoy seguro de cómo hacer esto, ¿podría hacerlo usted? Muchas Gracias.

Bloques personalizados y más visibilidad del bloque

Hola, soy tu jefe.

El sitio va espléndidamente. He escrito un mensaje de bienvenida que me gustaría que todos los visitantes lo pudieran ver, en mayúsculas, en la parte superior de la página principal. Los consultores web dicen que se puede utilizar la región "funciones" para esto, tal vez usted entienda lo que quieren decir con eso, pero para mí es todo un galimatías. El mensaje de bienvenida es el siguiente... Recuerde: sólo se debe mostrar en la primera página. Gracias.

PS: El mensaje es "Bienvenido a nuestro sitio web"

Cambiar títulos de bloque

Hola, soy tu jefe.

No me gusta el título de "navegación" para el menú de la izquierda. ¿Podrías quitarlo? Gracias.

Mover bloques

Hola, soy el becario.

Dos amigos míos me sugirieron, independientemente uno del otro, que movamos el cuadro de búsqueda hacia el encabezado del sitio, una sugerencia de que para mí tiene mucho sentido.

¿Está uste de acuerdo? ¿Podría hacer usted este cambio? Muchas Gracias

4: Menús

De forma predeterminada, el contenido de un sitio de Drupal no se coloca automáticamente en una *Estructura* en particular. Cuando se crea un nodo, no elige donde debe de estar en el sitio. El contenido se crea, y luego otras partes de Drupal pueden hacer que se muestre como una subpágina o como un elemento de un menú determinado, en una lista de una sección particular o como parte de otra *Estructura*.

La forma más directa de configurar la *Estructura* de su sitio de Drupal es el uso de los menús. Los menús son enlaces recogidos en una estructura de árbol.

La versión inicial de esta sección del libro vino del libro de Drupal 7: Conceptos básicos, cortesía de nodeone y Johan Falk.

Los menús

Creación y edición de enlaces del menú

La creación de enlaces del menú para los nodos

Pon a prueba tus habilidades

Los menús

Una instalación estándar de Drupal tiene cuatro menús iniciales: el menú principal, el menú de gestión, el menú navegación y el menú de usuario. Se pueden agregar más menús a través de la interfaz de Drupal, y también se puede elegir dónde y cómo se deben mostrar.

En principio, hay dos formas de mostrar los menús:

Cada menú tiene su propio bloque en el sitio, que se puede colocar en una región al igual que cualquier otro bloque.

El tema del sitio puede tener (pero no siempre) dos lugares en los que se muestren los menús en un formato especial, los enlace principales y los enlaces secundarios. En una instalación estándar de Drupal, los enlaces principales se muestran como grandes pestañas blancas dentro de la cabecera azul, mientras que los enlaces secundarios se muestran como enlaces discretos en la esquina superior derecha del sitio.

Los menús que son utilizados como enlaces principales o como enlaces secundarios se pueden cambiar en el enlace *Estructura* de la barra de herramientas, en el *menú* y en la pestaña *Configuración*.

TIP: La pantalla de los enlaces principales y de los enlaces secundarios sólo tiene un nivel de enlaces del menú. Las opciones del submenú no se muestran. Es posible utilizar los enlaces secundarios para mostrar los subelementos del menú principal mediante la *Configuración* de estos buscando los enlaces en el mismo menú. El bloque del módulo *Menú* proporciona nuevas posibilidades para mostrar los niveles seleccionados y las partes de un menú.

Creación y edición de enlaces del menú

Al igual que como muchas otras tareas de la administración de un sitio de Drupal, no tenemos una visión general de la gestión de los menús. Para poder gestionar los menús tenemos que ir a la barra de herramientas y primero seleccionar *Estructura* y luego *Menús*, podrá ver todos los menús disponibles en su sitio.(Ver figura 4.1). Cada menú se tiene tres opciones.

Lista de enlaces: Esto le da una lista de todos los elementos de este menú, y por lo general es lo que quieres hacer en la gestión de un menú.

Editar *Menú*: Le permite cambiar el nombre y la descripción del menú en sí (no los enlaces que contiene). También puede borrar los menús que ha creado usted mismo.

Añadir enlace: Esto le lleva a una página para añadir un enlace más en el menú. Vea los detalles a continuación.

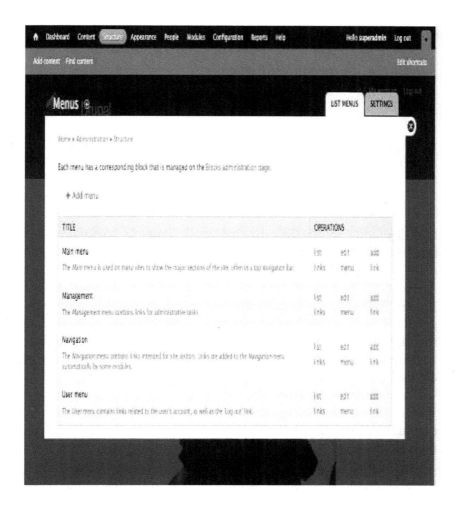

Figura 4.1: El esquema de los menús lo puede encontrar en
Estructura >> Menús.

En la parte superior de la lista de menús hay un enlace de *Agregar
menú* que se utiliza para añadir los nuevos menús. La única
diferencia que hay entre los menús que usted mismo crea y los
menús previstos por los módulos (o por la instalación estándar) es
que los menús personalizados se pueden eliminar.

Lista de enlaces del menú

La página del listado de enlaces del menú le permite administrar el contenido del menú de varias formas diferentes (ver figura 4.2):

Usted puede cambiar la estructura de los menús haciendo clic y/o arrastrando las flechas de clasificación. Las opciones del submenú son creadas por la sangría de un elemento de menú.

Puede habilitar o deshabilitar un elemento del menú con la casilla activada. Los elementos desactivados no se mostrarán en el menú, y todos sus elementos secundarios también se ocultarán. Sin embargo, las páginas a las que apuntan es posible que no se vean afectados.

Puede editar cada elemento del menú con el enlace *editar*. Esto conduce a una página similar a la utilizada para la creación de nuevos artículos.

Cada elemento gestionado por el módulo *Menú* de Drupal tiene un enlace *eliminar*. Los enlaces definidos por otros módulos son gestionados por sus respectivos ajustes del módulo, pero también se pueden desactivar en la lista de enlaces del menú.

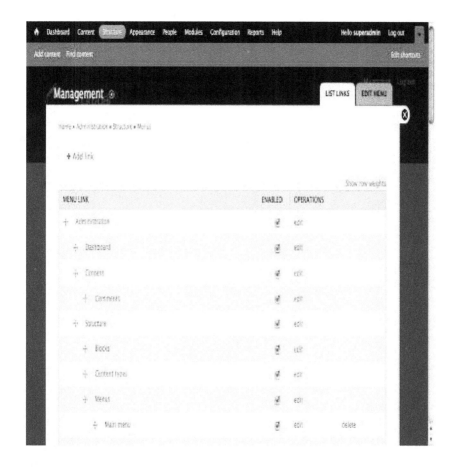

Figura 4.2: Cada menú tiene una lista de los todos los enlaces incluidos en este menú.

Creación y edición de elementos de menú

Justo encima de la lista de elementos del menú hay un enlace *Añadir elemento*, que se utiliza para añadir nuevos enlaces al menú que está viendo actualmente. El formulario para crear o editar los elementos del menú tiene la siguiente información:

Enlace título del *Menú*: Este es el texto interactivo que se muestra a los usuarios.

Ruta de acceso: Esta es la URL que conduce al enlace del menú. Al crear enlaces del menú, se recomienda encarecidamente el uso de las rutas relativas o internas (nodo/1) en vez de rutas absolutas (http://mipagina.com/node/1), ya que el uso de rutas internas permite moverse por el sitio sin romper los enlaces. También es posible reemplazar los enlaces por los alias de URL.

Descripción: Se trata de un texto de ayuda que normalmente se muestra cuando se cierne sobre el elemento de menú.

Activado: Se corresponde con el valor de habilitado de la lista del menú.

Presentación amplia: Si se activa esta opción, todos los elementos secundarios de este enlace del menú se cargarán y se mostrarán, incluso si el usuario ha navegado a otra parte del menú.

Los enlace padre: Este ajuste determina qué este artículo debe ser colocado debajo del enlace del menú, si los hubiera. Esta opción puede ser sustituido con la clasificación de clic y arrastrando manualmente la lista de elementos del menú.

Peso: Este ajuste determina el orden de la clasificación de los elementos del menú con el mismo enlace padre, los números con menor peso son los que aparecerán en la parte superior.

TIP: Los enlaces del menú nos tienen que llevar a las páginas de su sitio de Drupal. Estos pueden apuntar a cualquier dirección URL válida de su sitio web.

La creación de enlaces del menú para los nodos

Una alternativa fácil y rápida de crear enlaces del menú es utilizar las opciones del menú disponibles en las páginas de edición de los nodos. Si este le proporciona un enlace del menú quiere decir que la opción está activada, y que una serie de nuevas opciones están disponibles (Vea el gráfico 4.3). Todos los valores son similares a las configuraciones de los elementos del menú que se describieron en la sección anterior.

Menu settings Hello world!	☑ Provide a menu link
Revision information No revision	**Menu link title** Hello world!
URL path settings Alias: test/5/ha/hu	**Description** This is a popup text usually shown when pointing at the menu item. Shown when hovering over the menu link.
Comment settings Open	
Authoring information By superadmin on 2011-01-03 15:00:55 +0100	
Publishing options Published, Promoted to front page	**Parent item** <Main menu> ▾ **Weight** 0 ▾ Menu links with smaller weights are displayed before links with larger weights.

Figura 4.3: Se pueden crear enlaces del menú a los nodos adecuados mediante el formulario de edición del nodo.

De forma predeterminada, los artículos y las páginas básicas tienen activadas la opción para aparecer en el menú principal. Hay una configuración para cada tipo de nodo determinado, los menús deben de estar disponibles en el formulario de edición de nodos.

Pon a prueba tus habilidades

Las tareas que se describen a continuación siguen la suite del capítulo anterior.

Añadir enlaces al menú

Agregar elementos del menú a los enlaces secundarios

Añadir enlaces Becarios arbitrarios a los menús

Cambio de ajustes del menú

Añadir enlaces al menú

Hola, soy tu jefe.

He comenzado un blog de Wordpress para informar a los usuarios sobre las cosas que suceden en nuestro sitio web. Se encuentra en http://eljefeblog.wordpress.com/. ¿Podría enlazar este blog en el menú de la izquierda? Gracias.

Agregar elementos del menú a los enlaces secundarios

Hola, soy tu jefe.

¿Se acuerda el sobre nosotros que hemos creado en la página hace tiempo? Deberá crear un enlace a esta página en la parte superior de la página, al lado del link de Mi cuenta. ¿Podrá solucionar este problema? Gracias.

Añadir enlaces internos arbitrarios a los menús

Hola, soy el Becario.

He estado pensando: ¿sabes que cómo el Jefe a menudo quiere que algunas palabras de las noticias destaquen más en las páginas de nuestro sitio? Si tenemos una variable *importante* para las Noticias, podríamos usar una lista con la etiqueta para recoger todo el material que el jefe piensa que es extraordinariamente importante. Y después también podríamos enlazar esta lista a las pestañas en el sitio. ¿Podría hacer esto? Muchas Gracias

Cambio de ajustes del menú

Hola, soy el Becario.

Ya sabes, cuando publico el contenido en el sitio, casi siempre creo artículos, y no suelo crear páginas básicas. Para ello tengo que hacer clic en "Añadir contenido" y luego en "artículos", esto me parece innecesario, y lo mismo debería de ser para usted. Sugiero que configuremos las opciones del menú en "añadir contenido" para ponerlo como visible en el menú de navegación todo el tiempo. Podría hacerlo yo mismo, pero no quiero cambiar la configuración del sitio sin preguntar primero. ¿Podría hacerlo?

5: Otros ajustes básicos del núcleo de Drupal

Este capítulo recoge algunos ajustes administrativos que el desarrollador de Drupal debe saber.

La versión inicial de esta sección del libro vino del libro de Drupal 7: Conceptos básicos, cortesía de nodeone y Johan Falk.

Ayudas para la Administración

Formatos de texto

Otros ajustes

Pon a prueba tus habilidades

Ayudas para la Administración

Hay una serie de atajos y herramientas ingeniosas que están habilitadas en una instalación estándar de Drupal, todo ello con el propósito de hacer más fácil la administración del sitio. Esto se resume a continuación:

La barra negra que está en la parte superior de las páginas de Drupal es proporcionada por el módulo de la barra de herramientas. Contiene enlaces a elementos de nivel superior en la administración del menú.

La superposición administrativa, es el cuadro que aparece al hacer clic en los enlaces de la administración, es proporcionada por el módulo superposición. Uno de sus puntos fuertes es hacer que sea más fácil de encontrar la página en la que estabas al iniciar su administración.

El módulo de enlaces contextuales añade una serie de enlaces en los menús desplegables de varios elementos de su sitio de Drupal. Para acceder al menú se haga clic en el icono de engranaje que aparece al pasar el cursor sobre los elementos que tienen enlaces contextuales, tales como los *Bloques*.

El módulo Dashboard hace que sea más fácil construir una colección de *Bloques* en una página y gestionarla con una única administración (que se encuentra en el enlace dashboard en la barra de herramientas).

La lista gris que está justo debajo de la barra de herramientas negra es proporcionada por el módulo de acceso directo, que también nos proporciona enlaces (marcados con el signo más) para agregar accesos directos predeterminados. Estos últimos se usan para agregar enlaces a la primera barra, que es una forma práctica de tener siempre sus páginas de administración más visitadas a sólo un clic de distancia. Es posible crear diferentes conjuntos de accesos directos. Desde la barra de herramientas, seleccione *Configuración*, accesos directos. Los usuarios con los *Permisos* pertinentes pueden seleccionar qué método abreviado quieren establecer para su uso para la ficha independiente de sus páginas de usuario. Tenga en cuenta que aunque los accesos directos nos recuerdan a los menús, estos están técnicamente separados.

TIP: Los módulos del menú de administración y para la administración de Drupal son muy populares y complementan a las herramientas integradas en Drupal para los administradores.

Ambos ofrecen, alternativas a los menús de administración y pueden ser más fáciles de usar.

Formatos de texto

En Drupal, todo el texto que pueda contener marcas está a cargo de uno de los formatos de texto del sitio web. Estos son las reglas que determinan la forma en la que el texto debe ser procesado antes de ser publicado. Los formatos de texto tienen tres objetivos principales:

Seguridad: Los formatos de texto aseguran que cualquier código malicioso o script, que ponen los usuarios maliciosos, no tenga efectos nocivos sobre el sitio y/o sus visitantes.

Saneamiento: El texto introducido se procesa para asegurarse de que cualquier tipo de código está limpio y sigue los estándares comunes. Esta es una de las razones por las que Drupal es amigable para los motores de búsqueda de una manera natural (y amable con los lectores de pantalla).

Confort: Los formatos de texto también se pueden utilizar para convertir ciertas expresiones a HTML. En el núcleo de Drupal, esto se utiliza para crear automáticamente cosas como los saltos de línea y los enlaces de direcciones URL, pero también podría ser utilizados para permitir que el mismo tipo de marcado que se utiliza en la Wikipedia, por ejemplo.

Cada formato de texto se compone de uno o más filtros. Los formatos y la mayoría de los filtros se pueden administrar mediante la barra de herramientas de *Configuración, formatos de texto.*

TIP: Aunque Drupal procesa todo el texto formateado, el texto original no se cambia nunca, lo cual es una regla importante para la forma de tratar las entradas de los usuarios.

Otros ajustes

Esta última sección del capítulo básico sobre el núcleo de Drupal contiene algunos elementos vagamente relacionados que pueden serle de utilidad.

La página que se utiliza como la página principal de su sitio se puede ajustar desde la barra de herramientas en *Configuración, información del sitio.* La configuración predeterminada es "nodo", y le proporciona una lista de teaser (resumen)s de nodos señalados con la opción promoción a la portada.

Drupal depende de una serie de actividades programadas que se llevan a cabo sobre una base regular, por ejemplo, lo que permite la indexación de nuevos contenidos para las búsquedas. Si su servidor tiene las funciones *cron* nativas, puede desactivar la funcionalidad de copia de seguridad de Drupal para las tareas programadas en la barra de herramientas en *Configuración, Cron.* En la misma página, también puede desencadenar tareas *cron* manualmente, por ejemplo, para hacer que el contenido nuevo esté disponible de inmediato para las búsquedas.

Si las cosas empiezan a comportarse de manera extraña, mientras usted está construyendo su sitio de Drupal, es aconsejable vaciar la caché de Drupal. Estos datos procesados se almacenan temporalmente para mejorar la velocidad del sitio web. Si esto no le ayuda, compruebe en los registros de error los mensajes más interesantes. Puede borrar la caché mediante la barra de herramientas en *Configuración, rendimiento*. Los mensajes del registro más interesantes están disponibles en *informes, mensajes de registro recientes*.

Al realizar las actualizaciones del sistema de su sitio, usted deberá ponerlo en modo de mantenimiento para asegurarse de que los visitantes no tengan acceso a la base de datos mientras se está actualizando. Este ajuste se encuentra en la barra de herramientas en *Configuración, modo de mantenimiento*.

Pon a prueba tus habilidades

Las tareas que se describen a continuación siguen la suite del capítulo anterior.

Modificación de los formatos de texto

Una tarea bono

Modificación de los formatos de texto

Hola, soy el Becario.

En algunas de las palabras de texto más largas del sitio, he incluido *sub*cabeceras utilizando las etiquetas HTML <h2>, <h3> y <h4>. Hasta ahora, he estado usando el formato de texto HTML completo para hacer estas etiquetas, pero esto no me parece correcto. ¿Podría configurarlo de tal manera que el formato de texto HTML filtrado acepte estas *sub*cabeceras? Gracias de antemano.

Una tarea bono

Hola, soy tu jefe.

Hoy he escrito mipagina.com/about-us en la barra de URL del navegador para ver nuestra página Sobre nosotros, y lo que he visto es una fea y aburrida página con el mensaje página no encontrada. Inmediatamente llamé a nuestros consultores web y le pregunté si se puede cambiar el mensaje. Dijeron que sí se puede, pero que aún no saben cómo hacerlo. Me preguntaron si queríamos actualizar el manual de administración del sitio web o concertar unas clases de formación, pero pensé que era probablemente más barato si lo pudieras descubrir tú mismo. Pregunte al becario si lo necesita, ya que parece bastante enterado de cómo funciona nuestro sitio web.

Por lo tanto, ¿me podría cambiar el mensaje para las páginas de página no encontrada? Tengo fe en ti. Gracias.

Parte B: Estructura de la información en Drupal

Un factor importante en el éxito de Drupal como un sistema de publicación es la capacidad de crear de forma rápida y flexible las estructuras de información. Esta funcionalidad de Drupal se deriva en la manera de manipulación de los campos de información, combinada con el módulo de *Views*. Esta parte del libro cubre los conceptos básicos de cómo aprovechar las herramientas de la estructura de información de Drupal.

6: Campos

Los artículos y las páginas básicas son dos tipos de nodos, pero contienen información diferente, mientras que las páginas básicas sólo almacenan la cabecera y el cuerpo, los artículos también pueden tener imágenes y etiquetas. Otra diferencia que hay entre estos los dos tipos de nodo es que tienen campos diferentes.

En resumen, los campos trabajan de la siguiente manera:

Los tipos de nodo tienen un número de campos conectados a ellos, estos se utilizan para almacenar el texto, las imágenes u otros datos. El tipo de datos almacenados se determina por el tipo de campo.

Al crear o al editar un nodo, puede introducir datos en cada campo adjunto a ese tipo de nodo. Puede introducir los datos en un determinado campo de su nodo, incluyendo las listas de selección, los campos de texto y/o la carga de archivos.

Cada campo tiene parámetros que determinan cómo se deben mostrar los datos del campo cuando se visualiza el nodo. Los ejemplos incluyen el tamaño de la imagen que se debe utilizar o si el texto debe mostrarse en su versión reducida o completa. Los datos del campo también pueden estar ocultos.

Los administradores pueden añadir, eliminar y cambiar los valores de los campos, personalizando así el tipo de información que puede ser almacenada en el sitio web.

Otras partes de Drupal, en particular el módulo de *Views*, pueden acceder y utilizar los datos de los campo para filtrar el contenido, ordenarlo, mostrarlo en la pantalla y también puede realizar diversos procesos en su sitio de diferentes diferente.

En una instalación estándar de Drupal, los nodos pueden tener campos, y así como pueden tener comentarios, usuarios, y términos de la taxonomía (Ver Capítulo 7). Estos se llaman colectivamente entidades (junto con algunas partes nonfieldable de Drupal). Hay una interfaz para crear estructuras de información para todas estas partes de una página web: esto da a Drupal una flexibilidad única que nunca debe ser subestimada.

La siguiente sección describe cómo se gestionan los campos de los nodos. La gestión de los campos de los comentarios, los usuarios, y de los términos de taxonomía se llevan a cabo de una manera casi idéntica.

TIP: El término campos puede indicar varias cosas muy diferentes en el Drupalverso. En este libro, el término campos de entidad se utiliza cuando es necesario señalar expresamente que estamos hablando de campos que se pueden añadir a los nodos, a los usuarios y a otras entidades.

La versión inicial de esta sección del libro vino del libro de Drupal 7: Conceptos básicos, cortesía de nodeone y Johan Falk.

Los campos en los tipos de nodos

Edición de campos y widgets

Añadir campos

Campos Reutilización

Campos cuenta la Observación y el usuario

Crear relaciones con los campos

Ejemplos de implementación de campos

Ejercicios: Sitio de la documentación

Ejercicios: Sitio de Noticias

Los campos en los tipos de nodos

Para tener una visión general de los campos de un tipo de nodo contiene, haga clic en la barra de herramientas *Estructura*, tipos de contenido, y el enlace *Administrar campos* para el tipo de nodo que desea inspeccionar. La página de perfiles para campos permite una serie de operaciones (Vea el gráfico 6.1). Aquí encontrará las siguientes:

Puede cambiar el orden de los campos haciendo clic sobre ellos y arrastrándolos con la flecha de ordenación que tiene cada campo. Este orden lo podrá ver en el formulario de edición del nodo y, a menos que se establezca lo contrario, también en la página de vista previa del nodo.

Usted puede modificar la configuración de cada campo haciendo clic en su enlace de edición.

Usted puede cambiar el tipo de un campo, para ello haga clic en el nombre del tipo del campo. Esto sólo se puede hacer si todavía no se ha almacenado nada en el campo, ya que de lo contrario se podrían destruir los datos introducidos por el usuario.

Cada campo puede ser eliminado. Esto también elimina todos los datos almacenados en el campo.

Los widget utilizados para la entrada de datos se pueden cambiar haciendo clic en el nombre del widget en el campo correspondiente.

Se pueden añadir campos nuevos.

Los campos utilizados en otras entidades pueden ser reutilizados como una alternativa a la adición de nuevos campos, pero por lo general es mejor crear un nuevo campo, como se explica en el apartado de la reutilización de campos.

A continuación se muestra una descripción más detallada de estas operaciones.

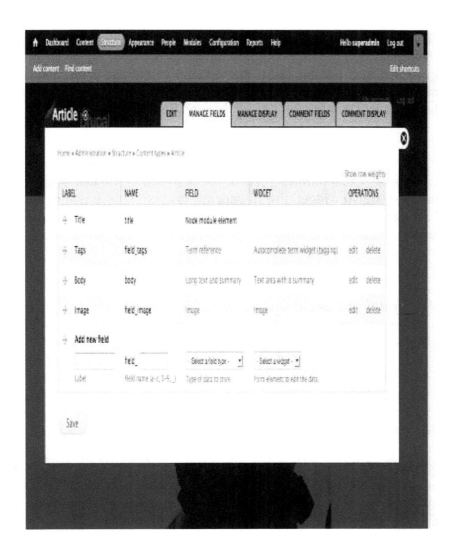

Figura 5.1: El tipo de nodo "artículo" tiene una serie de campos que se pueden editar y reordenar.

Edición de campos y widgets

Al hacer clic en el enlace edición de un campo de la entidad, este le lleva a una página de configuración de ese campo, mientras que si hace clic en el nombre del widget se abre la página correspondiente al widget. Puede ir navegando las páginas de configuración usando las pestañas de la parte superior de la página.

Los valores disponibles para un campo dependen de su tipo de campo y de su widget. Por lo general, los textos de ayuda explican bastante bien cómo se usan los diferentes ajustes. A continuación se presentan las descripciones de los ajustes más comunes.

Requerido: Los usuarios recibirán un mensaje de error si intentan guardar un nodo (u otra entidad), mientras que los campos obligatorios estén vacíos.

Texto de ayuda: Cualquier texto de ayuda por lo general se muestran en letra pequeña debajo del campo de entrada. Las mejores prácticas dictan que todos los campos deben tener un texto de ayuda, a menos que haya una buena razón para lo no ponerlo.

Valor predeterminado: Establece el valor por defecto cuando se crean nuevos nodos/entidades. El valor predeterminado será usado automáticamente si el campo se deja en blanco, simplemente se ahorra el esfuerzo de rellenar el valor más común a mano.

Número de valores: Si hay una necesidad, los campos pueden aceptar múltiples valores. Por ejemplo, es posible que los usuarios puedan cargar varias imágenes en un artículo. Esta configuración permite que sea un número fijo de valores (normalmente sólo uno), o ilimitado. Esta segunda opción ofrece un botón con el texto añadir en otro elemento debajo del campo, lo que le permite al usuario añadir más elementos cuando sea necesario. Si el campo utiliza casillas de verificación/botones de radio, se mostrarán los campos de valor múltiple como son las casillas de verificación o los botones de radio.

Los valores permitidos (sólo campos de lista): En esta área de texto, puede introducir una lista de valores que el usuario deberá seleccionar, uno por línea. Es posible separar los datos almacenados en la base de datos y el valor mostrado al usuario mediante líneas de escritura en el formulario de almacenado de datos | datos mostrados. Los datos almacenados en la base de datos debe coincidir con el tipo del campo, una lista de números podría ser, por ejemplo, poner en el área de texto 0 | gratuitamente como un valor posible, de esta manera, al mismo tiempo que se muestra al usuario la palabra gratuitamente se almacena un número 0 en la base de datos.

El procesamiento de texto (sólo los campos de texto): Esta opción determina si una entrada de texto debe ser capaz de mantener marcado HTML, o si siempre es texto sin formato. Vea la sección sobre los formatos de texto en el Capítulo 5 para obtener más información.

Añadir campos

En la parte inferior de la lista de campos en un tipo de nodo hay una fila que se utiliza para añadir nuevos campos. Cada campo requiere de una etiqueta, un nombre de máquina, un tipo de campo y, finalmente, también un widget que coincida con el tipo de campo seleccionado.

Al agregar un nuevo campo, se le redirigirá automáticamente a las páginas de configuración de su campo y de su widget. (Ver figura 6.2).

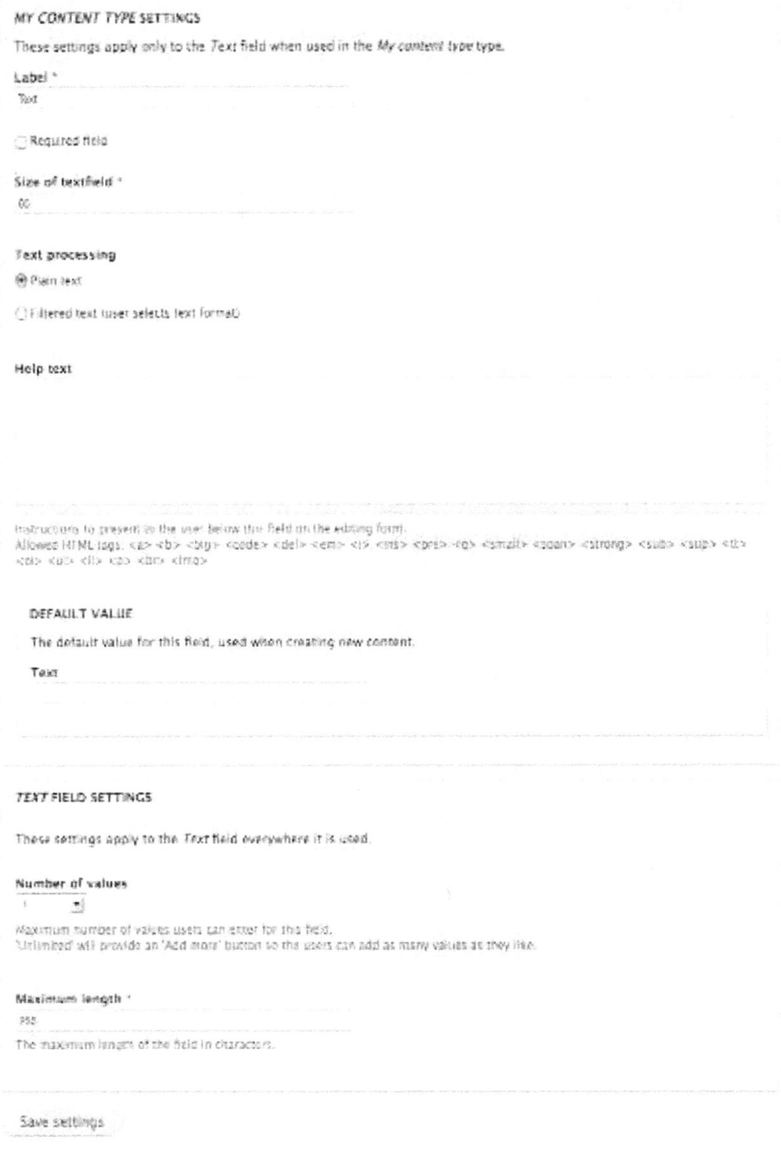

MY CONTENT TYPE SETTINGS

These settings apply only to the *Text* field when used in the *My content type* type.

Label *

Text

☐ Required field

Size of textfield *

60

Text processing

◉ Plain text

○ Filtered text (user selects text format)

Help text

Instructions to present to the user below this field on the editing form.
Allowed HTML tags: <a> <b> <big> <code> <del> <em> <i> <ins> <pre> <q> <small> <span> <strong> <sub> <sup> <tt> <ol> <ul> <li> <p>
 <img>

DEFAULT VALUE

The default value for this field, used when creating new content.

Text

TEXT FIELD SETTINGS

These settings apply to the *Text* field everywhere it is used.

Number of values

1 ▾

Maximum number of values users can enter for this field.
'Unlimited' will provide an 'Add more' button so the users can add as many values as they like.

Maximum length *

255

The maximum length of the field in characters.

Save settings

Figura 6.2: Los tipos de campo diferentes tienen también una configuración diferente. La figura muestra la configuración para los campos de texto.

Los tipos de campos incluidos en una instalación estándar de Drupal son:

Boolean: Esto almacena un valor cero/uno en la base de datos, pero se podría mostrar a los usuarios con cualquier texto (como el clásico no/sí).

Decimal: Esto almacena un número con un número específico de decimales. El carácter utilizado para el punto decimal es configurable, y usted puede añadir opcionalmente un prefijo o un sufijo al número, por ejemplo, "€".

Archivo: Este almacena los datos de archivo de un nodo/entidad (mientras que el archivo real se almacena en la estructura de archivos y no en la base de datos). Los ajustes de este campo incluyen los tipos de archivos aceptados, la carpeta en la que se deben guardar los archivos, las limitaciones del tamaño del archivo, y algunas opciones más. Es posible almacenar los archivos sin que sean accesibles públicamente configurando la ruta que se utilizará para los archivos privados en la barra de herramientas en *Configuración, sistema de archivos*.

Float: Este almacena un número de punto flotante, que es el tipo más preciso de los números utilizados en Drupal. Al igual que con los decimales, puede añadir un prefijo y un sufijo al campo.

Imagen: Estos son los metadatos de una imagen (mientras que el archivo de la imagen real se almacena en la estructura de archivos y no en la base de datos). Los ajustes de campo son similares a las de los archivos, sólo que también incluyen los ajustes de texto alternativo y título, así como las limitaciones para el tamaño de la imagen.

Entero: Este almacena un número entero de peso ligero. Al igual que con los decimales, puede añadir un prefijo y un sufijo en el campo.

Lista (entero/flotador/texto): Este número extiende los datos de texto de las listas predefinidas. Este tipo de campo es útil para crear listas de selección o casillas de verificación.

Texto largo: Este puede almacenar una gran cantidad de texto en la base de datos, y se utiliza normalmente sólo cuando se desea un rango de entrada de texto.

Texto largo y resumen: Esto junta el texto con un resumen en la base de datos. Este tipo de campos se utilizan en un artículo estándar. Los ajustes de campo incluyen la opción de escribir un resumen personalizado.

Referencia: Esto almacena una referencia a un término de taxonomía. Consulte el Capítulo 7 para obtener más información.

Texto: Esto almacena una cantidad más corta de texto en la base de datos, por lo general introducida a través de un campo de texto de una sola línea.

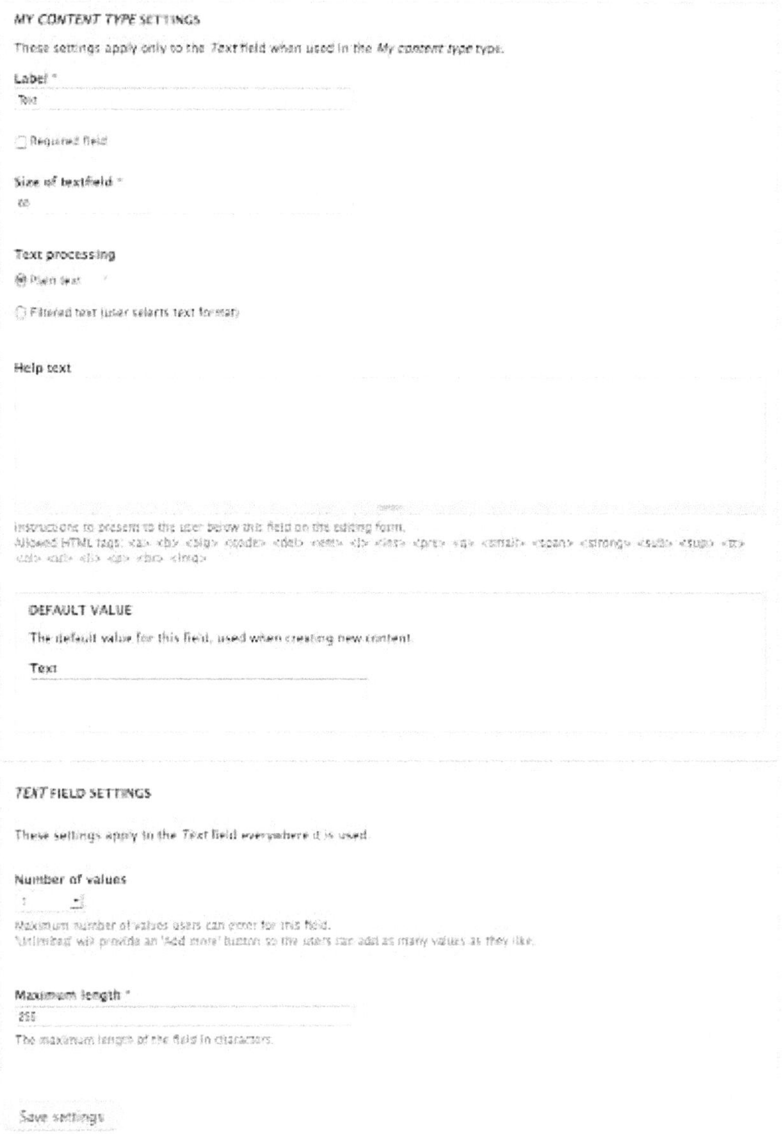

MY CONTENT TYPE SETTINGS

These settings apply only to the Text field when used in the My content type type.

Label *

Text

☐ Required field

Size of textfield *

60

Text processing

◉ Plain text

○ Filtered text (user selects text format)

Help text

Instructions to present to the user below this field on the editing form.
Allowed HTML tags: <a> <b> <big> <code> <del> <em> <i> <ins> <pre> <q> <small> <span> <strong> <sub> <sup> <tt> <ol> <ul> <li> <p>
 <img>

DEFAULT VALUE

The default value for this field, used when creating new content.

Text

TEXT FIELD SETTINGS

These settings apply to the Text field everywhere it is used.

Number of values

1

Maximum number of values users can enter for this field.
'Unlimited' will provide an 'Add more' button so the users can add as many values as they like.

Maximum length *

255

The maximum length of the field in characters.

Save settings

Figura 6.2: Los tipos de campo diferentes tienen una configuración diferente. La figura muestra la configuración para los campos de texto.

TIP: Los módulos de Drupal pueden proporcionar más campos y widgets para tu sitio, por lo que es posible tener campos personalizados para direcciones de correo electrónico, datos geográficos, videos, y mucho más.

La reutilización de campos

Es posible utilizar el mismo campo en más de una entidad, por ejemplo, un campo de imagen se puede utilizar en los usuarios y un tipo de nodo. Esto se hace mediante el uso de la fila añadir campo existente en la lista de campos.

Al reutilizar los campos, sólo algunas partes de la configuración, tales como el texto de ayuda, tendrán que ser cambiadas por cada tipo de nodo o entidad. Otros tienen que ser el mismo en todas las entidades en que las se utiliza el campo, tales como el número de valores a almacenar.

Se recomienda la creación de nuevos campos, en lugar de reutilizar los ya existentes, a menos que tenga una razón clara para hacerlo. Las principales razones para esto son: se obtiene una mayor flexibilidad para la configuración de los campos compartidos, esto puede hacer que sea más difícil exportar las partes seleccionadas de la configuración de su sitio.

Vea la sección de configuración de la exportación en el Apéndice 1 para obtener más información sobre el por qué la configuración de las exportaciones es algo muy útil.

TIP: Desde el punto de vista del rendimiento, esto se usa en caso de que se no quiera tener tropecientos campos en su sitio Drupal. Si un tipo de contenido (u otra entidad) tiene una gran cantidad de campos, ahorrar el contenido se traducirá en una gran cantidad de bases de datos, y el hecho de escribir código nos podría llevar mucho tiempo. Además, la configuración del campo en sí podría consumir una gran cantidad de memoria al cargarse desde la memoria caché (y esto se hace muy a menudo).

Los campos en los comentarios y en el usuario

Al igual que con los tipos de nodos, también puede agregar y configurar los campos en los comentarios y en las cuentas de usuario. Los ajustes de campo en los comentarios se pueden encontrar en sus respectivos ajustes del tipo de nodo, haga clic en la pestaña campos de comentario. La configuración personalizada para los usuarios se encuentra en la barra de herramientas en *Configuración, Configuración de la cuenta* y en la pestaña *Administrar campos*.

Los campos que se aplican a las cuentas de usuario tienen valores adicionales que determinan si el campo debe aparecer en la página de registro de usuario. Los campos de usuario requeridos siempre se incluyen en el formulario de registro.

Crear Relaciones con los campos

Una parte importante en la construcción de una estructura de información es crear relaciones entre nodos, y también entre otras entidades. Por ejemplo, esta nota pertenece a ese artículo, este comunicado de prensa se refiere a los productos, y así sucesivamente.

En Drupal, estas relaciones se crean con los campos de referencia o los campos de relación. Estos son campos de conexión entre las entidades de su sitio.

Hay dos opciones disponibles para crear referencias entre entidades:

El módulo *Referencias* es la conexión entre campos más común en Drupal 6: las referencias nodo y las referencias usuario. El módulo proporciona dos nuevos tipos de campo que apuntan a los nodos y a los usuarios, respectivamente. Nota: El módulo de *Referencias* puede estar más o menos reemplazado por el módulo *Entidad de Referencia*.

El módulo *Relación* es nuevo en Drupal 7 y proporciona una manera de relacionar cualquier tipo de entidades. Se incluye opciones para las relaciones direccionales y simétricas y la capacidad de añadir campos a una relación.

Elaboración: El problema de las referencias direccionales

Como desarrollador de Drupal, usted tendrá que tener en cuenta qué dirección deberá tener una referencia, si hay que poner un campo de referencia del tipo de nodo A que apunte hacia un usuario seleccionado, o si se debe colocar el campo en el usuario y apuntar hacia los nodos de tipo A seleccionados, etc...

Los factores que influyen en estas decisiones suelen ser, en orden:

Las consecuencias técnicas de la elección, y las limitaciones de lo fácil que será para almacenar, recuperar y visualizar los datos.

Los flujos de trabajo en el sitio, y que solución será la más cómoda para los usuarios finales.

La estructura de la información en el sitio, y la solución con la que se obtiene el resultado más limpio.

Cuando estos factores no están de acuerdo, puede trabajar con herramientas para mejorar los flujos de trabajo en el sitio, pero estas herramientas no se describen con más detalle en este libro.

Determinar cómo se deben de dirigir las referencias es un arte que requiere de un entrenamiento previo antes de empezar a usarlas en producción. Es común que las decisiones erróneas no tengan consecuencias hasta que esté a mitad de camino a través de un proyecto de su sitio web.

Ejemplos de implementación de campos

Esta sección contiene ejemplos de cómo se pueden utilizar los conceptos y las funcionalidades de este capítulo. Puedes encontrar más ejemplos en los ejercicios.

Adjuntos en los artículos

Año de nacimiento en el perfil de usuario

Adjuntos en los artículos

Como editor de mi sitio web de noticias, quiero ser capaz de adjuntar documentos PDF a los artículos. Esto permitirá a los visitantes ver y descargar los archivos. Esto es importante, ya que a menudo publicamos información adicional útil en archivos PDF que queremos ofrecer a nuestros visitantes.

Esta funcionalidad se puede lograr siguiendo estos pasos:

Visite el campo *Administración* en la página para del tipo de nodo artículo.

Añadir otro campo del tipo de archivo. Ponga en la etiqueta *adjuntar (attachment)* y el nombre de *field_article_attachment*.

Arrastre y suelte el campo a un lugar adecuado de la lista de campos.

Guarde la lista de campos, abra la *Configuración* del nuevo campo.

Utilice los ajustes de campo por defecto haciendo clic en guardar los ajustes de campo.

Añadir un texto de ayuda, explicando que los archivos adjuntos se mostrarán junto al artículo.

Cambie las extensiones de los archivos permitidos a pdf.

Establecer un directorio de archivos de artículo/accesorios.

Comprobar *permitir* campo de descripción.

Cambiar el número de valores a ilimitados. *Guardar*

Año de nacimiento en el perfil de usuario

Como administrador del foro de mi sitio, me gustaría que todos los miembros registren su año de nacimiento al registrarse. Esto es importante ya que nos ayuda a entender lo popular que es el sitio en los diferentes grupos de edad.

La funcionalidad anterior puede conseguirse mediante los siguientes pasos:

Edite los campos en las cuentas de usuario. Estos se encuentran en los ajustes de *Administración/Configuración/Cuenta/Campos administrados*, no bajo *Administración/Estructura*

Añadir un nuevo campo de tipo entero, por ejemplo, con la etiqueta el año de nacimiento y el nombre de *field_user_birthyear*.

Al guardar la lista de campos se abrirá la *Configuración* para el nuevo campo.

Como los campos enteros carecen de opciones globales del sitio, puede simplemente pulsar guardar los ajustes de campo para continuar con la *Configuración* que se utiliza únicamente en las cuentas de usuario.

Marque el campo requerido, para que se incluya de forma automática en el formulario de inscripción para el sitio web.

Escribe un texto de ayuda que explique cómo va a utilizar la información que este campo.

Rango de valores con un mínimo de 1.900 y un máximo de 2.013 para evitar que los usuarios nos proporcionen años sin sentido.

TIP: El módulo Fecha (Date) proporciona campos de entidad para fechas y horas, que en este caso sería una buena alternativa al uso de un campo entero.

Ejercicios: Sitio de la documentación

Estos son los primeros ejercicios en la suite del Sitio de la documentación. Estos incluyen cómo construir la estructura de información básica para un sitio web que será utilizado por una comunidad para la construcción de la documentación de un software de colaboración. La realización de estos ejercicios requiere el uso de los conceptos descritos en este capítulo, así como los conceptos incluidos en la parte A de este libro.

Página de la documentación

Recogida de documentación

Información del usuario

La página de la documentación

Como miembro del sitio, quiero ser capaz de crear y editar las páginas de la documentación que contenga texto, archivos de pantalla y los archivos adjuntos. Esto es importante, ya que esto me permite contribuir en la construcción de la documentación en línea.

Figura 6.3: Este es un ejemplo de a que se puede parecer la página de la documentación.

Como demostración

Inicie sesión en el sitio.

Cree una nueva página de la documentación que contenga texto, imágenes y archivos adjuntos.

Verifique que el texto, las imágenes y los archivos adjuntos aparecen al visitar la página de la documentación recién guardada.

Desconecte su sesión. Visite la web como un visitante anónimo, compruebe que la página de la documentación no se puede editar.

Inicie sesión con otra cuenta. Compruebe que la página de la documentación se puede editar.

Preparación

Un sitio de Drupal vacío.

Solución sugerida

Añadir un nuevo tipo de contenido: página de la documentación. Proporcionarle una descripción de cómo se utilizará el tipo de contenido, tal como: las páginas de la documentación son editables para todos los miembros del sitio, además de contener documentación sobre un concepto determinado. (Ver tipos de nodo y nodo de administración).

Haga clic en guardar y en el botón de añadir campos para ir a la página general de campos para el tipo de nodo.

Añada un nuevo campo de imagen al tipo de contenido. Asígnele la etiqueta imágenes, añada un texto de ayuda, y permita un número ilimitado de imágenes para cargar en el campo. (Ver la adición de nuevos campos).

Añada un nuevo campo de archivo al tipo de contenido. Asígnele la etiqueta adjuntos, añada un texto de ayuda, y cambie las extensiones para los archivos permitidos a txt pdf doc xls zip tar.gz odt ods docx xlsx. Active la configuración de descripción, y permita un número ilimitado de archivos en este campo. (Ver la adición de nuevos campos).

Cambie la configuración de *Permisos* del sitio para permitir que todos los usuarios autenticados puedan agregar y editar las páginas de la documentación. (Ver *Permisos* y *Roles*).

Comentarios

Desde las páginas de la documentación probablemente no se podrá acceder directamente a los menús, entonces, puede tener sentido anular la selección de todas las opciones de menú de la configuración del tipo de nodo.

Hay un montón de opciones cuando se añaden nuevos campos para los tipos de contenido. En la mayoría de los casos, sólo se puede utilizar la configuración predeterminada, y cambiar lo que sea necesario después.

Es útil tener convenciones o algún tipo de regla a la hora de decidir los nombres de máquina para los campos. Esto hace que sea más fácil que usted y otras *Personas* puedan encontrar y reconocer los campos. Una convención es crear una manera de nombrar a un tipo de datos para que todos empiecen o con el nombre del equipo o con el nombre del tipo de nodo se utiliza o cualquier otra manera que le ayude a usted y a su equipo poder localizar un campo de una manera clara y rápida.

El contenido de los campos no se puede mostrar de una manera más vistosa, pero en realidad eso no es una parte de esta historia de usuario. La escritura y la lectura de las historias de usuario de una manera concisa ayuda a centrarse en las tareas adecuadas.

Recogida de documentación

Advertencia: No está claro si este ejemplo se puede construir utilizando la información proporcionada en el libro hasta este punto. No está claro cómo se pueden añadir los nodos de referencia. ¿Se requieren más módulos adicionales?

Como miembro del sitio quiero ser capaz de crear colecciones de documentos, haciendo referencia a una o varias páginas de la documentación. No debe haber espacio para introducir una descripción para cada colección. Esto es importante, ya que me permite organizar la documentación online de una manera que tiene sentido para mí, así como formar parte de las estructuras de la documentación para otros usuarios lo puedan encontrar útil.

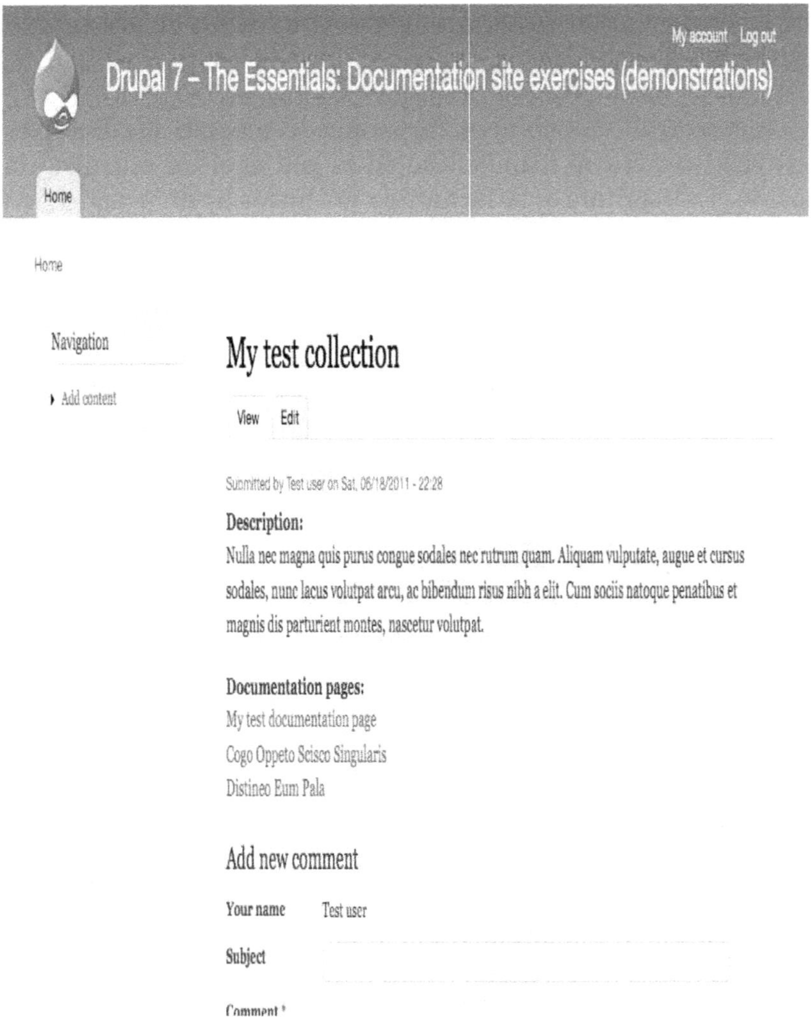

Figura 6.4: Un ejemplo de cómo recopilar la documentación acabada.

Como demostración

Inicie sesión en el sitio.

Cree una nueva colección de documentación, que contenga una descripción haciendo referencia a por lo menos dos páginas de la documentación.

Verifique que la descripción recogida y que los enlaces a las páginas de la documentación aparecen al visitar la colección de documentos recién guardada.

Edite la colección y cambie el orden de los números de la página de la documentación. Verifique que el orden de la lista ha cambiado de manera correcta al visualizar la colección recién guardada.

Cierre la sesión e inicie sesión con otra cuenta. Verifique que la recopilación de la documentación no se puede editar.

Preparación

Deberá tener creadas una serie de páginas de la documentación en el sitio web (ver ejercicio anterior).

Deberá descargar el proyecto *Referencias* (Reference) y el módulo Referencia e instalarlo. De forma alternativa, se podría utilizar una versión estable del módulo *Relación*. Nota: la Referencia de la entidad puede reemplazar a *Referencias*.

Solución sugerida

Añada un nuevo tipo de contenido: recopilación de la documentación. Proporcionarle una descripción. Haga clic en Guardar y en agregar los campos para ir a la página general de campos. (Ver tipos de nodo y nodo de administración).

Asegúrese de que el módulo de referencia está habilitado. A continuación, agregue un campo de referencia al nodo con, por ejemplo, la etiqueta páginas de la documentación. (Ver la adición de nuevos campos).

Deje el campo de referencia al nodo para que apunte sólo a las páginas de la documentación. Márquelo como requerido, añada un texto de ayuda, y permita que los usuarios introduzcan un número ilimitado de referencias en cada campo. (Ver la adición de nuevos campos).

Vaya a la lista de *Permisos* del sitio web, y establezca los *Permisos* para que los usuarios autenticados puedan crear y editar sus propias colecciones de documentos. (Ver *Permisos* y *Roles*).

Comentarios

La solución propuesta debe actualizarse para utilizar el módulo de referencia de la entidad, en lugar de referencias.

Al igual que con las páginas de la documentación, no tiene mucho sentido añadir a las colecciones un menú, así que todos los menús pueden ser deseleccionados en la configuración del tipo de nodo.

Información del usuario

Como miembro del sitio quiero ser capaz de ver los detalles de otros miembros del sitio, como el nombre real, una imagen del usuario y el país en el que vive. Debería de ser posible introducir esta información al crear una cuenta en el sitio. Esto es importante ya que hace que sea más fácil conocer a la gente con la que estoy cooperando con la página web.

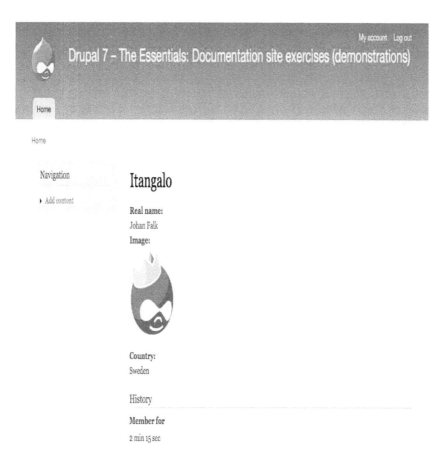

Figura 6.5: Un ejemplo de cómo puede ver a un usuario en su página de usuario.

Como demostración

Como un visitante anónimo, cree una nueva cuenta en el sitio web. Compruebe que es posible introducir un nombre real, cargar una imagen de usuario, e introduzca en qué país vive.

Verifique que su información de usuario aparece al visualizar la nueva cuenta.

Cierre su sesión. Visite su sitio como visitante anónimo, compruebe que no se puede acceder a la página con la información del usuario.

Inicie una sesión como otro usuario. Compruebe que puede ver la información del usuario de la cuenta recién creada.

Preparación

Un sitio de Drupal vacío.

Solución sugerida

Vaya a la configuración de la cuenta de su sitio, y cambie la configuración del registro para permitir que la gente se pueda registrar sin necesidad de la aprobación del administrador. También desactive la imagen predeterminada utilizada para las cuentas de usuario. (Ver otros ajustes de la cuenta de usuario).

Vaya a la pestaña gestión de campos en la página de configuración de la cuenta. Añada un nuevo campo de texto con la etiqueta del nombre real. Añada un texto de ayuda y establezca que se muestre el campo en el formulario de registro de usuario. (Vea el campo comentario de la cuenta de usuario y además la adición de nuevos campos).

Añada otro campo, para las imágenes del usuario. Añada un texto de ayuda, y haga que el campo se muestre el campo en el formulario de registro de usuario.

Añada un último campo de texto, por país. Añada un texto de ayuda, y haga que el campo se muestre el campo en el formulario de registro de usuario.

Cambie la configuración de *Permisos* para permitir que todos los usuarios autenticados puedan ver las páginas de perfil.

Comentarios

El campo de imagen predeterminado para las cuentas de usuario no se puede usar en este caso, ya que no hay una manera fácil y rápida con la que podamos hacer que aparezca en el formulario de registro de usuario.

Siempre que agregue campos a las cuentas de usuario, es conveniente añadir los textos de ayuda, y permitir que el usuario final pueda seleccionar si la información se mostrará al público o no.

Ejercicios: sitio de Noticias

Estos son los primeros ejercicios en la suite del sitio de noticias. Estos incluyen la construcción básica de la *Estructura* de la información de un sitio web utilizado para publicar noticias. La realización de estos ejercicios requiere el uso de los conceptos descritos en este capítulo, así como los conceptos incluidos en la parte A de este libro.

Artículos de noticias

Cajas informativas

Artículos de noticias

Como redactor de noticias Quiero ser capaz de crear artículos de noticias, y también de poder editar mis propios artículos de noticias. Los artículos de prensa contienen un título, una imagen de cabecera, una introducción, un cuerpo, y las imágenes que no son de cabecera. Esto es importante ya que me permite ofrecer a los visitantes del sitio la noticia de una manera más vistosa.

Como demostración

Inicie sesión en el sitio como escritor.

Cree un artículo con un título, una imagen de cabecera, una introducción, un cuerpo y al menos una imagen que no sea de cabecera.

Verifique que todos los elementos se muestran al visualizar el artículo.

Compruebe que puede editar el artículo.

Cierre la sesión. Visite el sitio como visitante anónimo, compruebe que puede verlo.

Inicie una sesión como otro escritor. Compruebe que puede ver pero no editar el artículo.

Preparación

Un sitio de Drupal vacío.

Cajas informativas

Como redactor de noticias Quiero ser capaz de agregar cuadros informativos a algunos artículos de noticias. Las cajas informativas deberán contener un título y sólo texto plano. Un artículo debe de ser capaz de tener múltiples cajas informativas, pero cada caja informativa debe pertenecer a un solo artículo. Las Cajas informativas son importantes ya que permiten que se añada valor al sitio con la información de los artículos sin apelmazar el cuerpo del artículo con los detalles.

Como demostración

Inicie sesión en el sitio como escritor.

Cree un nuevo cuadro informativo. Introduzca el título y el texto. Compruebe que se debe seleccionar un artículo del cuadro informativo al que pertenece para que se les permita guardar.

Tenga en cuenta que esta historia de usuario no contiene ninguna funcionalidad para la visualización de la caja informativa con los artículos, simplemente mostramos como crear las cajas informativas.

Preparación

Cree por lo menos un artículo de prensa en el sitio (ver ejercicio anterior).

Deberá descargar el módulo de referencia de la entidad e instalarlo. (Por otra parte, se podrían utilizar las referencias o el módulo de *Relación*).

7: Taxonomía

Taxonomía es la palabra usada por los Drupalistas (y biólogos) cuando se habla de la categorización. Las etiquetas utilizadas en los artículos de una instalación estándar de Drupal son un ejemplo de cómo se puede utilizar el sistema taxonomía de Drupal.

Las categorías, como las etiquetas individuales de los artículos, se recogen en el vocabulario, la expresión Drupal-Speek se usa denominar una colección de etiquetas. Un vocabulario llamado ciudades podría contener categorías como Madrid o Vigo, mientras que un vocabulario llamado secciones de noticias podría contener categorías como deportes, sociedad y política. En una instalación estándar, las etiquetas de los artículos se recogen en un vocabulario simple llamado etiquetas.

Dado que un buen desarrollador de Drupal necesita conocer bien el Drupal-Speek, usted también deberá saber que las categorías en Drupal se conocen técnicamente como términos.

Puede llevarle un tiempo acostumbrarse a estas palabras sin confundirse, pero le ayuda conocerlas ya que son las que se usan en la comunidad de Drupal. Aquí vemos un breve resumen:

Taxonomía es el marco para la categorización, la práctica de clasificar las cosas.

Un vocabulario es un conjunto de categorías, que se utilizan para separar los diferentes tipos de categorías. Un vocabulario de ejemplo podría ser las ciudades.

Los términos son las propias palabras de las categorías, como Madrid o Vigo. Cada término pertenece exactamente a un vocabulario.

TIP: Es frecuente encontrar que la palabra término de la taxonomía, sirve para dejar claro que estamos tratando con términos en el sentido de Drupal, y no en términos generales. A veces la palabra taxonomía se utiliza como sinónimo de vocabulario, que es técnicamente incorrecto, pero es correcto en un sentido más general.

La versión inicial de esta sección del libro vino del libro de Drupal 7: Conceptos básicos, cortesía de nodeone y Johan Falk.

Usando el sistema de taxonomía

Creación y gestión de vocabularios y términos

Elaboración: ¿términos de la taxonomía, campos de texto o nodos?

Ejemplos de implementación de la taxonomía

Ejercicios: Sitio de la documentación

Ejercicios: sitio de las Noticias

Usando el sistema de taxonomía

En una instalación estándar de Drupal, es posible utilizar las herramientas de la taxonomía de Drupal para categorizar el contenido. Usted puede agregar las etiquetas (términos) de un artículo. Estos términos se suelen mostrar como enlaces, lo que le lleva a una lista de todos los nodos señalados con el mismo término.

Estas listas (listas de términos), tienen algunas similitudes con la lista de la primera página en una instalación estándar de Drupal:

Los nodos se muestran como teaser (resumen), y con la opción sticky en la parte superior de las listas. Al igual que en la primera página, también hay un canal RSS para cada lista de términos. A diferencia de la primera página, cada lista tiene, a priori, un título y si el término tiene una descripción, también se muestra.

Los usuarios con acceso para modificar los términos verán pestañas en las listas de términos, una es para ver la lista y la otra es para editar la expresión.

TIP: La ruta Interna de los términos de la taxonomía es taxonomía/término/TID, donde TID es el identificador único para el término. Añadiendo a la ruta /all, verá la lista de todos los términos y *sub*términos que tengan los nodos marcados.

Taxonomía y campos

Los términos se añaden a los nodos y a otras entidades que utilizan campos de referencias a términos. La configuración de los campos de referencia a términos incluye una opción para configurar el vocabulario que se debe utilizar. Hay también un widget especial llamado el widget de autocompletado de términos (etiquetado). Permite al usuario añadir nuevos términos si el texto escrito no coincide con ninguna palabra existente en el vocabulario al que pertenece.

Creación y gestión de vocabularios y términos

En la opción de la barra de herramientas de *Estructura*, *Taxonomía* hay una lista de todos los vocabularios de su sitio web. En una instalación estándar de Drupal sólo verá las etiquetas. (Ver figura 7.2). Cada vocabulario se presenta junto con algunos enlaces para la gestión, para editar los ajustes de vocabulario, enumerando los términos existentes, y la adición de nuevos términos.

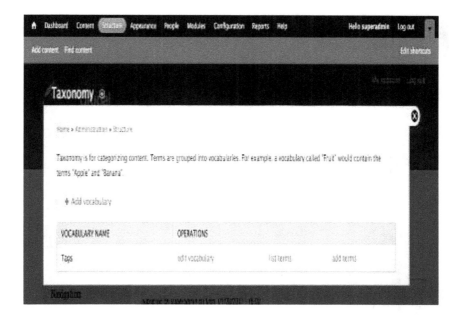

Figura 7.2: La página de administración de la taxonomía tiene enlaces para gestionar cada vocabulario y crear otros nuevos.

La lista de términos de la taxonomía le permite, como administrador, cambiar el orden de los términos, y la creación de estructuras de árbol. También es posible editar cada término (ver figura 7.3). El formulario para agregar o modificar los términos contiene información sobre el nombre del término, cualquier alias de URL del término, así como la descripción del término. (Ver figura 7.4). La descripción del término en realidad es un campo de la entidad, y es posible añadir más campos a un término. La página de edición también le permite establecer los términos padres, pero esto es más fácil de manejar en la lista de drag-and-drop de los términos.

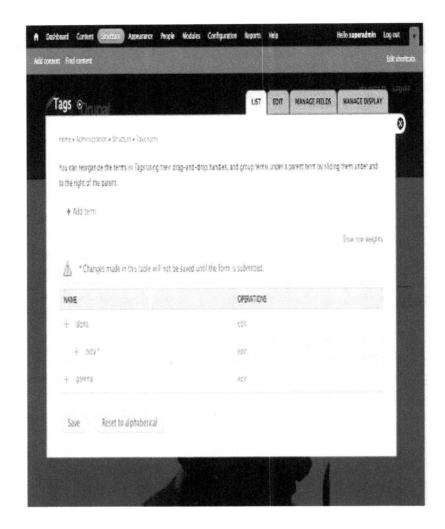

Figura 7.3: Cada vocabulario tiene una lista con todos sus términos. Los términos pueden ser ordenados en una estructura de árbol.

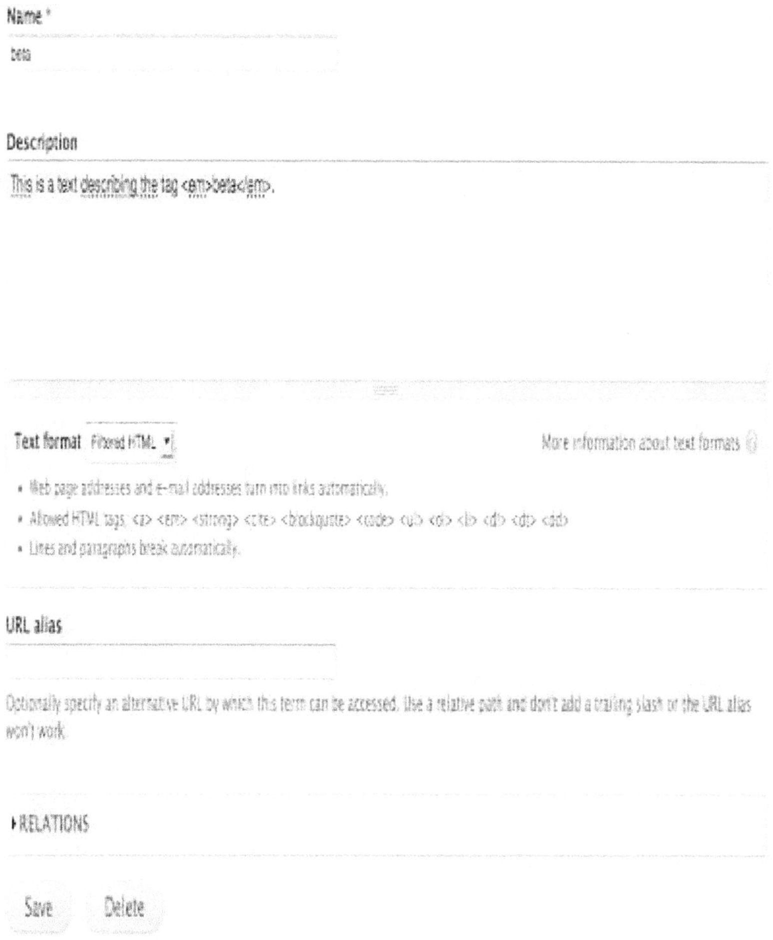

Name *

beta

Description

This is a text describing the tag <em>beta</em>.

Text format Filtered HTML ▾   More information about text formats ⓘ

- Web page addresses and e-mail addresses turn into links automatically.
- Allowed HTML tags: <a> <em> <strong> <cite> <blockquote> <code> <ul> <ol> <li> <dl> <dt> <dd>
- Lines and paragraphs break automatically.

URL alias

Optionally specify an alternative URL by which this term can be accessed. Use a relative path and don't add a trailing slash or the URL alias won't work.

▸ RELATIONS

Save   Delete

Figura 7.4: Cada término puede ser editado. Puede cambiar los campos disponibles en los términos, por ejemplo, añadiendo un campo para imágenes a un término.

Encima de la lista de vocabulario podemos ver un enlace añadir vocabulario, que le lleva a un formulario que se utiliza para añadir nuevos vocabularios. Cada vocabulario tiene un nombre y, opcionalmente, una descripción. Drupal le sugerirá automáticamente un nombre de máquina para el vocabulario, a partir de su nombre de texto sin formato.

Los campos en los términos de la taxonomía

Al igual que con los tipos de nodos, con los comentarios y con las cuentas de usuario, puede agregar campos de entidad a los términos de la taxonomía. Los campos se establecen en función de cada vocabulario y la configuración del campo está disponible en la página de edición del vocabulario y en la pestaña Administrar campos.

Elaboración: ¿Términos de la taxonomía, campos de texto o nodos?

En básicamente todos los sitios de Drupal llegará el momento en el que se enfrentará a una o dos decisiones relativas a la taxonomía:

Si un campo en particular, por ejemplo, la sección, ¿es un campo de lista de texto, o debo utilizar los términos de la taxonomía? ¿Que me podría dar una lista de selección de secciones al crear el contenido?

Si un determinado tipo de datos, por ejemplo, los tipos de producto, ¿es un tipo de nodo, o deben ser términos de la taxonomía? Ambos son fieldable y pueden contener cualquier tipo de información que necesite.

La decisión de estas preguntas por lo general requiere un buen conocimiento tanto de la página web y como de sus datos, y de la experiencia en la gestión de los datos con Drupal. A veces tiene poca o ninguna importancia la elección que elija, pero una elección incorrecta puede llevarnos a una gran cantidad de trabajo adicional más adelante.

Estos son algunos TIPs para abordar este tipo de decisiones.

Lo que es bueno o es malo, al fin y al cabo, estará determinado por lo que funciona y por lo que no funciona.

Los términos de la taxonomía le dan listas automatizadas de contenido, pero esto no es una razón para elegir los términos en vez de los campos de texto o nodos. El módulo *Views* permite crear listas similares en base a campos de texto u otros datos. (Ver los capítulos 8-10 para obtener más información acerca de las vistas).

Al decidir entre los campos de texto y los términos de taxonomía, determine si la información es una parte necesaria del nodo/entidad. Si es así, los campos de texto son generalmente la mejor opción. Si usted está tratando con meta-datos, los términos taxonomía suelen ser la mejor opción.

Al decidir entre los campos de texto y los términos de taxonomía, tenga en cuenta que los términos taxonómicos pueden ser editados o borrados independientemente del nodo/entidad. Los datos del término son independientes del nodo/entidad.

Al decidir entre tipos de nodos y taxonomía determine si necesita alguna de las funciones disponibles sólo para los nodos, como los estados de la publicación, el revisionismo, el control de acceso, los autores, etc.

Al decidir entre tipos de nodos y términos taxonomía, ¿los datos sólo se pueden usar para describir el contenido en el sitio? Si es así, los términos de la taxonomía podrían ser la mejor opción. Si tiene sentido ver los datos en sí, los nodos son probablemente la mejor opción.

Ejemplos de implementación de la taxonomía

Esta sección contiene ejemplos de cómo se pueden utilizar los conceptos y las funcionalidades de este capítulo.

Uso de categorías en paralelo

Facultades y departamentos

Uso de categorías en paralelo

Como editor en mi sitio de recetas quiero ser capaz de clasificar las recetas, las quiero clasificar como entrantes, platos principales, postres y otros. También quiero ser capaz de clasificar las recetas de acuerdo a las preferencias dietéticas como libre de gluten, sin lactosa y vegetarianos. Esto ayuda a los visitantes a encontrar las recetas que les interesan más fácilmente.

La funcionalidad anterior puede conseguirse con los siguientes pasos:

Cree un nuevo vocabulario con el nombre del tipo de receta, donde los términos son entrantes, plato principal, postre y otros, y se agregarán manualmente.

Cree un nuevo vocabulario con el nombre de preferencias dietéticas, donde los términos son libres de gluten, sin lactosa y vegetarianos, y se agregan manualmente.

El tipo de nodo para las recetas (que se supone que existe ya) tendrá un nuevo campo de referencia a término, haciendo referencia al vocabulario de tipo de receta. El campo se establece como requerido, que acepte un solo valor, y que utilice la lista de selección de widgets.

El tipo de nodo recibe otro campo de referencia a término, en referencia al vocabulario preferencias dietéticas. El campo no es obligatorio, acepte un número ilimitado de valores, y utilice las cajas de checkbox/botones radio de tu formulario.

Facultades y departamentos

Como editor en el sitio de información universitaria Quiero ser capaz de marcar una noticia muy importante para solamente los departamentos seleccionados. También quiero señalar a algunas facultades para indicarles a todos los departamentos en los que los profesores se verían afectados por la noticia. Esto es importante ya que reduce la cantidad de información irrelevante que el personal de la universidad tiene que leer.

La funcionalidad anterior puede conseguirse mediante los siguientes pasos:

Añadir un nuevo vocabulario con el nombre de unidad de administración.

Cada facultad de la universidad se introduce como términos en el vocabulario.

Cada departamento de la universidad se introduce como términos en el vocabulario, y se clasifican como expresiones hijas de sus respectivos profesores. En caso de que un departamento pertenezca a más de una facultad, esto tendrá que hacerse en la página de edición del término, no en la lista de arrastrar y soltar de términos.

El tipo de nodo de noticias (que se supone que ya existe) tiene un nuevo campo de referencia a término, en referencia al vocabulario unidad de administración. El campo está configurado para permitir un número ilimitado de valores, y probablemente usará el widget de lista de selección.

TIP: Tenga en cuenta que los dos casos descritos anteriormente en rigor no son historias de usuario, por dos razones.

Primero: Las nuevas funciones se describen desde la perspectiva del editor, pero la funcionalidad debe ser útil para los visitantes del sitio.

Dos: No se describen un uso real en estos casos, sólo una descripción de cómo se deben de almacenar los datos. Las historias de usuarios de este tipo se deben evitar en los proyectos reales, ya que las fronteras de las especificaciones técnicas, son algo más que un valor añadido a la página web.

Ejercicios: Sitio de la documentación

Estos ejercicios se basan en los ejercicios anteriores de la suite sitio de la documentación. Se pueden llevar a cabo de forma individual, con un poco de preparación, o en secuencia con los ejercicios anteriores. Los ejercicios requieren el uso de los conceptos descritos en este capítulo y en el anterior, así como los conceptos incluidos en la parte A de este libro.

Tema etiquetas

Como miembro del sitio quiero ser capaz de añadir libremente las etiquetas de los temas elegidos de las páginas de la documentación y de las colecciones. Esto es importante ya que me permite crear otro nivel en la estructura de la documentación en línea, por lo que así será más fácil navegar y buscar información.

Figura 7.5: Un ejemplo de cómo se pueden utilizar las etiquetas temáticas en el sitio de la documentación.

Como demostración

Inicie sesión en el sitio.

Edite una página de la documentación existente y agregue una o varias etiquetas temáticas. Compruebe que puede agregar nuevos temas.

Agregue una colección a la documentación y agregue temas a la misma. Asegúrese de volver a utilizar al menos uno de los temas de la página de la documentación.

Verifique que los temas aparecen como enlaces en las páginas de la documentación y en las colecciones. Compruebe también que los enlaces nos llevan a las listas de todo el contenido etiquetado con el tema seleccionado.

Preparación

El sitio debe tener las páginas de la documentación y de las colecciones, como se describe en los primeros ejercicios de esta suite.

Solución sugerida

Vaya a la página general de la taxonomía y añada un nuevo vocabulario llamado tema. Déle una descripción antes de guardarlo. (Consulte la creación y gestión de vocabularios y términos).

Vaya a la descripción del ámbito de las páginas de la documentación y añada un nuevo campo del tipo de referencia a término, mediante el autocompletado de widgets. (Ver taxonomía y campos).

Póngale al campo una etiqueta llamada temas, y deje que se refiera al vocabulario tema. Introduzca un texto de ayuda y permita al usuario que añada un número ilimitado de términos al campo. (Ver la adición de nuevos campos).

Agregue un campo a la documentación similar a la colección del tipo de nodo.

Comentarios

En esta historia de usuario funcionaría muy bien para volver a utilizar el campo de referencia de la taxonomía de las páginas de la documentación de las colecciones. Pero si en el futuro, el cliente desea páginas de la documentación para tener exactamente un tema, y que las colecciones puedan tener varios temas, tendría que romper un campo compartido en dos campos separados. Esto podría dar lugar a que una gran cantidad de los datos introducidos por el usuario se pierdan. Es mejor usar dos campos distintos pero configurados de manera idéntica.

Siempre que utilice el campo de autocompletado, es un buen hábito informar a los usuarios con el texto de ayuda de que los términos están separados por comas, no espacios.

No queda del todo claro si debemos utilizar los términos de la taxonomía de temas. Podríamos utilizar los campos de texto simple o las referencias de nodo o los temas como nodos. Si todo lo que debemos saber sobre el campo de temas nos los dirán los metadatos, los términos de la taxonomía es una buena opción.

Ejercicios: sitio de Noticias

Estos ejercicios se basan en los ejercicios anteriores de la suite del sitio de noticias. Se pueden llevar a cabo de forma individual, con un poco de preparación, o en secuencia con los ejercicios anteriores. Los ejercicios requieren el uso de los conceptos descritos en este y el capítulo anterior, así como los conceptos incluidos en la parte A de este libro.

Las secciones y subsecciones

Sección editores

Las secciones y subsecciones

Como escritor Quiero categorizar mis artículos de acuerdo a las secciones de noticias y a las secciones secundarias. Las principales secciones deberán ser Mundo (con las *sub*secciones de Asia, Europa, Oriente Medio, África, América y EE.UU). y Ciencia (con las *sub*secciones de medio ambiente y el espacio y el cosmos). Esto es importante ya que ayuda a los visitantes del sitio a encontrar las noticias que les interesen.

Como demostración

Inicie sesión en el sitio como escritor.

Cree un artículo de prensa. Compruebe que se obtiene una lista de selección con todas las secciones del sitio, y con las subsecciones según sus principales secciones.

Compruebe que no se puede guardar la noticia sin seleccionar una sección, y que sólo se puede seleccionar una única sección.

En el artículo guardado, compruebe que la sección aparece como un enlace a todos los artículos de esa sección.

Preparación

El sitio debe de tener un artículo del tipo de contenido de noticias, según lo dispuesto por el primer ejercicio de esta suite.

Sección editores

Como constructor del sitio, me gustaría señalar las cuentas de usuario que pertenecen a los editores de la sección con la sección de la que son editores. Esto es importante ya que me permite volver a utilizar esta información en las próximas tareas de desarrollo, conectando a los editores de la sección, con las secciones.

Tenga en cuenta que esta no es una historia de usuario adecuada, ya que no añade ningún valor a los usuarios finales del sitio.

Como demostración

Inicie sesión en el sitio como administrador.

Edite una cuenta de usuario. Compruebe que puede seleccionar una sección de la cuenta (las mismas secciones que en el ejercicio anterior), y que también puede dejar la selección de la sección vacía.

Preparación

El sitio debe tener configurado un vocabulario para la sección, tal como se describe en el ejercicio anterior.

8: Modos de vistas y visualización de los campos

Como administrador, puede agregar diferentes tipos de campos a los tipos de nodos, a los comentarios, a los usuarios y a los términos de taxonomía, como hemos visto en los capítulos anteriores. Estos campos se pueden utilizar para almacenar casi cualquier tipo de datos que necesite en el sitio, pero también es importante que se muestren los datos de la manera que se desea.

Lograr que todos los datos de su sitio web se muestren de una manera correcta y atractiva es un arte en sí mismo, y es un tema demasiado grande para tratarlo en este libro. Sin embargo, los primeros pasos son fáciles, como cambiar la configuración de presentación del campo, y ajustar estos valores para los diferentes modos de visualización.

La versión inicial de esta sección del libro vino del libro de Drupal 7: Conceptos básicos, cortesía de nodeone y Johan Falk.

Configuración de la presentación de los campos

Ver los modos

Estilos de imagen

Ejemplos de implementación de los modos de visualización y la presentación del campo

Ejercicios: Sitio de la documentación

Configuración de la presentación del campo

Un buen lugar para empezar a buscar en la configuración de la visualización de los campos son los nodos. En la página de *Estructura*, vamos hacia sus tipos de nodos (*Estructura, Tipos de contenido*) que son enlaces llamados *Gestión de pantalla*. Estos le llevan a una página donde puede configurar cómo se deben de mostrar los campos para el tipo de nodo seleccionado. (Vea la figura 8.1).

En esa página encontrará cada campo de la entidad del tipo de nodo, junto a la configuración de cómo se debe mostrar el contenido y la etiqueta del campo. Puede cambiar esta configuración de las siguientes formas.

Puede cambiar el orden de los campos haciendo clic y arrastrando las flechas de clasificación.

Las etiquetas se pueden configurar para que se muestren sobre el campo, en línea con el contenido del campo, o para que no se muestre nada en absoluto.

El ajuste de formato determina cómo se debe mostrar el contenido del mismo campo. Los formatos que están disponibles dependen de los tipos de campo y de los widgets que tengamos. Por ejemplo, los textos se pueden mostrar en versión completa o resumidos, las referencias a términos podrían ser enlaces o texto sin formato, y los archivos se pueden mostrar con los nombres del archivo o con la

URL completa. Algunos campos y widgets, como imágenes, tienen más ajustes a los se puede acceder mediante el botón de engranaje al final de la fila del campo. Como puede ver en la imagen de a continuación.

Todos los campos pueden tener el formato <Hidden>, lo que significa que no se mostrarán en el sitio. Los campos ocultos se mueven a la parte inferior de la lista y quedan marcados como deshabilitado.

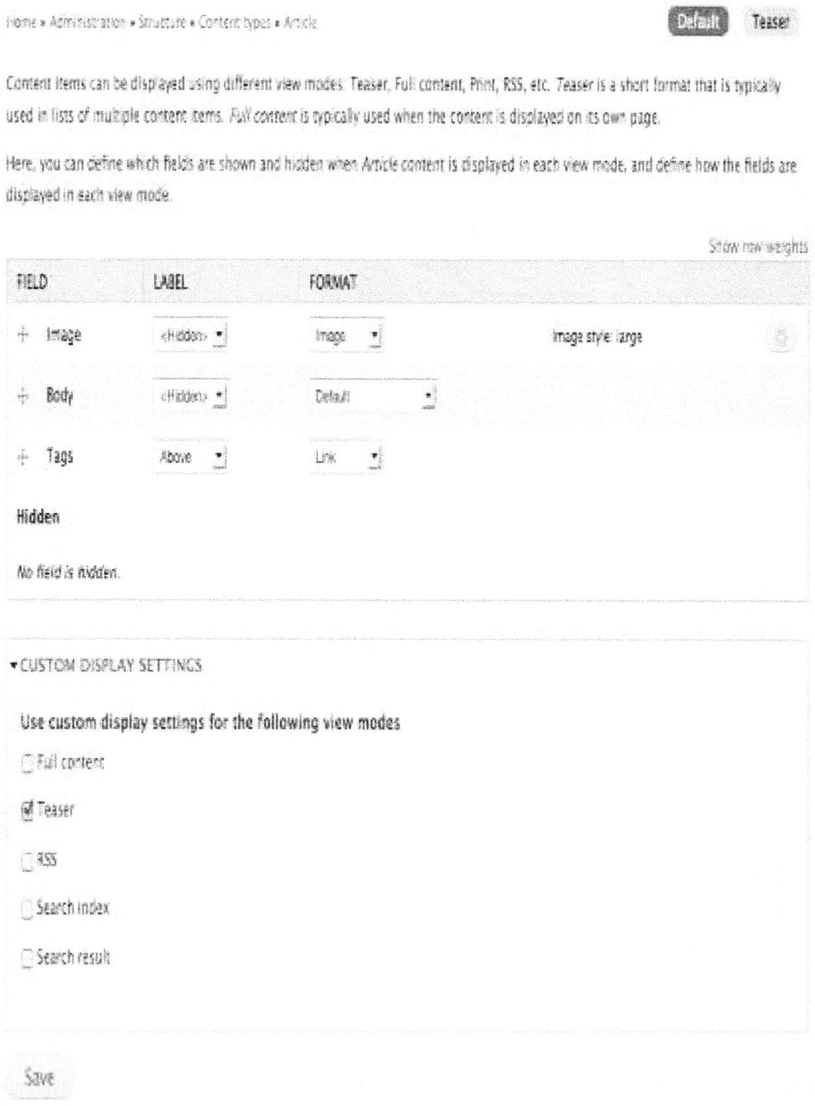

Default   Teaser

Content items can be displayed using different view modes: Teaser, Full content, Print, RSS, etc. Teaser is a short format that is typically used in lists of multiple content items. Full content is typically used when the content is displayed on its own page.

Here, you can define which fields are shown and hidden when Article content is displayed in each view mode, and define how the fields are displayed in each view mode.

Show row weights

FIELD	LABEL	FORMAT	
⊹ Image	<Hidden> ▾	Image ▾	Image style: large
⊹ Body	<Hidden> ▾	Default ▾	
⊹ Tags	Above ▾	Link ▾	

Hidden

No field is hidden.

▼ CUSTOM DISPLAY SETTINGS

Use custom display settings for the following view modes

☐ Full content

☑ Teaser

☐ RSS

☐ Search index

☐ Search result

Save

Figura 8.1: La configuración de la visualización del campo de artículos le permite seleccionar lo que se debe mostrar de los campos y cómo mostrarlo.

Ver modos

De cómo se mostrará un nodo depende del contexto en el que se ve, tales como la diferencia entre los nodos completos y los resúmenes. En la página de visualización de la gestión del campo hay configuraciones adicionales bajo la etiqueta de *Configuración de presentación personalizada*. Los ajustes consisten en una lista de casillas de verificación de todos los modos de visualización disponibles para los nodos. Las *sub*pestañas separan los ajustes para cada modo de visualización, predeterminado y resumen.

En una instalación estándar de Drupal, tenemos los siguientes modos de visualización disponibles:

Contenido Completo: Esto normalmente sólo se usa cuando se visita la URL de un nodo en particular.

Teaser (resumen): Se utiliza en dos tipos de listas, la primera página y las listas de términos de taxonomía.

RSS: Esta configuración se utiliza cuando se incluye el nodo en los canales RSS.

Directorio de búsqueda: Se utiliza cuando tenemos el módulo *Búsqueda* del índice de contenido de Drupal en el sitio. Los campos que están ocultos en este modo de visualización no podrán realizar búsquedas.

Resultado de la búsqueda: Se utiliza en la presentación de los resultados de la búsqueda en el sitio web.

Mientras que los nodos tienen varios modos de visualización diferentes, otras entidades sólo tienen un modo de visualización, como son: el comentario completo (comentarios), la cuenta de usuario (usuarios) y la página de términos de taxonomía (términos de la taxonomía).

Todas las entidades tienen sus propias páginas para gestionar la visualización de los campos. Se accede a estas como una ficha más en las páginas que utilizamos para la gestión de los ajustes de campo.

Estilos de imagen

Drupal tiene una funcionalidad integrada para escalar de forma automática y cambiar el tamaño de las imágenes. Esto se logró mediante los estilos de imagen, que, pueden ser manipulados y estos se extendieron a los administradores de Drupal. Cada estilo está disponible en la configuración de la presentación del campo, donde puede seleccionar el estilo que mejor se adapte a cada modo de visualización.

Los estilos de imagen se crean y se editan desde la barra de herramientas de *Configuración, Multimedia, Estilos de imagen*. La página resultante contiene una visión general de todos los estilos de imagen disponibles, enlaces para editar cada estilo, así como un enlace para crear estilos adicionales. (Vea la figura 8.2).

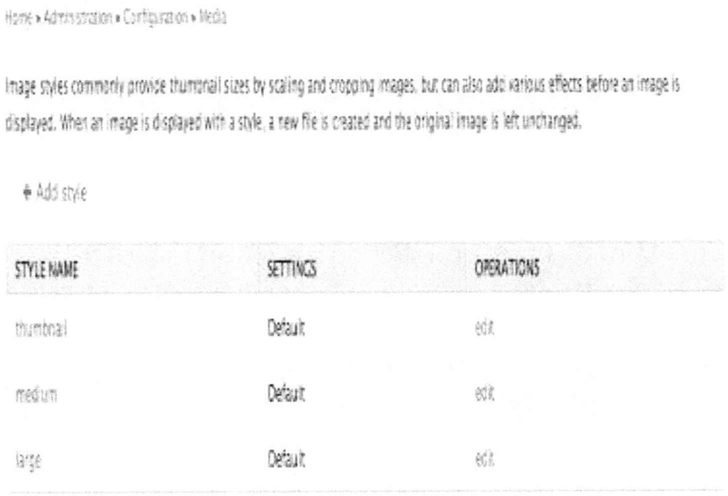

Image styles commonly provide thumbnail sizes by scaling and cropping images, but can also add various effects before an image is displayed. When an image is displayed with a style, a new file is created and the original image is left unchanged.

✦ Add style

STYLE NAME	SETTINGS	OPERATIONS
thumbnail	Default	edit
medium	Default	edit
large	Default	edit

Figura 8.2: Una instalación estándar de Drupal contiene tres estilos de imagen, formas predefinidas para la visualización de imágenes.

TIP: puede crear estilos de imagen derivados de las imágenes que se almacenan en el sistema de archivos, pero nunca van a cambiar las imágenes originales.

Crear y editar estilos de imagen

El primer paso para crear un nuevo estilo de imagen es dotarla de un nombre de máquina. Este es uno de los pocos sitios en Drupal donde hay que introducir el nombre de máquina manualmente. El nombre se utilizará en la ruta de los estilos de imagen derivados y sólo pueden contener minúsculas, caracteres alfanuméricos, guiones (-) y guiones bajos (_). Los normal es nombrar el estilo con un nombre relacionado con su uso, por ejemplo, 'sidebar_small' o por sus tamaños reales '180x180'.

Al guardar el nombre de la máquina se crea un estilo de imagen vacío y le redirige a la página para editarla. (Ver figura 8.3). Aquí puede agregar uno o varios efectos, que se utilizarán para manipular la imagen. En una instalación estándar de Drupal tenemos los siguientes efectos:

Recortar: Esto reduce la imagen con las medidas seleccionadas. Puede especificar qué parte de la imagen debe estar en el foco.

Desaturar: Convierte la imagen a escala de grises.

Redimensionar: Reduce la imagen al tamaño que usted defina, sin ningún tipo de recorte.

Girar: Puede girar la imagen varios grados. Puede establecer que el color de fondo deba ser utilizado en cualquier punto marcado para la rotación o, que pueda tener, opcionalmente, una rotación al azar, con un ángulo máximo especificado.

Escala: Esto disminuye la escala de la imagen para que quepa en una anchura y altura especificadas. Usted puede configurar una sola dimensión para la escala de la imagen. Puede permitir, opcionalmente, que las imágenes también se ampliarán, si es más pequeña que las dimensiones indicadas.

Escala y recorte: Esta escala la imagen para cubrir una anchura y una altura determinada, recortar cualquier parte fuera del marco dado después de escalar.

Los efectos más comunes son la escala y la escala y los recortes. Es posible que encadene varios efectos para crear efectos de imagen combinados. Los administradores pueden cambiar el orden de los efectos de estilo, añadir y/o eliminar los efectos existentes.

Home » Administration » Configuration » Media » Image styles

Preview

original (view actual size)

600px

800px

my_style (view actual size)

100px

100px

Image style name '

my_style

The name is used in URLs for generated images. Use only lowercase alphanumeric characters, underscores (_), and hyphens (-).

Show row weights

EFFECT	OPERATIONS	
⁓ Desaturate		delete
⁓ Scale and crop 100x100	edit	delete
⁓ Select a new effect ▾ Add		

Update style

Figura 8.3: los estilos de imagen se componen de una serie de efectos, que se utilizan para procesar la imagen.

TIP: Los estilos de imagen definidos por los módulos, como los incluidos en la instalación estándar, no se pueden borrar. Tiene que reemplazar la configuración estándar para poder modificar sus efectos. Podrá revertir los estilos a su configuración predeterminada más adelante, si es necesario.

TIP: La acciones del módulo *ImageCache* proporcionan una serie de efectos nuevos para el procesamiento de imágenes.

Ejemplos de implementación de modos de vistas y visualización de los campos

Esta sección contiene ejemplos de cómo se pueden utilizar los conceptos y las funcionalidades de este capítulo. Puedes encontrar más ejemplos en los ejercicios.

Imágenes separadas en la primera página y la página de la vista en el nodo

Imágenes de estilo Kitten

Imágenes separadas en la primera página y la página de la vista en el nodo

Como editor, en mi sitio de noticias Quiero poder tener las imágenes separadas en los artículos cuando estos salen en primera plana en comparación con el resto de artículos de la propia página. Esto es importante ya que me permite crear artículos teasers (resúmenes) más atractivos.

La funcionalidad anterior puede conseguirse mediante las siguientes etapas:

Cree un nuevo campo de imagen imagen teaser (resumen) para los artículos.

La visualización de la imagen resumen se oculta en la vista completa en el nodo.

La visualización del campo de la imagen original se oculta en la vista resumen.

La imagen teaser se establece para ser representada en el estilo de imagen adecuada, solamente en el modo de vista de resumen.

Imágenes de estilo Kitten

Como miembro de un foro para los amantes de los gatitos, me gustaría subir fotos de gatitos que se visualicen de manera un poco oblicua en vez de la forma regular estándar, en ángulo recto. Esto es importante ya que me da la sensación de que se ven más tiernos y mimosos.

La funcionalidad anterior puede conseguirse mediante los siguientes pasos:

Añadir un nuevo estilo de imagen, oblicuo.

El estilo tiene dos efectos que son, 1: las escalas y los recortes de la imagen a 220 por 220 píxeles, y, 2: Girar la imagen en un número aleatorio de grados, máximo 15 °.

Añadir un nuevo campo de imagen del tipo de contenido fotos gatito (presuponemos que ya existe).

La visualización del campo se establece para mostrar la imagen en el estilo oblicuo.

Ejercicios: Sitio de la documentación

Estos ejercicios se basan en los ejercicios anteriores de la suite del Sitio de la documentación. Se pueden llevar a cabo de forma individual, con un poco de preparación, o en secuencia con los ejercicios anteriores. Los ejercicios requieren el uso de los conceptos descritos en los capítulos anteriores de este libro, incluyendo la parte A.

Tablas de archivos adjuntos en los comentarios

Imágenes de usuario con estilo retro

Tablas de archivos adjuntos en los comentarios

Como miembro del sitio que puedo escribir un comentario en una página de la documentación, quiero ser capaz de adjuntar archivos, al igual que cuando edito la página de la documentación. Quiero que los archivos adjuntos que se muestran en una tabla. Esto es importante, ya que los archivos adjuntos son útiles cuando se habla de documentación.

Figura 8.4: Un ejemplo de cómo se visualizarán los archivos adjuntos en los comentarios.

Como demostración

Inicie sesión en el sitio.

Publique un comentario en una página de la documentación, adjuntando al menos un archivo.

Compruebe que los tipos de archivo aceptados son los mismos que los que va a adjuntar en las páginas de la documentación.

Compruebe que los archivos adjuntos se muestran en una tabla.

Preparación

El sitio debe tener una página de la documentación de tipo de contenido, según lo dispuesto por el primer ejercicio de esta suite.

Solución sugerida

Vaya a la pestaña campos de comentario de la página de la documentación del tipo de nodo. (Ver comentarios y los campos de usuario).

Agregue en campo existente, el campo de archivo adjunto utilizado en los nodos de las páginas de la documentación. Ajuste la configuración de forma idéntica a como se utiliza en la página de la documentación del tipo de nodo. (Ver reutilización de campos en el capítulo de los campos).

Vaya a la pestaña presentación de comentarios. Ajuste el formato del campo de datos adjuntos de la tabla de archivos y oculte la etiqueta. (Ver configuración de pantalla de campo de este capítulo).

Comentarios

En la historia de usuario se dice explícitamente que los archivos deben ser manejados de la misma manera de como se hace en los comentarios en las páginas de la documentación, puede ser una buena idea volver a utilizar el campo en lugar de crear uno nuevo. Pero, mientras que la creación de un campo nuevo nos lleva unos minutos más, le puede ahorrar muchas horas de trabajo en el futuro.

Dado que el cliente parece interesado en el uso de accesorios de la misma manera en ambas páginas de la documentación y en sus comentarios, probablemente sea una buena idea para mostrar los archivos como tablas también en el nodo.

Imágenes de usuario de estilo retro

Como miembro del sitio quiero que las imágenes del usuario se muestren en un estilo retro con el pixelado grueso. Esto es importante ya que me recuerda a los videojuegos antiguos, proporcionando una sensación positiva en el sitio.

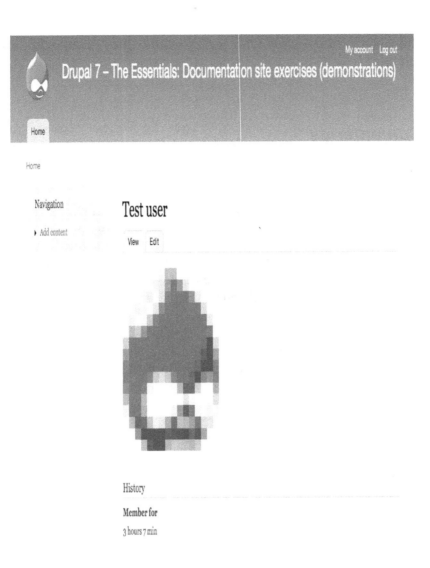

Figura 8.5: Un ejemplo de cómo se visualizarán las imágenes retro del usuario.

Como demostración

Inicie sesión en el sitio.

Edite su cuenta de usuario y cargue una imagen de usuario de calidad normal.

Verifique que la imagen de la página de la cuenta se muestra en estilo píxel de línea gruesa.

Preparación

Las cuentas de usuario deben permitir cargar imágenes, tal como se describe en el ejercicio de la información del usuario en el capítulo de los campos.

Solución sugerida

Vaya a la página de perfiles en los estilos de imagen. Añada un nuevo estilo de imagen retro. (Vea estilos de imagen).

Añada una acción de escalar y de recortar para reducir el tamaño de la imagen hasta 16 veces 16 píxeles. (Consulte la creación y edición de estilos de imagen).

Añada otra acción escalar, para aumentar el tamaño de la imagen a 240 píxeles. Asegúrese de marcar la opción upscaling como permitida. (Consulte la creación y edición de estilos de imagen).

Vaya a la visualización de los campos para los campos de la pestaña de la cuenta de usuario. Cambie el formato de la imagen a retro. (Ver configuración de la visualización de campo).

Comentarios

Cuando utilice imágenes muy distorsionadas, tendrá sentido utilizar el mismo formato para la vista previa de la imagen que se utiliza al cargar la imagen. Este ajuste se cambia dentro de los ajustes del propio campo.

Ejercicios: sitio de Noticias

Estos ejercicios se basan en los ejercicios anteriores de la suite del sitio de noticias. Se pueden llevar a cabo de forma individual, con un poco de preparación, o en secuencia con los ejercicios anteriores. Los ejercicios requieren el uso de los conceptos descritos en los capítulos anteriores de este libro, incluyendo la parte A.

Imágenes de banner Sección

Imagen en la sección de banner

Como editor me gustaría ser capaz de establecer la imagen para la sección de banner, que aparece en la parte superior de la lista de noticias de cada sección. Esto es importante ya que creo que ayuda a los visitantes a reconocer cada sección y hace que se sientan más cómodos leyendo las noticias en nuestro sitio.

Tenga en cuenta que esta historia de usuario debería sustituirse en términos de lo que los visitantes del sitio quieren, no de lo que los editores del sitio quieren. Investigar las necesidades del usuario final y las expectativas es fundamental en el desarrollo de sitios web.

Como demostración

Inicie sesión en el sitio como editor.

Edite una página de la lista de la sección y agregue una imagen a la misma. Guarde.

Verifique que la imagen aparece con un estilo plano y ancho en la parte superior de la lista de los artículos de la sección.

Preparación

El sitio debe tener un vocabulario en la sección, como se describe en los ejercicios de secciones y *sub*secciones en el capítulo anterior.

9: Views (Vistas). Fundamentos

El módulo *Views* es el más utilizado de todos los módulos contribuidos de Drupal. La flexibilidad y la generalidad de *Views* hace difícil describir lo que hace el módulo concretamente, pero en los casos más simples se utiliza para hacer las listas de nodos, usuarios, archivos u otro contenido de la web. En otros casos más complejos, las *Views* podrían utilizarse para:

Lista de títulos de los contenidos relacionados con un artículo

Crear presentaciones de imágenes

Mostrar un mapa marcando las últimas noticias publicadas en el sitio

Mostrar un bloque con un calendario que contiene las enseñanzas relacionadas con el curso de un visitante que está conectado en ese momento

Crear una página con una línea de tiempo que contiene todos los comentarios publicados en las últimas 24 horas.

Técnicamente, *Views* es una herramienta para obtener los datos, los datos de procesos y la visualización de datos, que es un campo muy amplio en el que trabajar, usar las vistas de una manera eficiente es una de las habilidades más importantes que un desarrollador Drupal tiene que aprender. A menudo marca la diferencia entre un principiante y un Drupalista con experiencia. Este capítulo cubre los conceptos básicos de *Views*, pero se escribe más como un inventario de la funcionalidad que como una descripción de casos de cómo usarlos.

La versión inicial de esta sección del libro vino del libro de Drupal 7: Conceptos básicos, cortesía de nodeone y Johan Falk.

Instalación de *Views*

Views panorama

La creación de nuevas vistas

El panel de Configuración principal de *Views*

Configuración de filtros

Configuración de los campos de la vista

Configuración de la clasificación

Unos ajustes básicos de *Views*

Muestra

Ver formatos

La vista previa de *Views*

Ejemplo de aplicación de la configuración básica de *Views*

Ejercicios: Sitio de la documentación

Ejercicios: sitio de Noticias

Instalación de Views

Las vistas se instalan como cualquier otro módulo. Se descarga el módulo, lo extrae y lo mueve a la carpeta a sites/all/modules. (Vea el Apéndice 1 para conocer más detalles sobre cómo instalar módulos). Para poder configurar las vistas se necesitan tanto el módulo *Views* como el módulo *Views* IU (este último se puede deshabilitar una vez que sus vistas han sido construidas). El proyecto de *Views* también tiene el módulo *Views* export, que puede ser reemplazado completamente por el módulo Características (Features), que se describe en la sección sobre la *Configuración* de la exportación en el Apéndice 1.

Para activar *Views* también debe tener en su sitio el módulo de Herramientas Chaos habilitado. (El módulo es una parte de la suite de herramientas del proyecto Caos).

Views panorama

La página de perfiles para el módulo de *Views* se encuentra en la barra de herramientas, *Estructura*, *Views*. Contiene una lista de todas las vistas disponibles en su sitio web. El módulo *Views* viene con una serie de vistas por defecto preconfiguradas que se pueden activar.

En la información general, cada vista figura en una lista con una breve descripción, con la ruta utilizada por la vista, y un poco más de información. Si no ha pasado mucho tiempo trabajando con vistas, esta información no le dirá mucho. Al final de la lista obtendrá una buena síntesis de muchas de las funciones de un sitio Drupal.

A la derecha de cada vista, hay un menú desplegable con algunos enlaces. Se utilizan para activar/desactivar la vista, editar, clonar, exportar y eliminar. Note que las opiniones proporcionadas por los módulos, como la vista por defecto Front Page, no se pueden eliminar de forma manual.

Figura 9.1: *Views* proporciona una serie de vistas preconfiguradas
que se pueden activar. Las vistas creadas manualmente también se
mostrarán en esta lista.

TIP: *Views* tiene un excelente soporte para la ayuda avanzada del
módulo, proporcionando enlaces de ayuda en diferentes partes de
la interfaz gráfica. *Views* nos avisa si no tiene la ayuda avanzada

instalada y habilitado. Puede desactivar estos mensajes en la pestaña de configuración que se encuentra en la página de información de *Views*.

La creación de nuevas vistas

Según la sabiduría antigua, la mejor manera de aprender el módulo *Views* es empezar a usarlo. Una buena manera de comenzar a utilizar el módulo es crear una nueva vista. Esto se hace en la página de información *Views* y pinchando sobre el enlace *añadir nueva vista*, que se encuentra justo encima de la lista de los vistas. (Este tipo de enlaces se denominan acciones locales, por cierto).

El enlace le llevará a una página donde puede configurar los ajustes más comunes e importantes de la vista.

El asistente para añadir una vista le permite crear una vista a través de los siguientes pasos:

Déle a su vista un nombre de vista, un nombre administrativo que no es visible para los usuarios finales. En base a esto, *Views* también le sugerirá un nombre de máquina, que no se puede cambiar una vez guardado.

Revise el cuadro descripción para proporcionar a su vista una descripción administrativa, donde podrá explicar lo que hace o donde se utiliza. La mejor práctica dicta que cada vista debe tener una descripción.

Seleccione el tipo de datos que el sitio deberá mostrar en la pantalla a partir de que datos, para, por ejemplo, los usuarios, archivos o contenidos (nodos). Si selecciona nodos también puede limitar la vista para que esta se muestre solamente a ciertos tipos de contenido, o nodos marcados con términos de la taxonomía seleccionados. Por último, también puede seleccionar cómo se deben ordenar los datos en la vista. Tenga en cuenta que el tipo de datos que se establece en la vista (la primera opción en esta línea) no se puede cambiar una vez que se crea la vista.

La opción de crear una página le ofrece una página de resultados de la vista. Si marca esta opción usted tendrá algunas opciones más, como por ejemplo, cuál es la ruta disponible de la página y si debe de tener un enlace en el menú. También puedes elegir cómo dar formato a los datos. El valor predeterminado es una lista similar a la lista predeterminada de la página principal.

La opción de crear un bloque le proporciona un bloque que contiene los resultados de la lista. Este bloque puede ser colocado en una región, al igual que cualquier otro bloque del sitio. Otras opciones nos permiten especificar el formato de los resultados, así como el número de resultados que deberán mostrar. Tenga en cuenta que puede mostrar los resultados que usted necesite tanto en una página como en un bloque.

El botón *Guardar y salir* completa la configuración y le redirige a la página que ha configurado para la vista. El botón *Continuar y editar* le llevará al panel de configuración completa de la vista, donde empezará la verdadera diversión.

Los datos más comunes que se suelen mostrar con las vistas son el contenido, lo que explica por qué esta opción tiene más opciones y configuraciones que otros tipos de datos. Los nodos están, sin embargo, lejos de ser el único tipo de datos con grandes casos de uso en *Views*.

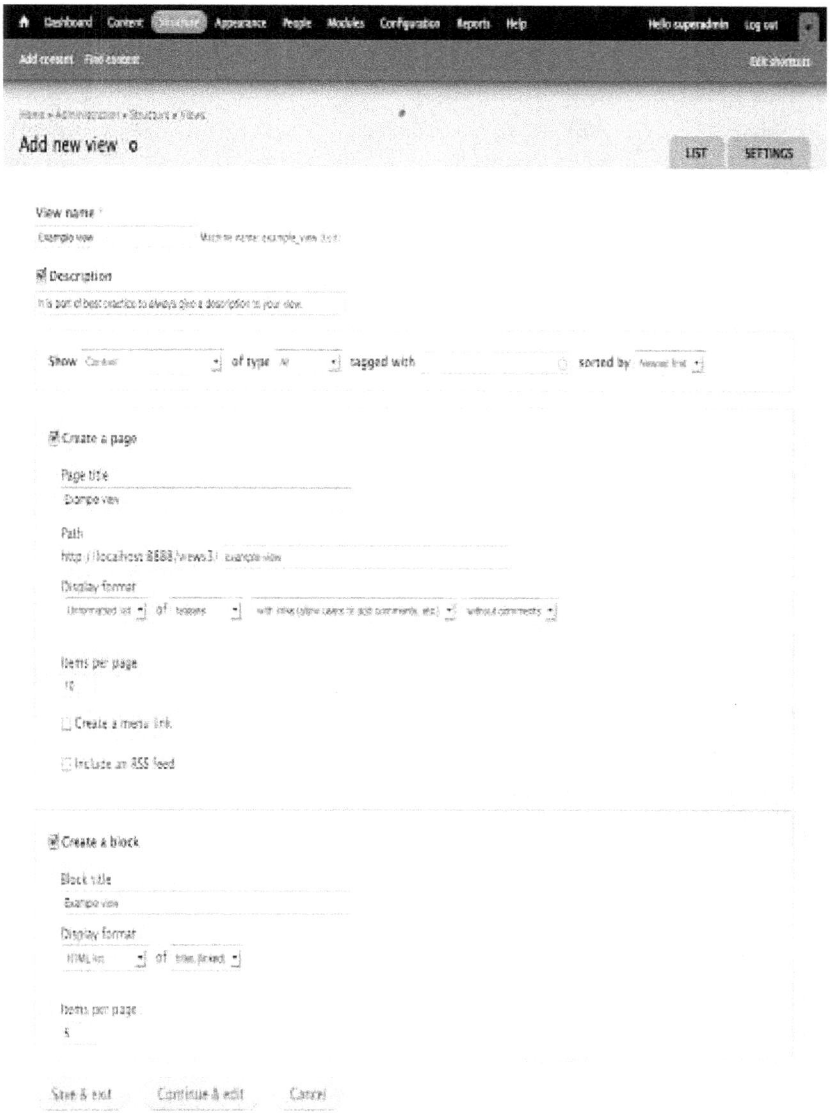

Add new view o

Figura 9.2: El asistente para crear una nueva vista es indispensable para cualquiera que desee crear una vista sin problemas, y una buena herramienta incluso para la gente que disfruta hurgando en la configuración avanzada de las vistas.

TIP: Las vistas también pueden recoger y procesar datos fuera de su sitio de Drupal. Por lo general, esto requiere de módulos específicos para cada servicio web o base de datos a los que desee que *Views* tenga acceso, eche un vistazo a los módulos de Apache Solr *Views* , SharePoint, YQL *Views* Backend Query y XML *Views* si quiere algunos ejemplos.

El panel de configuración principal de Views

Las valientes almas que eligen el botón *Continuar y editar* en la página de resumen del asistente, se enfrentarán con el panel de *Configuración principal* de *Views* (ver figura 9.3). El mismo desafío les espera a los que hagan clic en el enlace de edición para cualquier vista existente, ya sea desde la página general de las vistas o desde los accesos directos disponibles para los administradores cuando están navegando sobre las vistas de la página web.

La página de *Configuración principal*, contiene una visión general de la configuración de la vista, y se dividieron en grupos para facilitar su uso. El esfuerzo en la creación y configuración de los vistas se compone casi totalmente de hacer clic y editar estos ajustes. El esfuerzo en el aprendizaje de *Views* consiste en aprender el significado de todos los ajustes y la forma en la que estos interactúan.

Todos los botones y las opciones del panel principal de *Views* puede parecer abrumador, especialmente las primeros cien veces te encuentras con ellas. Es un consuelo saber que lo que se ve en el panel principal de Vistas es sólo la punta del iceberg.

La configuración de una vista es por lo general un proceso de apertura de nuevas configuraciones, haga clic en alguna parte en el panel principal, y este a su vez le abrirá más ajustes y así sucesivamente. Aprender a usar *Views* eficientemente requiere tiempo y esfuerzo. Sin duda vale la pena.

A continuación se muestra un resumen de los ajustes más importantes, en el orden en que se suelen configurar al crear las vistas.

Figura 9.3: El panel principal de *Views* contiene una visión general

de la configuración de la vista, y los enlaces para cambiarlos. Una gran cantidad de información, y un montón de posibilidades.

TIP: Las *Views* que no se han guardado se perderán si dejar rastro en el panel principal de *Views* . Es un buen hábito guardar su vista cada poco tiempo, tenga en cuenta que el botón *continuar y editar* no guardar todo por ti. Las vistas que muestran mensajes de error no se pueden guardar hasta que se resuelva el error.

Configuración de filtros

Un buen comienzo para la configuración de vistas es establecer filtros. Una vista, por defecto, buscará todos los objetos disponibles del tipo de datos en los que se basa la vista. Una vista nodo obtendrá todos los nodos (accesibles) en el sitio web. Pero la configuración del filtro hace posible, por ejemplo, restringir los resultados a los nodos de un tipo de datos determinado, que haya sido creado por un usuario determinado, o mostrar aquellos comentarios que hayan sido actualizados en la última semana.

Agregar y editar filtros

Para agregar un nuevo filtro a la vista, vamos al panel principal de la vista y hacemos clic en el botón *Agregar* dentro del Grupo criterios de filtrado. Esto abre un diálogo que contiene una lista de todos los campos de datos que pueden utilizar las vistas para el filtrado. (Ver figura 9.4).

El tamaño de la lista depende del tipo de datos de la vista. Las vistas de nodo tienen suficientes campos de datos para llenar unas cuantas presentaciones. Aprenderá mucho examinando esta lista y viendo las opciones que tiene para el filtrado. Una vez que se haya familiarizado con las opciones de filtrado verá que es cómodo de usar, también podrá usar las opciones de búsqueda o el filtro para encontrar rápidamente los campos de datos que desee.

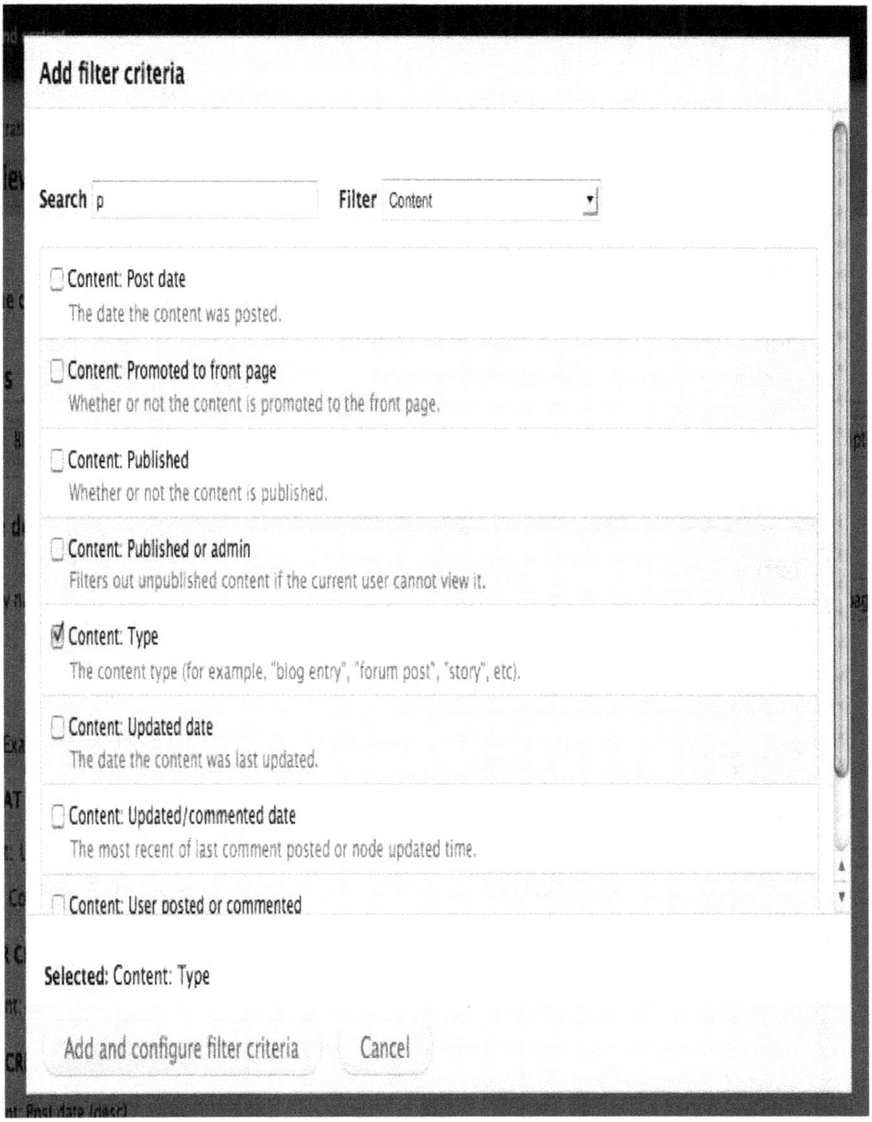

Add filter criteria

Search `p`   Filter `Content` ▼

☐ Content: Post date
The date the content was posted.

☐ Content: Promoted to front page
Whether or not the content is promoted to the front page.

☐ Content: Published
Whether or not the content is published.

☐ Content: Published or admin
Filters out unpublished content if the current user cannot view it.

☑ Content: Type
The content type (for example, "blog entry", "forum post", "story", etc).

☐ Content: Updated date
The date the content was last updated.

☐ Content: Updated/commented date
The most recent of last comment posted or node updated time.

☐ Content: User posted or commented

Selected: Content: Type

Add and configure filter criteria   Cancel

Figura 9.4: Puede seleccionar qué filtros usará para la vista, marcándolos en la larga lista de campos de datos disponibles.

Los nuevos filtros se agregan marcando uno o varios campos de datos y haciendo clic en el botón *añadir y configurar* los criterios de filtrado. Esto abre otro diálogo de configuración, donde se define cómo se desean restringir los campos de datos seleccionados. Usted puede requerir, por ejemplo, que el campo de datos de un tipo de contenido debe tener el valor de artículo para poder así, restringir su vista nodo sólo a los artículos. Las opciones disponibles dependen del campo de datos seleccionado. Por ejemplo, puede requerir que el título de un nodo contenga una cadena determinada, o una indicación de la hora que sea posterior a -7 días. (Vea las figuras 9.5 y 9.6).

Figura 9.5: Los filtros se configuran de forma individual.

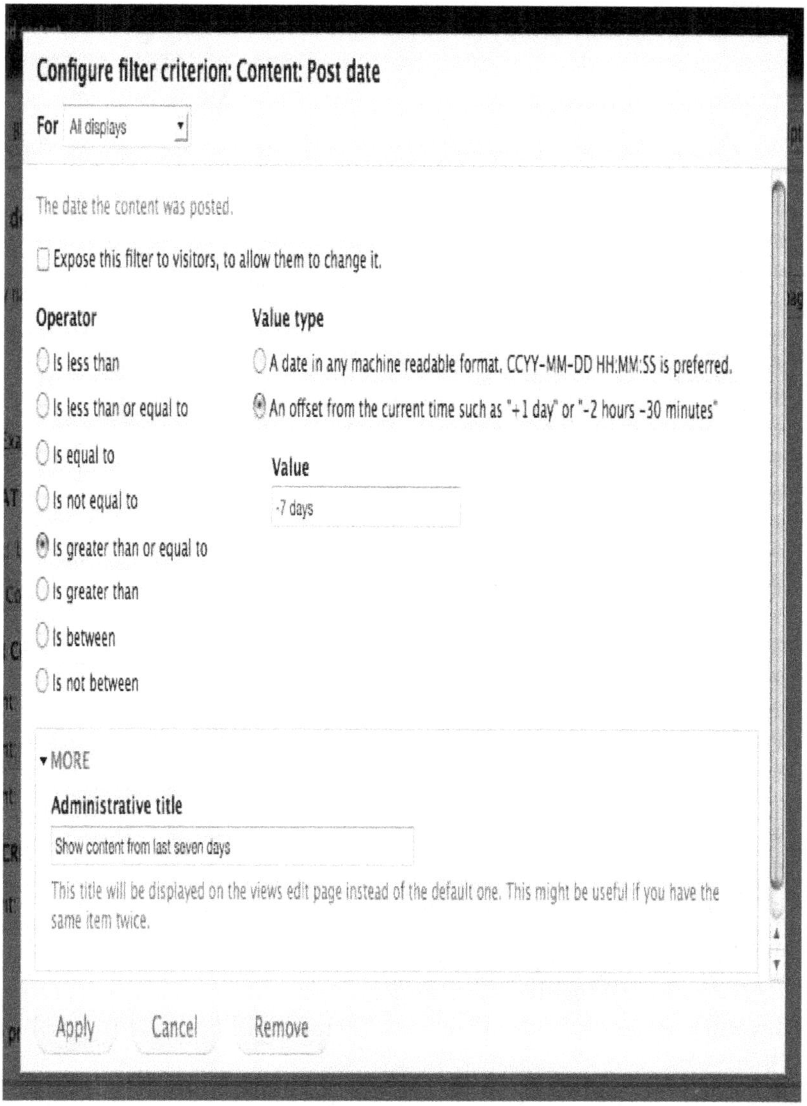

Configure filter criterion: Content: Post date

For All displays ▾

The date the content was posted.

☐ Expose this filter to visitors, to allow them to change it.

Operator

○ Is less than
○ Is less than or equal to
○ Is equal to
○ Is not equal to
⦿ Is greater than or equal to
○ Is greater than
○ Is between
○ Is not between

Value type

○ A date in any machine readable format. CCYY-MM-DD HH:MM:SS is preferred.
⦿ An offset from the current time such as "+1 day" or "-2 hours –30 minutes"

Value

-7 days

▾MORE

Administrative title

Show content from last seven days

This title will be displayed on the views edit page instead of the default one. This might be useful if you have the same item twice.

Apply   Cancel   Remove

Figura 9.6: Los ajustes para cada filtro varían dependiendo de su campo de datos. Es un buen hábito dar títulos administrativos a los filtros y a los otros componentes de *Views* que configure, le ayudará en el futuro.

Si no se establece ningún título administrativo, se utilizará el nombre del campo de datos, lo que funciona bien en la mayoría de los casos.

Los ajustes del filtro contienen dos opciones que se describen en secciones separadas. La casilla exponer el filtro a los visitantes, para que estos puedan cambiarlos se explica en la sección sobre la configuración de la vista. La opción de configuración [...] para todas las presentaciones de la cabecera del diálogo hace posible tener diferentes valores entre, por ejemplo, páginas y *Bloques* de la misma opinión. Consulte la sección sobre las presentaciones de información.

Al guardar los filtros, el diálogo se cierra. Puede cambiar la configuración de los filtros existentes de tres formas diferentes:

Puede cambiar la configuración de los filtros individualmente haciendo clic sobre su nombre, lo que re-abrirá el diálogo de configuración. (Vea la figura 9.7)

Puede crear grupos lógicos AND y OR de los filtros haciendo clic en la opción disponible en el *enlace agregar* (add) filtros. (Vea la figura 9.8)

Puede eliminar filtros de sus respectivos diálogos de configuración o de las opciones disponibles en el menú desplegable en el *enlace agregar*.

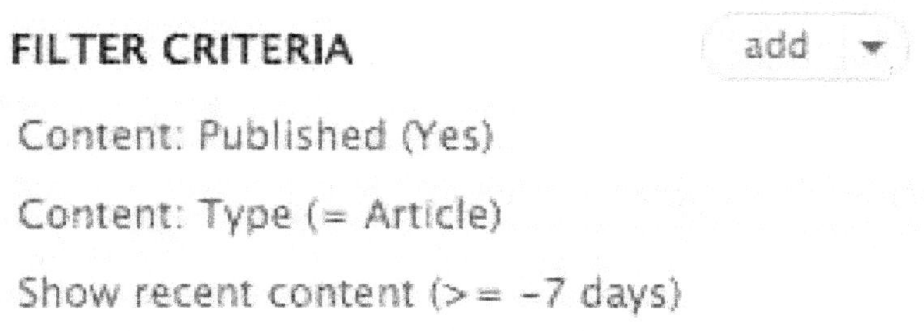

FILTER CRITERIA
add
Content: Published (Yes)
Content: Type (= Article)
Show recent content (>= -7 days)

Figura 09.7: Un clic en el título de un filtro abre el diálogo de configuración.

Page: Rearrange filter criteria
For All displays
Create new filter group
Show row weights
Operator And
Content: Published Yes AND
Remove
Content: Type = Article AND
Remove
Show recent content >= -7 days
Remove
Apply
Cancel

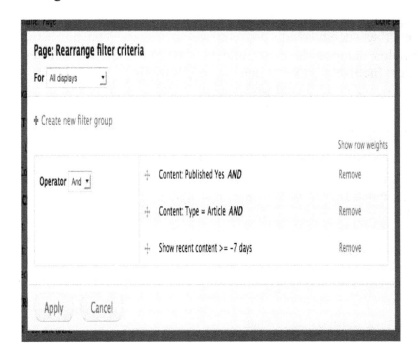

Figura 9.8: Se pueden crear grupos lógicos de filtros para permitir un filtrado más complejo.

TIP: *Views* no excluye automáticamente los nodos no publicados de sus resultados. El filtro para excluir nodos no publicados se agrega de forma predeterminada cuando se crea por primera vez la vista del nodo, y si se quita el filtro, deberá asegurarse de que sólo los usuarios de confianza puedan acceder a la vista.

Configuración de los campos de la vista

Tan pronto como se configuran los filtros y, a veces incluso antes de eso, se suelen añadir los campos a la vista. Vea que campos serán los campos de datos que la vista mostrará a los usuarios finales. Incluso si la vista tiene acceso a todos los datos sobre, por ejemplo, un nodo, usted podrá elegir mostrar sólo el título, y/o el autor y/o el momento en que se actualiza el nodo.

TIP: En función de la configuración del asistente de *Views*, la vista, o bien mostrará los nodos enteros o los campos individuales. Para configurar los campos de la vista deberá tener el estilo de fila establecido en campos. Vea la sección sobre estilo de fila para obtener más información.

Adición de campos de la vista

Edición de campos de la vista

Adición de campos de la vista

Para añadir nuevos campos a la vista, lo hará de la misma manera que con los filtros. Un clic en el *botón agregar* en el *grupo campos* y se abrirá un diálogo que le permitirá elegir entre los campos disponibles para la vista. (Ver figura 9.9) Al marcar uno o más campos de datos y al hacer clic en agregar y configurar los campos se abrirá un nuevo diálogo, en el que se le proporcionan más datos para cada campo de la vista. (Vea la figura 9.10)

La configuración de los campos de la vista es más amplia que la de los filtros y puede variar considerablemente dependiendo de los diferentes tipos de campos de la vista. La configuración, normalmente, suele incluir los siguientes campos:

Formateador: Esta opción está disponible para los campos de la entidad, para determinar cómo se deben de mostrar en la vista. Puede elegir el formato predeterminado, según la configuración de presentación del campo de la entidad, o cualquiera de las otras opciones de formato proporcionados por el campo y su widget.

Enlazar este campo con su página de término de taxonomía: Esta opción crea un enlace con el nodo que contenga el término de la taxonomía a la que pertenece. Usted puede combinar esta opción con la opción producir este campo como enlace, para manipular las propiedades del enlace. (Vea la sección reescritura de campos de la vista).

Crear una etiqueta: Proporciona una etiqueta al campo de la vista, por lo general se muestra justo antes el valor del campo de la vista.

Excluir de la pantalla: Esto hace que la vista lea y procese el campo de vista, pero no la mostrará públicamente junto con los otros campos de la vista. Esto puede ser útil para una manipulación más compleja de la salida de la vista. Ver la sección reescritura del campo de la vista.

Ajustes: Estos ajustes le permiten cambiar el marcado del contenido de la vista. Esto puede hacer que sea mucho más fácil de retocar los campos de la vista con CSS.

Reescritura: Estas opciones le permite cambiar el contenido del campo de la vista antes de su procesamiento, incluyendo opciones para activar el campo de la vista en un enlace. Vea la reescritura del campo de la vista para obtener más detalles.

Comportamiento si no hay resultados: Con esta configuración puede afectar la forma en que la vista deberá de interpretar y reaccionar en los campos de la vista vacíos, por ejemplo al ocultar completamente el campo (incluyendo cualquier etiqueta).

Configuración de campos múltiples: Podemos ver campos con varios valores que se puedan mostrar en una sola fila. Estos ajustes le permiten controlar cómo se debe hacer.

Más/Título administrativo: El título administrativo se usará en la interfaz de *Views* para representar el campo de la vista.

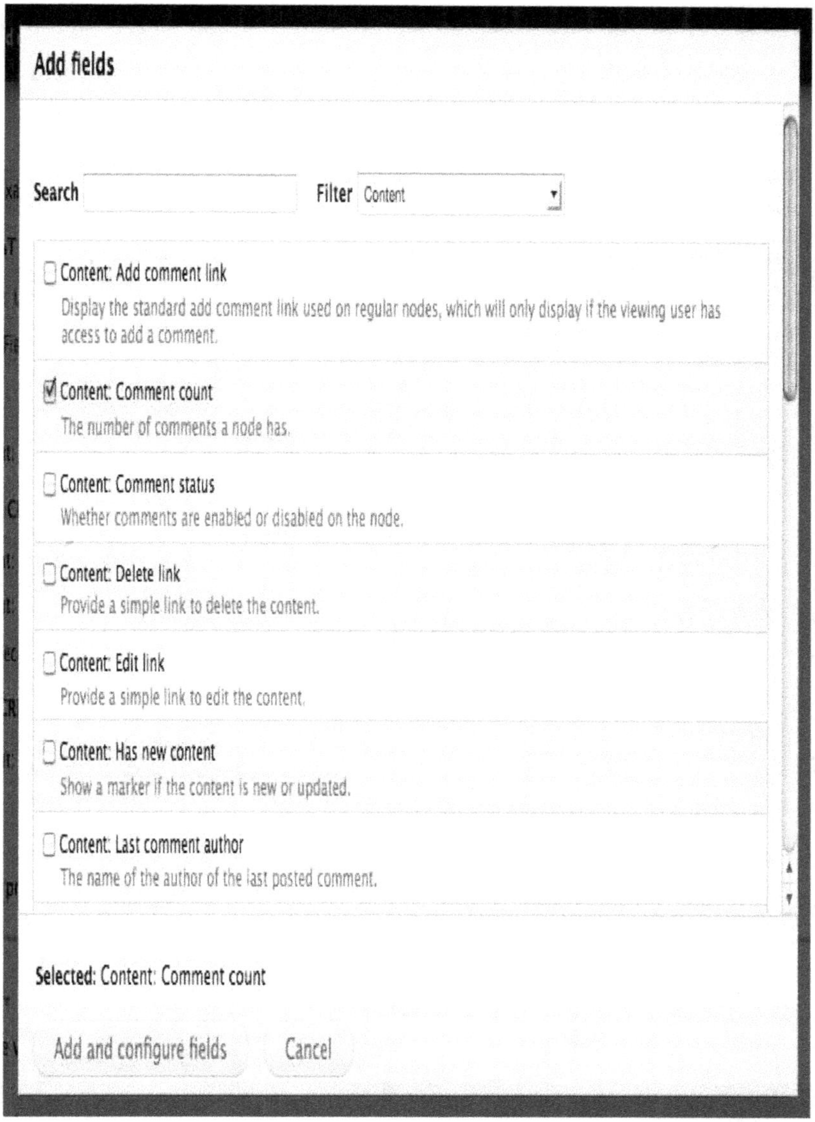

Add fields

Search   Filter   Content

☐ Content: Add comment link
    Display the standard add comment link used on regular nodes, which will only display if the viewing user has access to add a comment.

☑ Content: Comment count
    The number of comments a node has.

☐ Content: Comment status
    Whether comments are enabled or disabled on the node.

☐ Content: Delete link
    Provide a simple link to delete the content.

☐ Content: Edit link
    Provide a simple link to edit the content.

☐ Content: Has new content
    Show a marker if the content is new or updated.

☐ Content: Last comment author
    The name of the author of the last posted comment.

Selected: Content: Comment count

Add and configure fields   Cancel

Figura 9.9: Puedes añadir nuevos campos a la vista de la misma manera que con los filtros, marcando una o más opciones de una larga lista de campos de datos.

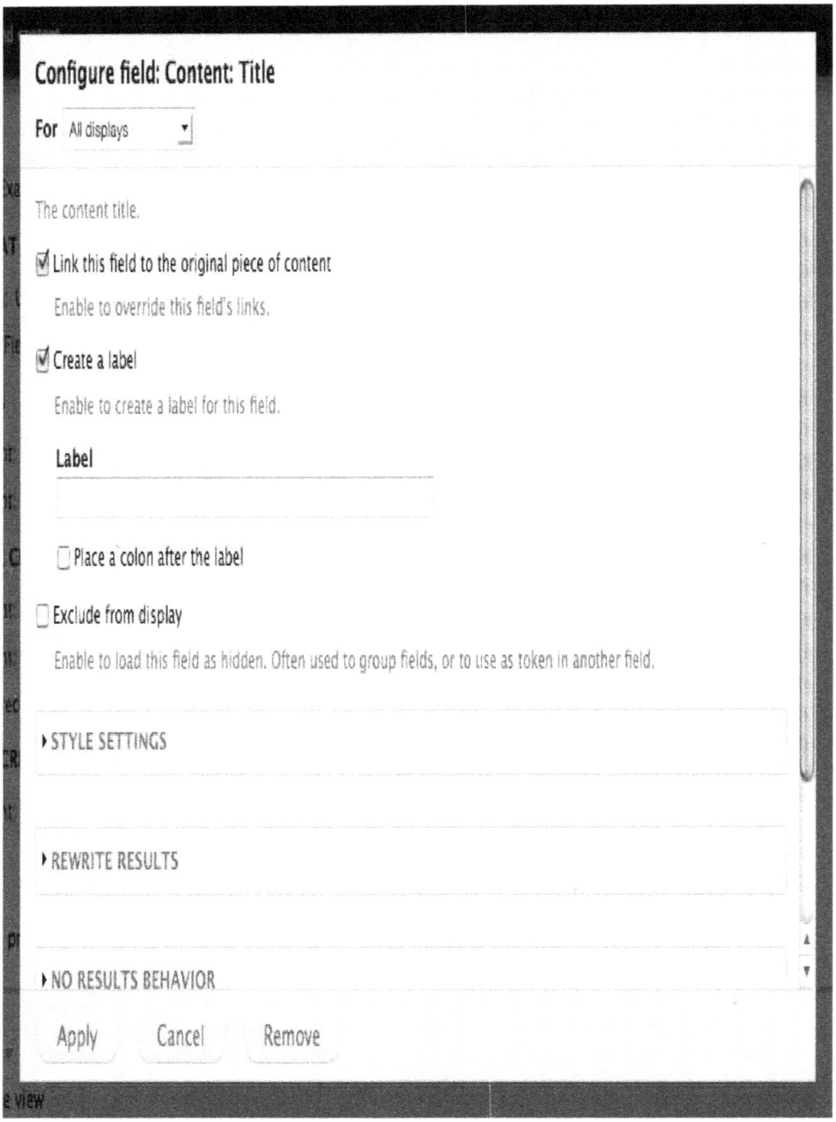

Configure field: Content: Title

For All displays ▼

The content title.

☑ Link this field to the original piece of content

Enable to override this field's links.

☑ Create a label

Enable to create a label for this field.

Label

☐ Place a colon after the label

☐ Exclude from display

Enable to load this field as hidden. Often used to group fields, or to use as token in another field.

▸ STYLE SETTINGS

▸ REWRITE RESULTS

▸ NO RESULTS BEHAVIOR

Apply   Cancel   Remove

Figura 9.10: Cada campo de la vista se configura por separado. Tiene más opciones que están ocultas dentro de los fieldsets colapsados.

Edición de los campos de la vista

Podrá gestionar y editar los campos de las vistas existentes de la misma manera que lo hace con los filtros:

La configuración de cada campo de la vista se puede cambiar haciendo clic en su título, para abrir el diálogo de configuración.

El orden de los campos de la vista se puede cambiar haciendo clic en la opción tipo en el menú desplegable al que se accede mediante el *botón agregar*.

Puede eliminar los campos mediante sus diálogos de configuración o mediante un enlace del menú desplegable del *botón agregar*.

Configuración de la clasificación

Los ajustes para controlar el orden de los resultados de la vista siguen las mismas pautas que los filtros y que los campos de la vista. Puedes añadir nuevos criterios de ordenación haciendo clic en el *enlace agregar* dentro del grupo criterios de ordenación, luego puedes seleccionar uno o más campos de datos para utilizar en la clasificación, también puedes configurar si la clasificación debe de ser ascendente o descendente. (Vea la figura 9.11)

Vale la pena mencionar que se puede utilizar más de un campo de datos para la clasificación. Siendo así, los criterios de ordenación adicionales se utilizarán sólo como desempate para los campos anteriores.

La configuración de la Ordenación puede estar expuesta a los visitantes del sitio. Esto se describe en otra sección.

TIP: La mayoría de los campos de datos están disponibles de igual manera que para el filtrado, los campos de la vista y los criterios de ordenación, pero no todos.

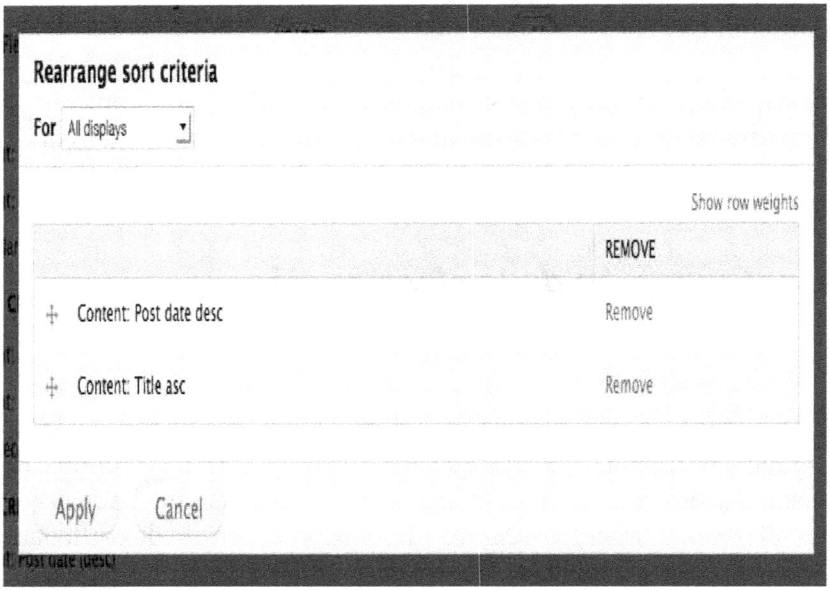

Figura 9.11: Al hacer clic en el botón de reorganizar puedes cambiar el orden de los criterios de ordenación.

Ajustes más básicos en Views

Usted puede hacer una vista mucho más útil con la ayuda de los siguientes ajustes:

Título: Un clic en esta opción le abre un diálogo donde puede introducir texto para utilizarlo como título de la vista.

Encabezado/pie de página: Puede añadir elementos encima y debajo de la vista, por ejemplo, para insertar textos de ayuda. También es posible añadir vistas como encabezados y pies de página.

Comportamiento si no hay resultados: Este ajuste controla lo que se debe mostrar si la vista no da ningún resultado. Una alternativa interesante es cargar otra vista, pero también se puede mostrar el texto diciéndole al visitante simplemente cuánto lo sientes que no se puedan encontrar resultados.

Veamos un par de ejemplos:

Paginador

Valores de acceso

Paginador

Usted puede limitar la cantidad de resultados que deben de mostrarse mediante una vista, y puede separar los resultados en diferentes páginas. Puede acceder a estos ajustes en la opción paginador.

El ajuste tiene cuatro opciones principales:

Mostrar un número especifico de elementos: Limita el número de resultados que la vista debe de mostrar en la misma página.

Mostrar todos los artículos: muestra todos los resultados de inmediato.

Salida paginada, paginador completo: Esto hace que la vista muestre todos los resultados, y por defecto los separará para mostrar 10 resultados por página, con un paginador que permite al visitante ir hacia adelante y hacia atrás en el resultado. Usted puede cambiar el número de resultados por página, y también puede poner un número máximo de páginas para mostrar. Puede exponer los parámetros de paginación, para que el usuario cambie esta configuración.

Salida paginada, mini paginador: Esta opción es similar a la anterior, pero tiene un paginador más compacto (sin una visión general de los números de página).

Todas las alternativas anteriores incluyen el ajuste de desplazamiento, por lo que la vista salta un número de resultados en la parte superior de la lista.

Algunos módulos pueden cambiar o ampliar las opciones de la paginación.

TIP: Los ajustes que incluyen sub-funciones están en el panel principal separados por una barra vertical, por ejemplo, usar paginador: Mostrar un número específico de elementos | 10 elementos. Al cambiar los ajustes principales, estos, se envían automáticamente a los ajustes secundarios, pero la próxima vez que desee cambiar la configuración de sub-funciones tendrá que hacer clic en el título del ajuste secundario.

Valores de acceso

En la columna central del panel de configuración principal hay un entorno pequeño, pero importante, con el nombre de acceso. Se puede utilizar para limitar el acceso a la vista de las tres maneras siguientes:

Ninguno: Esto significa que no tiene ninguna restricción de acceso, cualquier persona puede ver y utilizar la vista.

Permiso: Esto permite que todos los usuarios con el permiso seleccionado (por ejemplo, administrador de contenidos) puedan utilizar la vista.

Rol: Esto permite que todos los usuarios, con al menos una de las funciones seleccionadas, puedan utilizar la vista.

Las *Views* de nodo tienen de forma predeterminada la configuración de los *Permisos* de acceso en *Ver contenido publicado*. *Views* puede mostrar los contenidos publicados que deben tener más restricciones de acceso adicionales.

Mostrar

Antes de que una vista se pueda mostrar en un sitio de Drupal deberá tener una o más presentaciones. Mostrar determina cómo se mostrará una vista en Drupal. Sin una presentación, la vista es sólo una consulta de base de datos, sin ninguna manera de poder mostrar los resultados de la consulta.

En la instalación de *Views* vienen cuatro tipos de presentaciones, por defecto:

Página: Esto hace que la vista esté disponible como una página web en el sitio, con su propia URL y, opcionalmente, con un enlace al menú.

Bloque: Esto crea un bloque de la vista, que se puede utilizar en el sitio como cualquier otro bloque.

Feed: Esto crea un RSS en una URL determinada, y está unido opcionalmente a otras presentaciones en la misma vista.

Archivo adjunto: Este elemento de visualización se conectará y se mostrará antes o después de otras muestras en la misma vista, al igual que el uso del encabezado/pie de página.

A continuación veremos:

Creación y eliminación de presentaciones

Configuraciones de presentaciones específicas

Configuración de Reemplazo

Ver formatos

Creación y eliminación de presentaciones

Puede crear una presentación tanto como una página o como un bloque con el asistente de creación de vistas, pero también es posible añadir y eliminar presentaciones desde el panel de *Configuración principal* de *Views*.

Todas las presentaciones configuradas se enumeran como botones en la parte superior del panel principal. (Ver figura 9.12). Al hacer clic en cada botón cambia el panel principal para mostrar los ajustes pertinentes a la presentación seleccionada. A la derecha de los botones de la pantalla hay otro botón, que se utiliza para añadir nuevas presentaciones en la vista.

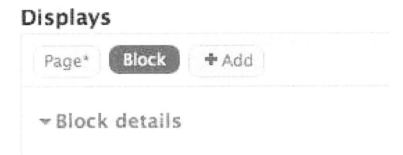

Figura 9.12: En la parte superior del panel de *Configuración principal*, las vistas tienen herramientas para cambiar el medio, y/o para añadir más presentaciones.

Justo debajo de los botones de pantalla de intercambio de presentaciones, tenemos unos parámetros que son utilizados para cambiar el nombre y la descripción de la presentación. Esto es particularmente útil para realizar el seguimiento de varias muestras de la misma vista. También hay opciones para la clonación o para borrar la presentación.

Configuraciones de presentaciones específicas

La mayoría de las presentaciones añaden un nuevo grupo de ajustes a la columna de la mitad del panel de *Configuración principal*. Si mostramos una Página, por ejemplo, se añaden las opciones para definir la ruta de acceso y los elementos de menú, mientras que si mostramos un bloque se le permite configurar un nombre de administración para el bloque.

Además de estas opciones, cada vista tiene tres ajustes específicos escondidos en la sección Avanzadas:

Nombre de equipo: Este es el nombre único de la presentación dentro de esta vista. Por lo general, no se muestra a los visitantes (excepto las clases CSS).

Comentarios: Esta opción permite agregar comentarios sobre la configuración de la vista. Esto es útil si contiene valores inesperados que otros desarrolladores pueden pasar por alto.

Estado de la presentación: Esta opción le permite desactivar la presentación.

TIP: Asegúrese de ajustar todas las opciones necesarias para poder guardar su vista.

Configuración de Reemplazo

A menudo, tendrá varias vistas que muestran casi la misma información, como por ejemplo una página con las diez noticias más recientes, y un bloque con los tres más recientes. En estos casos, es muy útil disponer de varias presentaciones en una sola vista y utilizar la *Configuración de Reemplazo* para variar cada presentación de manera individual.

Cuando edita los ajustes, obtiene una lista de selección en la cabecera del diálogo de configuración que le permite seleccionar si desea guardar los ajustes para todas las presentaciones (excepto anulado) o solo a la presentación actual (override). Las opciones exactas varían en función del tipo de presentación que se está editando. (Ver figura 9.13) La última opción se utiliza para aplicar a la configuración de la presentación activa solo y cuando sea diferente del valor predeterminado de la vista (maestro de configuración).

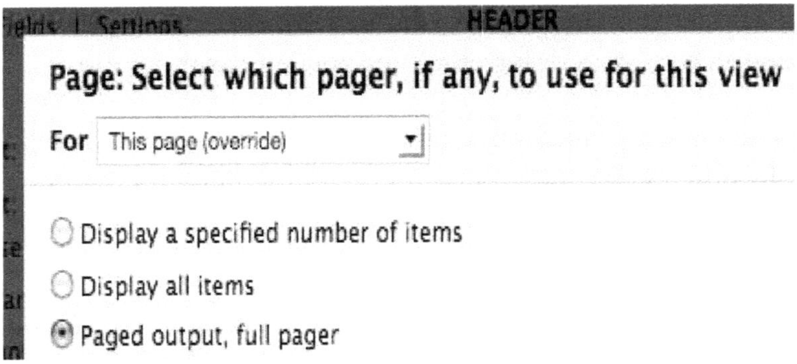

Figura 9.13: Los ajustes que realice, afectarán o bien a todas las presentaciones de la vista, o sólo a la presentación que se está editando.

Una sola vista puede ser reutilizada para muchos propósitos diferentes, lo que nos ahorra una gran cantidad de trabajo.

Veamos algunos detalles más sobre la configuración de las vistas:

Las opciones específicas de *Mostrar* no se pueden reemplazar.

Puede volver a la *Configuración de reemplazo* que vienen por defecto al editar la configuración y seleccionar que la configuración no se aplique a esta presentación.

El *Reemplazo* de ajustes se visualiza como un enlace roto en el panel principal de *Views* al trabajar con la interfaz de *Views* 2. (Ver figura 9.14) El reemplazo de ajustes en la interfaz de *Views* 3 se muestra a través de texto en cursiva.

Todos los grupos de ajustes con botones de agregar son anulados como una unidad, no se puede, por ejemplo, tener una configuración de filtro y reemplazar los otros filtros en default.

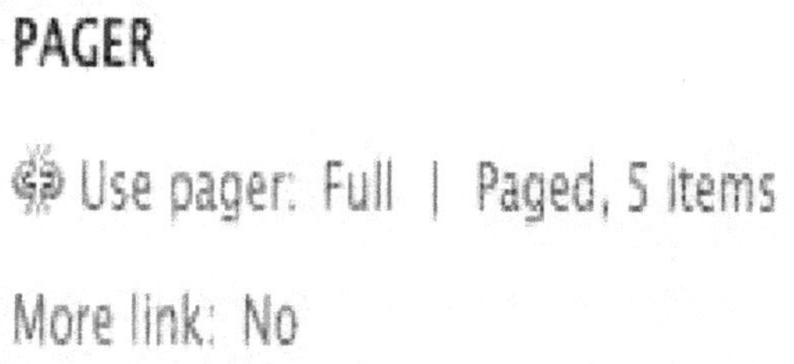

PAGER

⚙ Use pager: Full | Paged, 5 items

More link: No

Figura 9.14: La *Configuración de reemplazo* se visualiza como un enlace roto en el panel de *Configuración principal*.

Ver formatos

La manera de ver los resultados que se muestran a los usuarios finales está determinada en última instancia por la opción de formato. Una capa de *Views* formatea, procesa y embala los datos cuando la vista que se muestra es llamada para ser incorporada en el sitio de Drupal.

En una instalación de *Views* estándar hay cinco formatos de visualización (Vea la figura 9.15):

Rejilla (Grid): Esto proporciona una cuadrícula con un número configurable de columnas, con una vista de resultados por cuadrado de la cuadrícula. Tanto la configuración de la cuadrícula como los resultados deben de ser ordenados horizontalmente o verticalmente.

Lista HTML: Esto proporciona una lista de HTML ordenada o desordenada.

Menú de salto (Jump menu): Esto crea un menú contextual, que se une a una URL proporcionada por un campo de la vista que seleccionamos. Los ajustes del formato incluyen si la ruta de acceso actual debe ser la opción por defecto en el menú de salto.

Tabla: Este proporciona una tabla con los datos de la vista. Los ajustes incluyen hacer las cabeceras de la tabla ordenables por clic y la opción de mostrar varios campos de la vista en la misma columna.

Sin formato: proporciona una lista de los resultados sin ningún marcado especial.

Cada formato de la vista puede tener una serie de ajustes adicionales. (Ver figura 9.16). Muchos módulos proporcionan formatos de visualización adicionales.

Block: How should this view be styled

For All displays ▾

○ Grid

○ HTML list

○ Jump menu

○ Table

◉ Unformatted list

If the style you choose has settings, be sure to click the settings button that will appear next to it in the View summary.
You may also adjust the settings for the currently selected style.

Apply   Cancel

Figura 9.15: El formato de la vista puede cambiar la presentación de la vista completamente, por ejemplo, en mapas, tablas, calendarios o menús de salto.

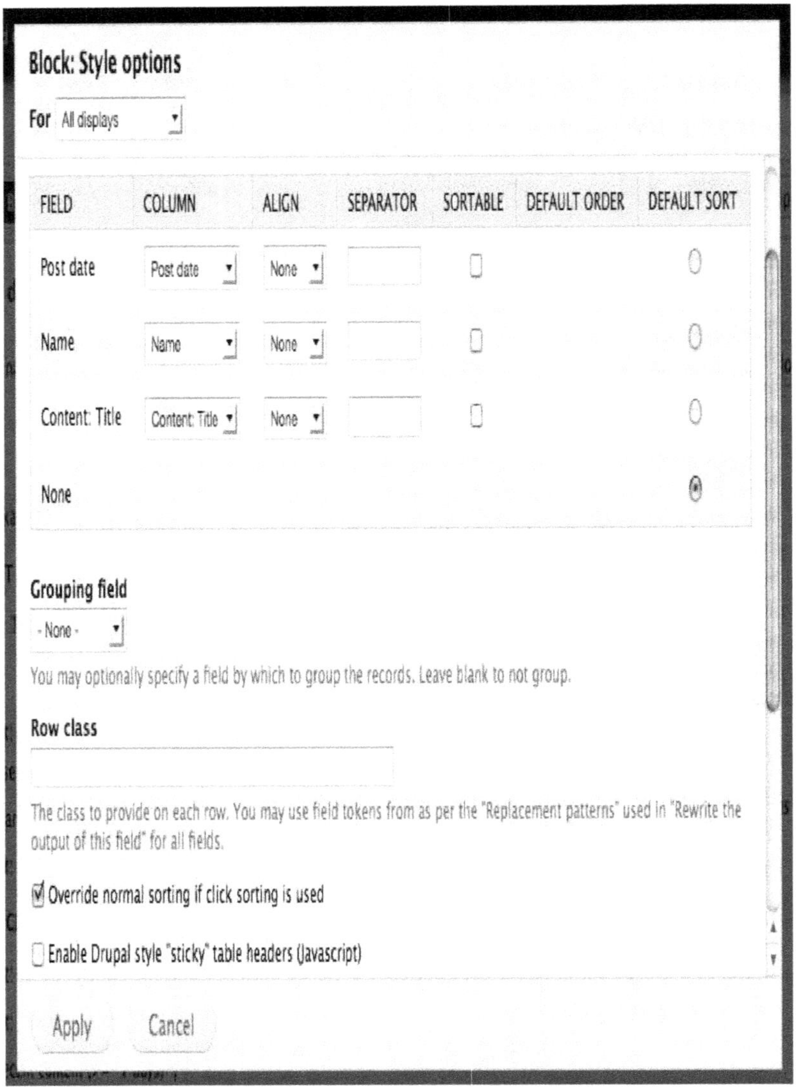

Block: Style options

For All displays ▾

FIELD	COLUMN	ALIGN	SEPARATOR	SORTABLE	DEFAULT ORDER	DEFAULT SORT
Post date	Post date ▾	None ▾		☐		○
Name	Name ▾	None ▾		☐		○
Content: Title	Content: Title ▾	None ▾		☐		○
None						◉

Grouping field

- None - ▾

You may optionally specify a field by which to group the records. Leave blank to not group.

Row class

The class to provide on each row. You may use field tokens from as per the "Replacement patterns" used in "Rewrite the output of this field" for all fields.

☑ Override normal sorting if click sorting is used

☐ Enable Drupal style "sticky" table headers (Javascript)

Apply   Cancel

Figura 9.16: Cada formato de la vista puede tener un número de configuraciones específicas de formato. Estas son las opciones para el formato de tabla, incluidas las columnas que se pueden ordenar por clic.

Estilo de la fila

Justo debajo de los ajustes de formato de la vista hay una parte llamada estilo de la fila. La opción más común es el campo, lo que le permite seleccionar los campos de la vista que deben de ser incluidos en la vista. La opción campo es, en muchas ocasiones, la única opción disponible en el estilo de la fila, y luego también tenemos la opción ocultar el campo.

Para las vistas de nodo también hay un el estilo de fila para el contenido (Vea la figura 9.17). El estilo de la fila de contenido muestra cada nodo resultante en uno de los modos de visualización disponibles en el sitio web, como resumen o como un nodo completo. En algunos casos, como en la visualización de los canales RSS, el estilo de la fila debe ajustarse al contenido.

Si el estilo de fila es campos, las sub-funciones estarán disponibles, incluyendo la opción de campos en línea. Esto se puede utilizar para la salida de varios campos de la vista en la misma fila, con un separador configurable. También hay un ajuste para ocultar automáticamente los campos vacíos. (Ver figura 9.18).

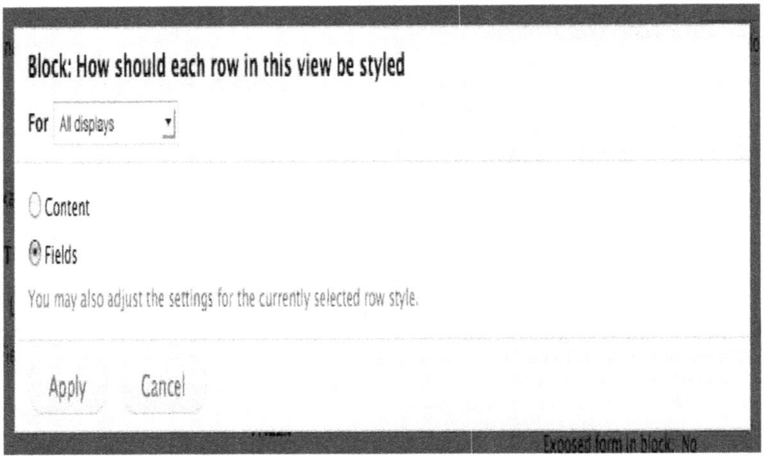

Block: How should each row in this view be styled

For All displays ▾

○ Content

◉ Fields

You may also adjust the settings for the currently selected row style.

Apply   Cancel

Exposed form in block: No

Figura 9.17: La vista de nodo puede mostrarse como un resumen o como un nodo completo.

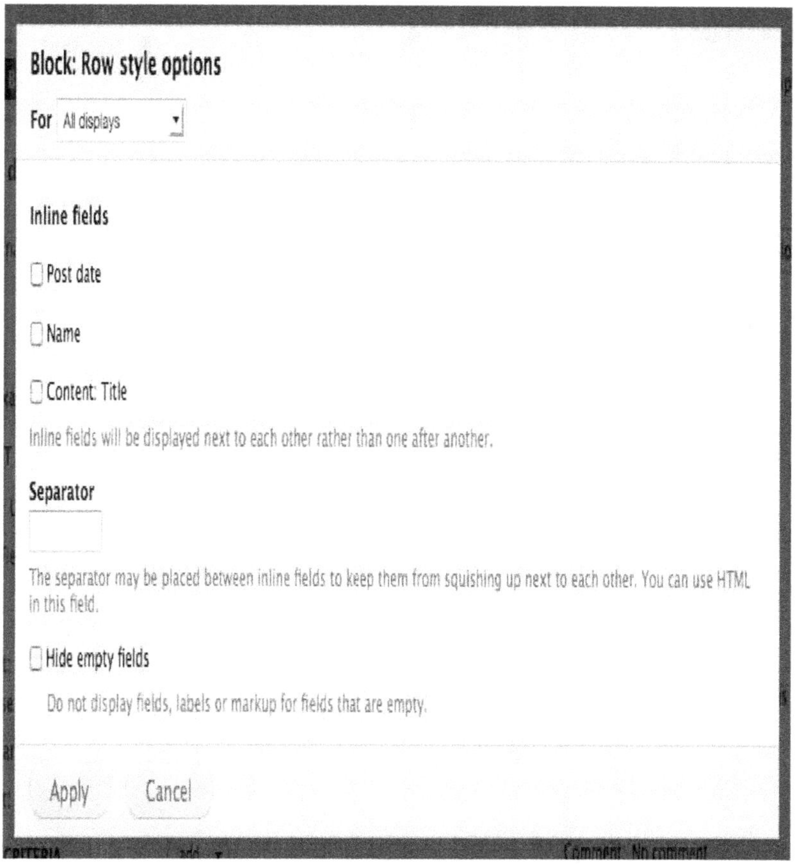

Figura 9.18: Puede configurar los campos que se mostrarán en la misma fila.

TIP: Usar el estilo de la fila de contenido puede ser más lento que el estilo de la fila de campos, para la preparación de un nodo que se va a mostrar en un modo de visualización se suele requerir de la entrada de una gran cantidad de módulos.

La vista previa de Views

En la parte inferior del panel de *Configuración principal* de *Views* hay una vista previa del contenido de la vista, que muestra si la configuración funciona como es debido. También es posible utilizar la vista previa para cambiar la mayoría de los ajustes en una vista. Al hacer clic en cualquier enlace con forma de engranajes se mostrarán los menús para cambiar la mayor parte de la configuración de la vista. (Vea la figura 9.19)

☑ Auto preview

Title ⚙▾

Example view

Content ⚙▾

Post dat ... | Filter criteria | 10
Name: ... | Edit Content: Published |
lustum ... | Edit Content: Type |
| Edit Show recent content |
| Add new |
Post dat ... | Fields | 07
Name: ... | Edit Content: Post date |
Abigo N ... | Edit User: Name |
| Edit Content: Title |
| Add new |
Post dat ... | Sort criteria | 39
Name: ... | Edit Content: Post date |
Jumentu ... | Edit Content: Title |
| Add new |
| Contextual filters |
Post dat ... | Add new | 08
Name: ... | Relationships |
Interdic ... | Add new |

Figura 8.19: Podrá manejar una gran cantidad de opciones de la configuración de la vista desde los enlaces contextuales en la vista previa.

TIP: Si prefiere configurar la vista desde su vista previa, puede contraer el panel principal, haciendo clic en el encabezado de detalles de la página, justo debajo de los botones de la presentación.

Ejemplo de aplicación de la configuración básica de Views

Esta sección contiene dos ejemplos de cómo se pueden utilizar los conceptos y las funcionalidades que hemos visto en este capítulo.

Un bloque con una imagen aleatoria

Página, bloque y RSS con los últimos artículos

Un bloque con una imagen aleatoria

Como visitante en el sitio de fotos quiero que se muestre en la barra lateral una foto al azar que se haya subido en la última semana. Esto es importante ya que ayuda a encontrar fotos que de otro modo se habrían perdido.

La funcionalidad anterior se puede conseguir mediante los siguientes pasos:

Elegimos un tipo de nodo para las fotos, como imágenes (como el tipo de nodo artículo).

Creamos una nueva vista del nodo, con el nombre de la imagen al azar. En el asistente de creación de vistas, marcamos bloque (mientras que página se deja sin marcar), y configuramos el bloque para que muestre un resultado único.

En el panel de *Configuración principal*, agregamos un filtro campos: field_image - fid ("ID archivo") para filtrar los nodos en los que el campo de imagen está vacío.

Se agrega otro filtro contenido: fecha, configurado para mostrar sólo los nodos publicados en la última semana.

Añadimos un nuevo campo a la vista campo: field_image, mostrando el contenido relevante del campo imagen en un estilo que se adapte a la barra lateral del sitio web. Se elimina el campo título de la vista del nodo, añadido automáticamente por el asistente de creación de vistas.

El uso del paginador inspecciona para asegurarse de que sólo se muestra uno de los resultados, sin ningún tipo de paginación.

Añadimos un nuevo criterio de ordenación, mundo: al azar reemplaza lo añadido de forma predeterminada, para permitir la selección de una imagen aleatoria.

Se guarda la vista, y actualizamos la *Configuración de Bloques* del sitio para mostrar el nuevo bloque en la región adecuada.

Página, bloque y RSS con los últimos artículos

Como visitante en un sitio de noticias quiero ser siempre capaz de ver los tres titulares más recientes. Junto con los titulares Quiero un enlace a una página con más noticias, y también debe de haber un feed RSS para las noticias. Esto es importante ya que hace que me sea más fácil seguir las noticias recientes.

La funcionalidad anterior puede conseguirse mediante los siguientes pasos:

Creamos una nueva vista, con el nombre de artículos recientes. El asistente establece una *lista de nodos* de tipo artículo, ordenados con el más reciente en la parte superior.

En el asistente, también marcamos la opción para crear un bloque, y también marcamos la opción de agregar una fuente RSS a la visualización de la página, y las dos presentaciones se configurarán para mostrar un número adecuado de resultados.

En el panel de *Configuración principal*, habilitamos la visualización de la secuencia Enlace 'más…'.

La vista se guarda y se coloca en una región adecuada de la página desde la administración de *Bloques*.

Ejercicios: Sitio de la documentación

Estos ejercicios se basan en los ejercicios anteriores de la suite del sitio de la documentación. Se pueden llevar a cabo de forma individual, con un poco de preparación, o en secuencia con los ejercicios anteriores. Los ejercicios requieren el uso de los conceptos descritos en los capítulos anteriores de este libro, incluyendo la parte A.

Páginas de la documentación actualizadas recientemente

Como miembro del sitio que quiero una lista de las páginas de la documentación que se han actualizado recientemente. Esto es importante ya que ayuda a realizar un seguimiento de los cambios en la documentación en el sitio.

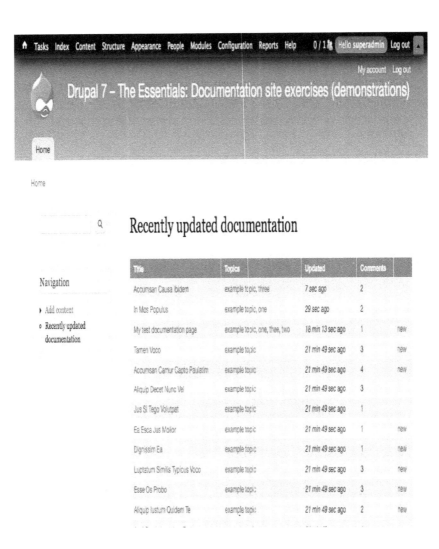

Figura 9.20: Un ejemplo de cómo puede verse la lista de las páginas de la documentación actualizadas recientemente.

Como demostración

Inicie sesión en el sitio.

Compruebe que existe una etiqueta claramente visible en el sitio con el texto *documentación Actualizada recientemente*.

Compruebe que el enlace de la etiqueta nos lleva a una página con una tabla de (como máximo) 25 páginas de la documentación, que contiene información sobre la página como el título, el tema, la fecha de actualización, el número de comentarios y un texto que marca las páginas que se han cambiado desde que se vieron por última vez.

Compruebe que la lista tiene disponible una paginación si hay más de 25 páginas de la documentación.

Edite una página de la documentación y volver a guardarla. Compruebe que aparece en la parte superior de la lista, actualizada recientemente.

Preparación

El sitio debe tener una página de la documentación del tipo de contenido, según lo dispuesto por el primer ejercicio de esta suite.

Solución sugerida

Ir a la página general de las vistas y añadir una nueva vista. (Ver resumen vistas).

En el asistente, déle un nombre y una descripción que explique lo que hace, como las páginas de la documentación actualizadas recientemente y una tabla de la mayoría de las páginas de la documentación actualizadas recientemente en el sitio. (Consulte la creación de nuevas vistas).

En el asistente, también seleccione lo que desea mostrar en el contenido del tipo de página de la documentación.

Asegúrate de que selecciona una página, y que debería mostrar una tabla de campos, 25 resultados a la vez, usando un paginador. También puedes ver la opción para crear un elemento de menú, añadiendo un enlace al menú de navegación con el texto documentación actualizada recientemente. (Consulte la creación de nuevas vistas).

Haga clic en continuar y modificar para entrar en el panel de Configuración principal de Views.

Añada un nuevo campo a la vista, contenido: todos los términos de la taxonomía, y en los ajustes más, limite los términos solamente al vocabulario tema. (Ver configuración de los campos de la vista).

Añada un nuevo campo a la vista, contenidos: Fecha de actualización y establezca el formato de para mostrar los nodos actualizados más recientemente. (Ver configuración de los campos de la vista).

Añada un nuevo campo a la vista, contenido: Recuento de comentarios, y otro campo más, contenido: tiene nuevos contenidos. (Ver configuración de los campos de la vista).

Edite el campo de título agregado por *Views* por defecto. Agregue una etiqueta de título, para proporcionar a la columna de la tabla una relación con un encabezado. (Ver configuración de los campos de la vista).

Retire los criterios de ordenación existentes y añada uno nuevo contenido: fecha de actualización, con orden descendente. (Ver configuración de ordenación).

Guarde la vista.

Comentarios

Añadir títulos administrativos a medida que se crea la configuración de la vista puede ayudarle a usted y a otros desarrolladores en el futuro.

No olvides guardar tu vista a menudo.

Una alternativa a la adición de un enlace del menú al menú de navegación sería añadirlo a los enlaces principales, así la vista aparecerá más destacada en el sitio de Drupal. Sin embargo, el largo texto del enlace lo hace inadecuado para mostrarse en una pestaña.

En el asistente hay una opción para agregar una fuente RSS a la vista. Esta característica no la hemos mencionado en la historia de usuario, pero podría usted probar a implementarla en la vista para probar si se adecua a sus necesidades.

Ejercicios: sitio de Noticias

Estos ejercicios se basan en los ejercicios anteriores de la suite del sitio de noticias. Se pueden llevar a cabo de forma individual, con un poco de preparación, o en secuencia con los ejercicios anteriores. Los ejercicios requieren el uso de los conceptos descritos en los capítulos anteriores de este libro, incluyendo la parte A.

Sección editores

Como visitante del sitio me gustaría tener una lista de todos los editores de la sección de noticias del sitio, junto con sus direcciones de correo electrónico y un enlace a la lista de las noticias de la sección. Esto es importante, ya que hace más fácil que confíe en las noticias cuando puedo ponerme en contacto con las *Personas* responsables de publicar la noticia.

Como demostración

Como un usuario anónimo, compruebe que puede encontrar un enlace a la sección editores en el sitio.

Compruebe que el enlace le lleva a una página con todos los usuarios responsables de una sección de noticias, junto con el nombre, dirección de correo electrónico y un enlace a la lista de noticias de la sección.

Inicie la sesión como administrador. Edite una cuenta de usuario y agregue o quite al usuario de la sección. Compruebe que la lista de los editores de la sección refleja los cambios.

Preparación

El sitio debe tener un vocabulario secciones, según lo dispuesto por las secciones y sub-secciones del ejercicio en el capítulo de la taxonomía.

Comentarios

Ofertar públicamente las direcciones de correo electrónico sólo debe hacerse con el consentimiento de los propietarios del e-mail.

10: Configuración Avanzada de Views

Hay muchas maneras de describir lo que es Drupal. Una de las mejores es: Drupal es una herramienta para hacer las cosas fáciles difícil y fácil lo difícil.

Esta afirmación es especialmente cierto para las vistas. Si bien le puede llevar treinta minutos o, a veces, varias horas en crear una simple lista, con sólo un puñado de clics adicionales se puede transformar la lista en una presentación de diapositivas de imagen, en una tabla ordenable o en una página de búsqueda personalizada.

Lo difícil es saber dónde se deben de hacer estos puñados de clics. En este capítulo se presentan algunas de las funciones más complejas y de gran alcance de las vistas.

La versión inicial de esta sección del libro vino del libro de Drupal 7: Conceptos básicos, cortesía de nodeone y Johan Falk.

Agrupando los campos de la vista

Reescritura de los campos de la vista

Valores expuestos

Agrupando los campos de la vista

La sub-configuración de los formatos de las vistas contiene una opción de agrupación de campos. (Ver figura 10.1). Esto le permite seleccionar un campo de la vista que se utilizará para agrupar todos los resultados antes de ser ordenados, todos los resultados con el mismo valor en el campo de la vista se agrupan, utilizando el campo de la vista seleccionado como cabecera del grupo. (Vea la figura 10.2 para ver un ejemplo).

La agrupación de los campos de la vista puede ser, por ejemplo, útil para mostrar todos los comentarios de su sitio, agrupados por el día en que fueron publicados.

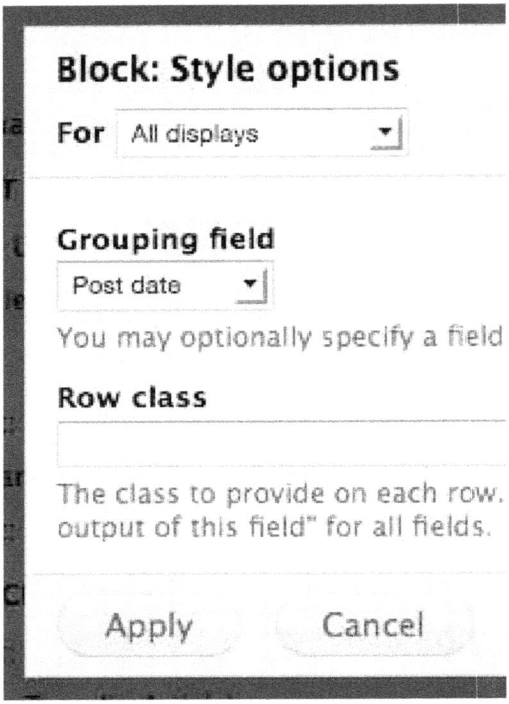

Block: Style options

For All displays

Grouping field

Post date

You may optionally specify a field

Row class

The class to provide on each row.
output of this field" for all fields.

Apply   Cancel

Figura 10.1: Se puede optar por agrupar los resultados de la vista de acuerdo a un campo de la vista.

Content ⚙▾

Type: Basic page

Jus Ymo

Acsi Aptent Eum Neque

Commoveo Patria Populus Velit

Esse Magna Natu Usitas

Type: Article

Paratus Patria

Commodo Importunus Validus

Comic Sagacitor

Figura 10.2: Las listas agrupadas reciben sub-encabezados, en función del campo de la vista seleccionado. (En este caso, el tipo de contenido).

TIP: Si desea que el campo de la vista que se utiliza para agrupar que no aparezca dentro de la lista actual, se puede utilizar la exclusión de la presentación en la configuración del campo de la vista.

Reescritura de los campos de la vista

A veces te encuentras en situaciones en las que los campos de la vista contienen datos que desea mostrar en la vista, pero que no encajan con sus necesidades. Usted tiene el nombre del autor, pero que le gustaría decir escrito por James Joyce en lugar de James Joyce. En estas situaciones se puede utilizar la opción de reescribir la salida de este campo y también la salida de este campo como un enlace. Ambas opciones se muestran cuando se hace clic en la opción reescribir resultado en la configuración de los campos de la vista. (Ver figura 10.3). Las opciones le permiten tomar el control del texto (o no) que se muestra en el campo de la vista y de cualquier enlace que genere *Views* en el campo de la vista.

Una característica importante es que se pueden usar todos los campos cargados por *Views* como variables al reescribir su campo. Por ejemplo, puede incluir un ID de usuario en la construcción de un enlace, o de un título del nodo al configurar un enlace de texto de ayuda. La configuración de la reescritura del campo en la configuración de la vista contiene una lista de las variables disponibles.

▼ REWRITE RESULTS

☑ Rewrite the output of this field

Enable to override the output of this field with custom text or replacement tokens.

Text

[view_title]

The text to display for this field. You may include HTML. You may enter data from this view as per the "Replacement patterns" below.

☑ Output this field as a link

If checked, this field will be made into a link. The destination must be given below.

Link path

node/[nid]

The Drupal path or absolute URL for this link. You may enter data from this view as per the "Replacement patterns" below.

☐ Use absolute path

Figura 10.3: Puede volver a escribir el texto y los enlaces de los campos de la vista, e incluso incluir datos de otros campos de la vista en la reescritura.

Valores expuestos

Las vistas se exponen con una serie de ajustes para los usuarios finales, lo que les permite cambiar la configuración cuando son utilizadas. Los ajustes que pueden estar expuestos son los filtros, la clasificación y la paginación. La configuración puede usarse, por ejemplo, para la construcción de la lista de comentarios que muestra sólo los comentarios escritos por un usuario en concreto, o una *lista de nodos* donde los usuarios pueden buscar palabras en el título del nodo, o una lista donde los usuarios pueden seleccionar el número de resultados que se deben mostrar en cada página, o el cambio de la clasificación entre el contenido más reciente y el más popular. (Ver figura 10.4)

Los filtros se exponen marcando el checkbox con la opción *exponer este filtro a los visitantes*, para permitir que cambien, y a continuación, verá un diálogo para la configuración del filtro. Los criterios de ordenación y los paginadores tienen opciones similares.

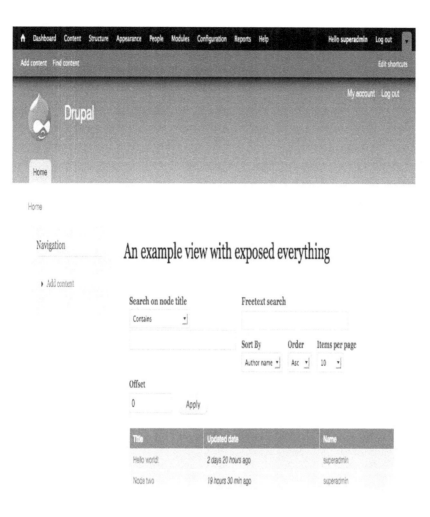

Figura 10.4: Ejemplo de una vista con un montón de opciones expuestas, como filtros, selección y paginación.

Configuración de los filtros expuestos

Cuando exponemos un filtro, tenemos varias opciones disponibles a mayores. (Vea la figura 10.5). Las más importantes son:

Label: Este texto se muestra como un cuadro de entrada para el filtro expuesto, se usa para que los usuarios introduzcan algo, normalmente texto, números o fechas.

Exponer operador: esta opción le permite exponer el operador para el filtro, no sólo el valor de filtrado.

Recordar la última selección: Este ajuste permite almacenar los valores de los parámetros de la configuración de la vista mediante cookies en la sesiones de cada usuario del sitio.

Si introducimos un valor para el filtro en la configuración del filtro, este se utilizará como el valor por defecto en el filtro expuesto (a menos que tengamos otros ajustes que digan lo contrario).

Figura 10.5: Los filtros expuestos tienen varias opciones a mayores, como la etiqueta que debe utilizarse para el filtro expuesto.

TIP: Con el módulo *Búsqueda* habilitado (que es el caso de una instalación estándar de Drupal), tenemos disponible una opción de filtro, búsqueda: términos de búsqueda. Puede ser utilizado como un filtro expuesto para obtener los mismos resultados de búsqueda que en una búsqueda integrada de Drupal. El uso de las vistas para crear páginas de búsqueda aumenta drásticamente las posibilidades de personalizar el filtrado de búsqueda y su presentación.

Configuración de los criterios de ordenación y paginación expuestos

Cuando los criterios de ordenación se exponen, tenemos la opción para establecer el texto que representa la clasificación. Por ejemplo, el campo de datos, usuario: nombre podría tener la etiqueta de autor o usuario cuando se le muestra al visitante. Los usuarios finales pueden elegir cuales de los criterios de ordenación expuestos van a utilizar, como por ejemplo, cambiar la clasificación entre ascendente y descendente.

Los ajustes expuestos para los paginadores incluyen el número de resultados que se deberán mostrar por página, y opcionalmente también la compensación. Puede incluir o excluir la opción de mostrar todos los resultados en una sola página.

Valores expuestos en bloques, y otros ajustes

El panel de *Configuración principal* de *Views* contiene otras dos opciones para la configuración de la vista, bajo la *sección avanzada*.

Estas opciones son:

Forma expuesta en el bloque: Esta opción mueve los valores expuestos de la cabecera al final de un bloque, completamente separados. La colocación de los filtros de búsqueda expuestos en un bloque de su sitio web puede servir como una caja de búsqueda personalizada. El bloque deberá ser colocado en una región que tenga una buena visibilidad.

Estilo de la forma expuesta: Esto le permite establecer si se requiere que los usuarios finales establezcan los valores del filtro a la vista, o si todos los campos pueden estar vacíos. Los sub-ajustes permiten configurar el texto que se muestra a los usuarios finales sobre cosas tales como el botón para ejecutar la configuración. (Ver figura 10.6)

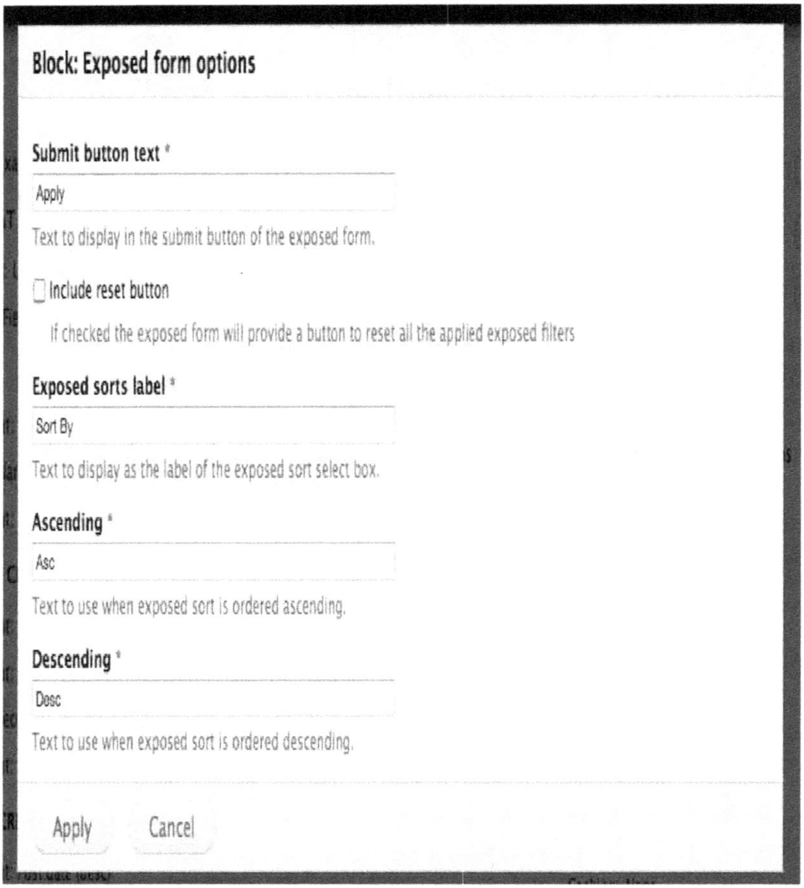

Block: Exposed form options

Submit button text *

Apply

Text to display in the submit button of the exposed form.

☐ Include reset button

If checked the exposed form will provide a button to reset all the applied exposed filters

Exposed sorts label *

Sort By

Text to display as the label of the exposed sort select box.

Ascending *

Asc

Text to use when exposed sort is ordered ascending.

Descending *

Desc

Text to use when exposed sort is ordered descending.

Apply   Cancel

Figura 10.6: Puede personalizar las cadenas de texto que aparecen en la configuración de la vista.

TIP: Para mover las configuraciones expuestas a un bloque, normalmente, sólo funciona si la vista tiene una visualización como página. Ya que *Views* necesita saber a que ruta redirigir a aquellos usuarios finales que utilizan la configuración de la vista.

Filtros contextuales

Views es un módulo muy flexible para empezar, pero los filtros contextuales aumentan los casos de uso del módulo de una manera muy amplia. Los filtros contextuales funcionan de manera similar a los filtros de criterios, pero hay una diferencia importante. En lugar de establecer un valor de filtro de forma manual, el valor se recupera a partir de las variables enviadas mediante programación a la vista. Un filtro normal podría darle todos los nodos publicados por un usuario específico. Un filtro contextual para un autor de un nodo sería capaz de mostrar todos los nodos publicados por el usuario que está viendo actualmente, o el mismo usuario que publicó el nodo que está viendo actualmente. El concepto es que los filtros contextuales preparan una vista para el filtrado, pero el valor del filtro aún no se determina. Cuando, finalmente, la vista es llamada, esta también se muestra con los datos utilizados para completar los filtros contextuales.

El ejemplo clásico de cómo se proporcionan los valores al filtro contextual de la vista es mediante la ruta de la vista. Si una vista tiene la ruta mipagina.com/mi-vista, la URL mipagina.com/mi-vista/historia/22 llamará a la vista junto con dos valores para los filtros contextuales (en este caso, historia y 22). Pero hay más formas de proporcionar valores a los filtro contextuales. Estos lo veremos en el capítulo sobre el área de la página y los *Paneles*.

La diferencia entre los filtros contextuales y los filtros estándar puede parecer trivial, pero en la práctica es enorme. Los filtros contextuales permiten reutilizar las vistas en muchas situaciones diferentes, y permite a *Views* interactuar con otras partes del sitio web. Este es un tema muy extenso que daría para escribir todo un libro acerca de cómo utilizar filtros contextuales en las vistas.

TIP: Hasta hace poco, los filtros contextuales de las vistas se les llamaban argumentos y había mucha documentación, tutoriales y *Views* compatibles con los módulos para seguir utilizando ese término.

Configuración de filtros contextuales

Gestión de los valores perdidos del filtro

Filtros contextuales y rutas

Configuración de filtros contextuales

En la *sección avanzada* del panel de *Configuración principal* de *Views* se pueden agregar y gestionar filtros contextuales. Por lo general, sigue las mismas pautas que los demás filtros, pero tienen una serie de ajustes que los filtros normales no tienen. (Ver figura 10.7). Vea la siguiente lista:

Cuando el valor del filtro es no: Esta configuración determina el comportamiento de la vista, si no hay ningún valor para el filtro contextual. Este es un lugar esencial para usar los filtros contextuales en las presentaciones de tipo bloque.

Anular el título: Este ajuste se utiliza para modificar el título de la vista si hay un valor en el filtro contextual actual. Es posible utilizar variables en la forma de 1%, 2%, y así sucesivamente, para incluir el primer, segundo (y así sucesivamente) valores en el filtro del título. Si hay algún elemento de título asociado con el valor del filtro, tal como el título de un nodo para la ID de nodo como para los nombres de usuario para los ID de usuario, se utilizará el elemento title, pero sólo si el filtro contextual se valida. Un caso típico de uso es el título de los artículos escritos por el 1%.

Anulación de la ruta principal: Esta opción le permite establecer la ruta de navegación a utilizar cuando un valor el filtro está presente, o por defecto para usar el título de la vista. La ruta de navegación nos llevará a la vista y si no existe un valor en el filtro contextual, la vista deberá tener una respuesta válida a esta.

Especificar criterios de validación: Como no se puede limitar lo que los usuarios pueden introducir como valores en los filtros contextuales de la ruta, puede haber razones por las que queremos comprobar que el valor del filtro se corresponde con lo que esperamos recibir. Esta opción le permite validar el valor del filtro de varias maneras diferentes. También determina el comportamiento de la vista si la validación falla. Un ejemplo típico es permitir solamente los valores del filtro que son identificadores de nodo para los tipos de nodos seleccionados.

Más/permitir múltiples valores: Este ajuste permite varios valores para el filtro contextual. Los valores separados por comas se interpreta como *Views* y condiciones. Los valores separados por signos de suma se interpretan como condiciones. Un ejemplo típico es permitir que varios de los términos de taxonomía muestren todo el contenido marcado con cualquiera de los términos.

Más/excluir: Esta opción invierte el filtrado. Las filas que coincidan con los criterios del filtro se excluirán en vez de incluirse.

Reducir duplicados: Al filtrar con varios criterios, Vistas puede acabar repitiendo algunos de los resultados (si se cumplen varias condiciones). Esta opción reduce los duplicados, pero hace que la consulta a la base de datos sea más pesada. Un ejemplo típico es la reducción de los duplicados que se producen cuando hacemos un filtrado de múltiples términos de la taxonomía.

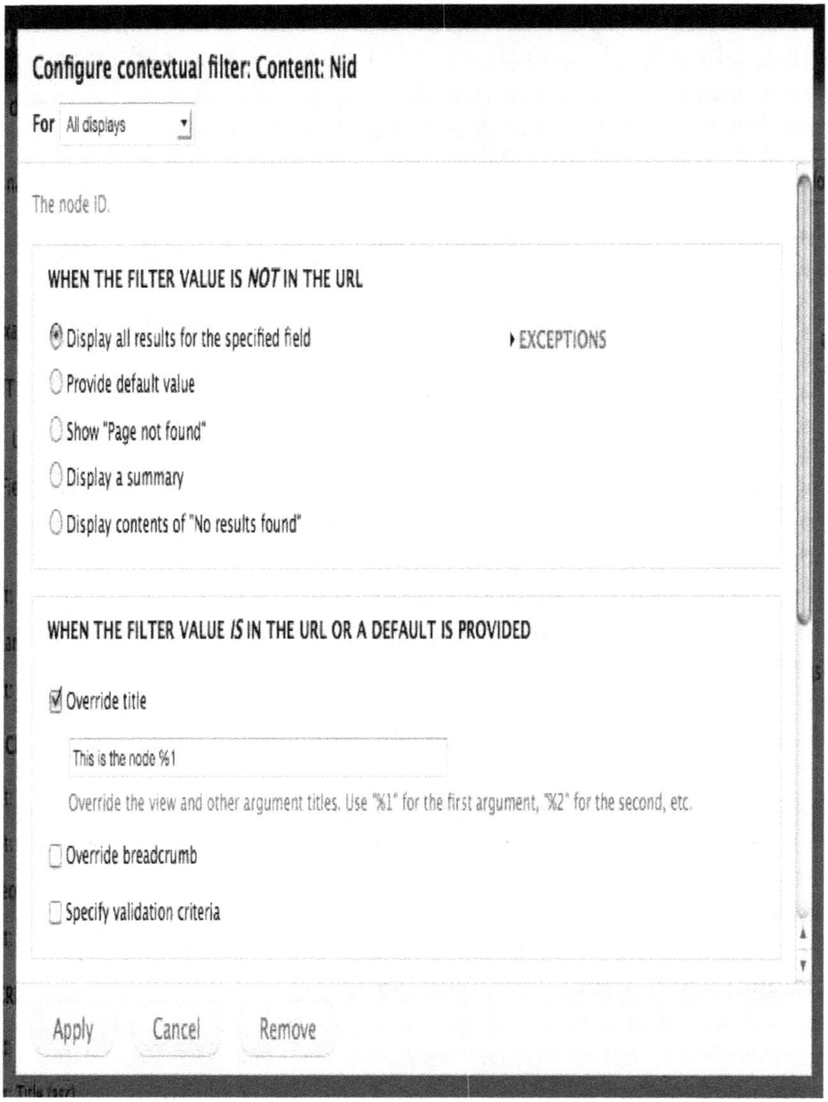

Configure contextual filter: Content: Nid

For All displays

The node ID.

WHEN THE FILTER VALUE IS *NOT* IN THE URL

⊙ Display all results for the specified field   ▸ EXCEPTIONS

○ Provide default value

○ Show "Page not found"

○ Display a summary

○ Display contents of "No results found"

WHEN THE FILTER VALUE *IS* IN THE URL OR A DEFAULT IS PROVIDED

☑ Override title

This is the node %1

Override the view and other argument titles. Use "%1" for the first argument, "%2" for the second, etc.

☐ Override breadcrumb

☐ Specify validation criteria

Apply   Cancel   Remove

Figura 10.7: Los ajustes disponibles para los filtros contextuales varían dependiendo de los diferentes campos de datos. Esta es la configuración del contenido: nid.

Vale la pena señalar que los filtros contextuales carecen de algunas de las opciones disponibles para los filtros normales:

No hay funcionalidad para agrupar filtros contextuales en grupos OR o AND.

No hay opciones para la selección del operador que se debe de utilizar con los filtros contextuales. Por defecto es igual.

TIP: Hay un campo de datos único de filtros contextuales, mundo: null. Se utiliza para tener la opción de aceptar valores de filtro sin alterar la pregunta base de datos creada por *la sentencia*. El filtro contextual nulo todavía puede modificar el título o el breadcumb de una vista y validar la entrada.

Gestión de los valores perdidos del filtro

Sucede a menudo, incluso deliberadamente, que las vistas con filtros contextuales son llamadas sin los datos para establecer los valores de los filtros contextuales. Esto es particularmente cierto para las presentaciones de *Bloques*, que sin ningún tipo de rutas no tienen una forma natural de recibir los valores de los filtros contextuales.

Puede configurar cada filtro contextual para establecer cómo debe reaccionar la vista si el valor del filtro es encontrado. (Ver figura 10.8). Las opciones son:

Mostrar todos los resultados para el campo especificado: Este ignorará el filtro contextual de todos juntos.

Proporcionar valor predeterminado: Se utiliza para buscar/crear un valor predeterminado para el filtro.

Mostrar "Página no encontrada": Esto oculta la vista.

Mostrar un resumen: Esto modifica la vista, tiene que mostrar una lista de todos los valores del filtro que puedan conducir a los resultados de la vista, vinculada a la vista con cada valor del filtro contextual actual. La lista puede ser configurada de varias maneras, por ejemplo, para mostrar el número de resultados para cada valor del filtro o para mostrar un Jump menú en vez de una lista HTML.

Mostrar el contenido de "No se han encontrado resultados": Esto le da el mismo resultado que cuando la vista no tiene resultados para mostrar.

Las funciones para crear o buscar los valores por defecto para los filtros contextuales se utilizan con bastante frecuencia, especialmente para las presentaciones de *Bloques*, y hay una gran cantidad de opciones disponibles para hacer esto. Estas opciones pueden variar entre los diferentes campos de datos, pero los más comunes son:

Valor fijo: Esto le da un valor estático, proporcionado por usted cuando crea la vista.

ID de contenido de la URL: Se utiliza para buscar un ID de nodo en la ruta actual, asumiendo que contiene un ID de nodo.

Código PHP: Esto permite que un script PHP introducido manualmente, tenga acceso a los datos locales, para construir un valor predeterminado para el filtro. Tener código PHP en la configuración es malo por un buen número de razones (por ejemplo, la seguridad y el rendimiento), pero puede ser útil durante la creación de prototipos.

ID de término de taxonomía de la URL: Se utiliza para buscar un ID término en la ruta actual. Usted puede recoger opcionalmente IDs término de un nodo que se está viendo y puede limitar los términos a los vocabularios seleccionados.

ID de usuario desde la URL: Se utiliza para buscar un ID de usuario en la ruta actual y, opcionalmente, el ID de usuario del autor del nodo que está viendo actualmente.

ID de usuario del usuario conectado: Este obtiene el ID de usuario del usuario activo.

Para los filtros contextuales de los campos de fecha y hora hay algunas opciones disponibles para recuperar los valores de fecha y hora, o del tiempo actual de un nodo que está viendo actualmente.

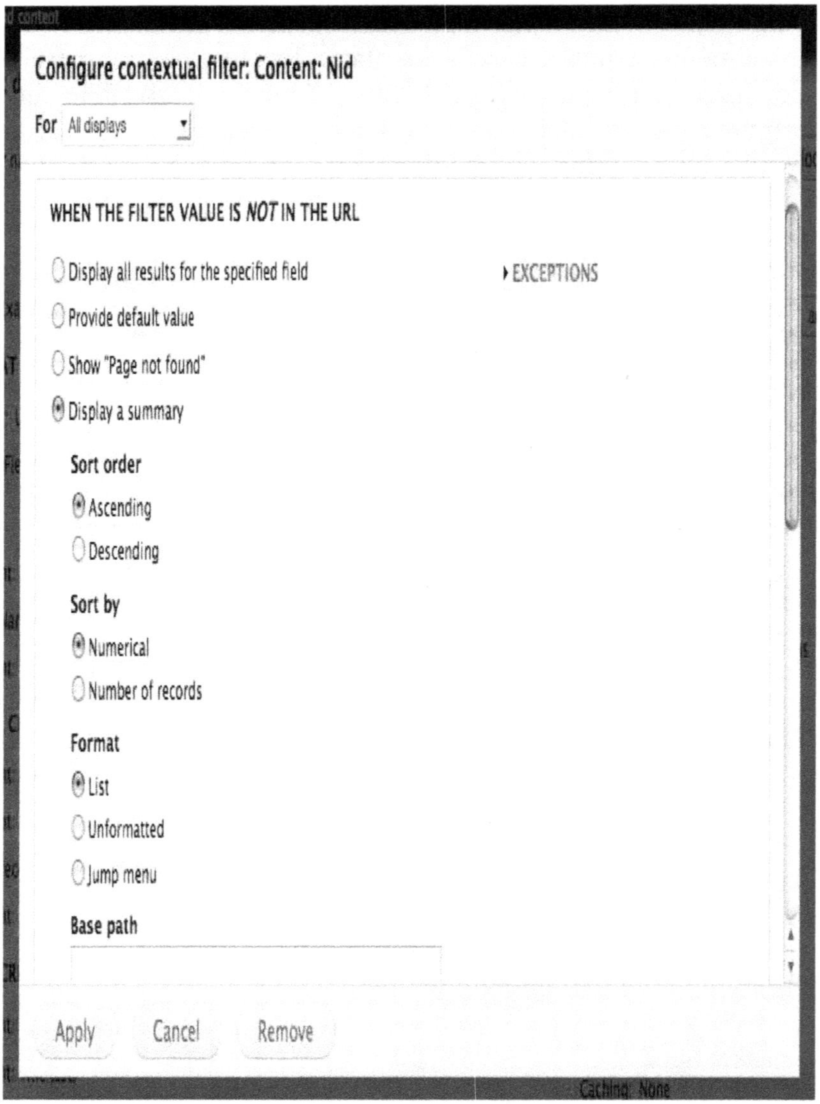

Configure contextual filter: Content: Nid

For All displays ▾

WHEN THE FILTER VALUE IS *NOT* IN THE URL

○ Display all results for the specified field   ▸ EXCEPTIONS

○ Provide default value

○ Show "Page not found"

◉ Display a summary

Sort order
◉ Ascending
○ Descending

Sort by
◉ Numerical
○ Number of records

Format
◉ List
○ Unformatted
○ Jump menu

Base path

Apply   Cancel   Remove

Caching: None

Figura 10.8: Una vista puede reaccionar de varias maneras diferentes si un valor de un filtro contextual falta. Las posibles reacciones incluyen mostrar un resumen de posibles valores de filtro, o que la vista tenga que generar un valor por sí mismo.

Filtros contextuales y rutas

La manera normal en la que una vista obtiene los valores para los filtros contextuales es mediante la ruta de las vistas. La manera más fácil de hacer esto es añadir los valores del filtro a la ruta, separados por barras. También es posible obtener los valores de los filtros contextuales dentro de una ruta. Esto se hace mediante el uso de un signo de porcentaje donde la vista espera que esté el valor del filtro contextual en ruta de la vista (por ejemplo, usuario/%/comentarios).

Obtener los valores del filtro de contexto dentro de las rutas es particularmente útil para crear las etiquetas del menú, que es el tema de la siguiente sección.

Creación de fichas de menú

Las Páginas tienen ajustes para la creación de elementos de menú, que se encuentran dentro de la configuración de la página. Las opciones entrada de no menú y entrada normal de los menús se explican por sí mismos, pero hay dos opciones más que requieren una explicación.

Ficha Menú

La primera de las opciones más oscuras es la pestaña del menú. (Ver figura 10.9). Los elementos de menú de este tipo serán visibles como pestañas en una ruta determinada, aquí se llama a la ficha Página principal, en vez de mostrarlos como elementos de menú normales. Pero hay dos requisitos que se deben cumplir para utilizar las etiquetas del menú:

La ruta hacia la pestaña del menú debe ser la misma que la página principal de la ficha, pero con un paso más profundo. Si quieres una pestaña para aparecer en mipagina.com/página_principal, la ruta hacia la pestaña del menú puede ser mipagina.com/main-page/my-tab.

Debe haber por lo menos dos fichas (accesibles) de la página principal. Si sólo hay una, la ficha actual se oculta, para que Drupal evite la visualización de fichas innecesariamente.

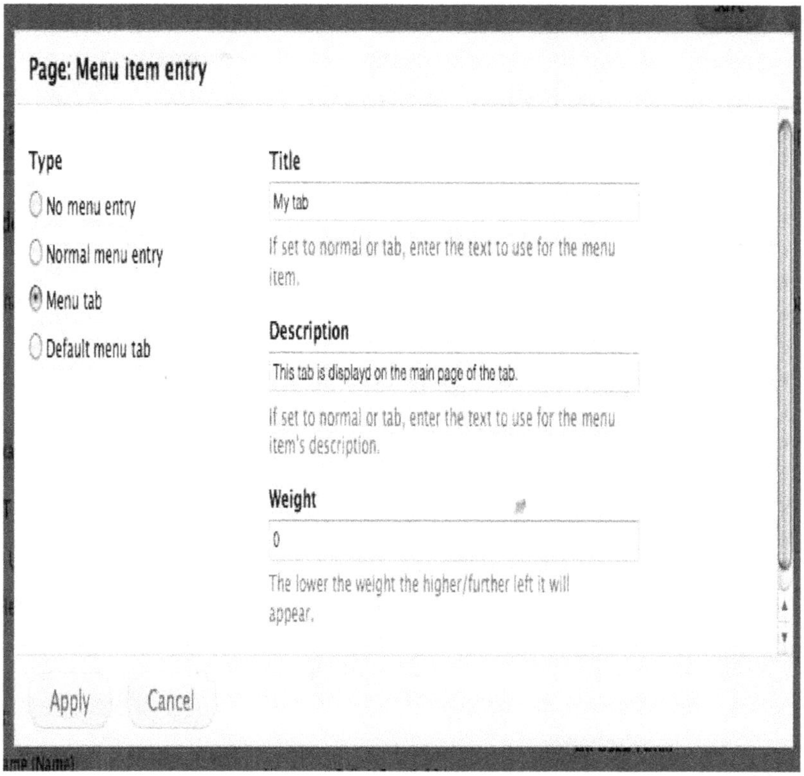

Page: Menu item entry

Type
- ○ No menu entry
- ○ Normal menu entry
- ◉ Menu tab
- ○ Default menu tab

Title

My tab

If set to normal or tab, enter the text to use for the menu item.

Description

This tab is displayd on the main page of the tab.

If set to normal or tab, enter the text to use for the menu item's description.

Weight

0

The lower the weight the higher/further left it will appear.

Apply   Cancel

Figura 10.9: La opción del menú de la pestaña de menú hace que sea fácil añadir nuevas pestañas a las páginas de su sitio web.

TIP: Las pestañas del menú son formas eficaces de ampliar las páginas existentes en su sitio de Drupal. Una vista con la ruta de acceso de nodo/%/relacionados podría añadirse como una pestaña a todas las páginas del nodo con unos pocos clics.

TIP: Es probable que esté disponible próximamente otra opción para los enlaces del menú, la acción local. Los elementos de menú de este tipo son similares a las etiquetas del menú en la forma en que se crean, ya que se muestran como enlaces en la parte superior de las páginas, de la misma manera que el complemento *nueva vista* de la página de resumen de *Views*.

Pestaña del menú por defecto

La segunda opción es un tanto misteriosa, la ficha de menú por defecto. La creación de las fichas de menú por defecto es similar a la creación de las fichas normales de menú. Esto sólo se debe utilizar si no existiese ya una página principal disponible.

Si la ruta de acceso a una vista de la página es mipagina.com/mi-vista/pordefecto-pestaña, la pestaña de menú por defecto hará que la vista sea accesible tanto desde mi-vista/por-defecto-pestaña, como por mipagina.com/la-etiqueta y por ejemplo.com/mi-view-página-principal.

Al configurar un botón de menú por defecto, también se le pedirá establecer qué tipo de elemento del menú principal debería usar.

Relaciones

El último grupo de ajustes de *Views* mostrados en este libro es *Relaciones*. *Las relaciones* se utilizan para permitir a las vistas incorporar datos que se asocian a los datos que ya están disponibles en la vista. A ver, comentario se podría utilizar, por ejemplo, con la relación comentario: Contenido para aprovechar los datos sobre el nodo de cada comentario. Con vista a largo plazo podría utilizar la relación taxonomía: término padre para aprovechar los datos del término padre de cada término de la lista.

TIP: Las personas acostumbradas a la realización de consultas SQL reconocerán las relaciones que se unen.

Añadir Relaciones

Para agregar, editar y eliminar las relaciones se realiza la misma operación como, con los campos de la vista, los filtros y los criterios de ordenación, utilizando el *botón agregar* y el menú correspondiente. (Ver las figuras 10.10 y 10.11). La configuración de las relaciones son:

Identificador: Este es el nombre que se utilizará para la relación dentro de la interfaz de administración de *Views*.

Requerir esta relación: Esta opción hará que la vista excluya las partes en las relaciones que no se pueden cumplir. Para la relación taxonomía: término padre, por ejemplo, significaría que los términos sin términos padres estarían excluidos.

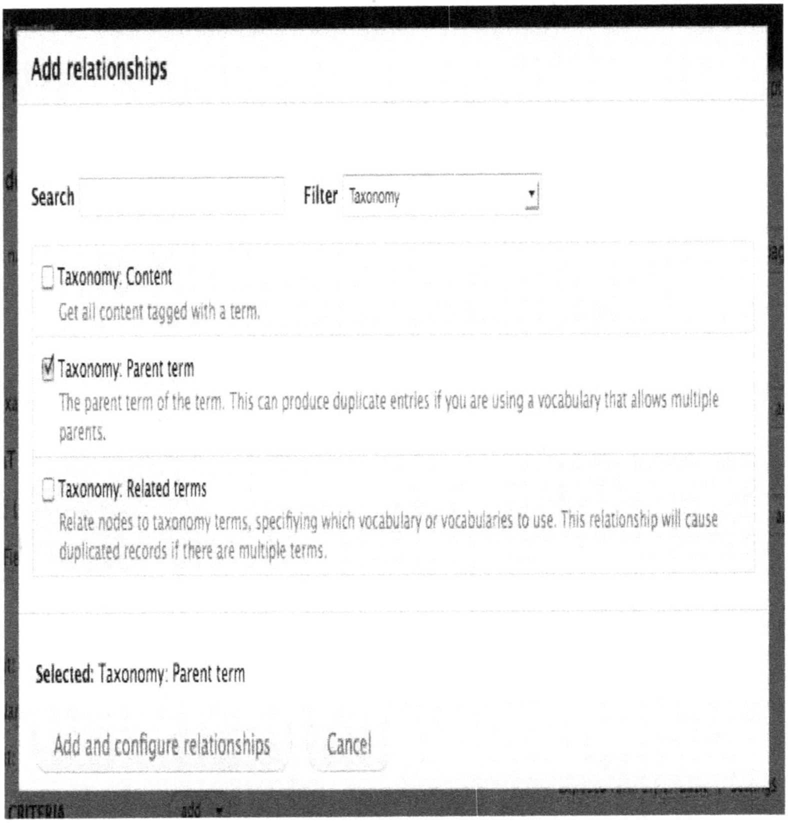

Figura 10.10: El número de relaciones disponibles en una vista es a menudo menor que los filtros o que los campos de la vista.

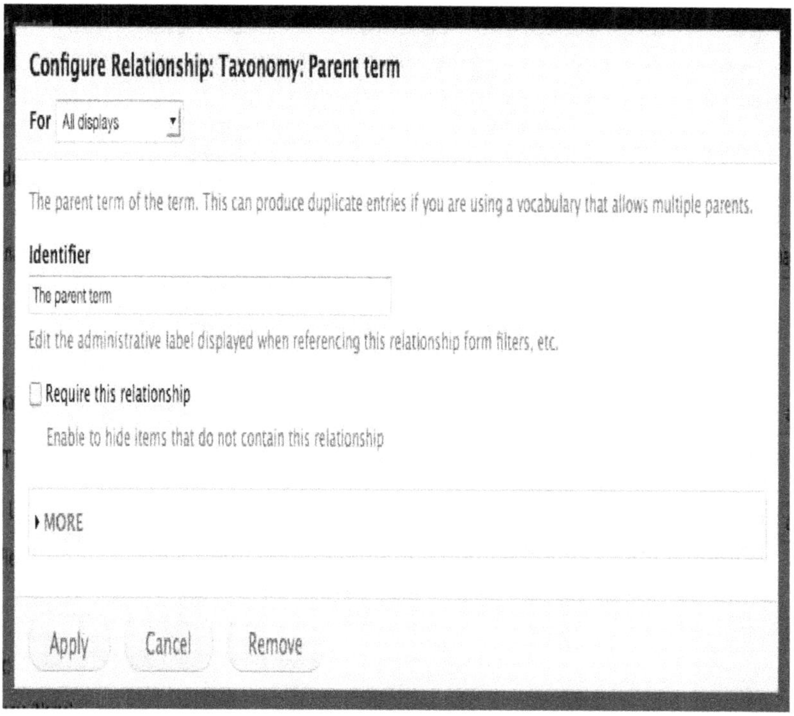

Configure Relationship: Taxonomy: Parent term

For All displays

The parent term of the term. This can produce duplicate entries if you are using a vocabulary that allows multiple parents.

Identifier

The parent term

Edit the administrative label displayed when referencing this relationship form filters, etc.

☐ Require this relationship

Enable to hide items that do not contain this relationship

▸ MORE

Apply   Cancel   Remove

Figura 10.11: Cada relación tiene una etiqueta, que se utiliza Internamente en la configuración de la vista.

TIP: *Las relaciones* son herramientas poderosas, pero si se utiliza sin cuidado pueden ralentizar su sitio.

La configuración de las Relaciones

Una vista con relaciones, para cada resultado de la vista, no sólo obtendrá los datos para el objeto base de la vista, sino que también para los objetos descritos por las relaciones. Al editar la configuración de los campos de datos que usted tiene, tenemos una opción más en el fieldset, relaciones. Este ajuste se puede utilizar para seleccionar el objeto que se debe utilizar para este campo de datos. (Ver figura 10.12). Esto significa que en una vista de comentario puede utilizar lo siguiente, comentario: relación de contenido, y puede optar por filtrar el tipo de nodo. Si va a incluir la relación comentario: usuario puede ordenar los resultados por el nombre del usuario que publican los comentarios.

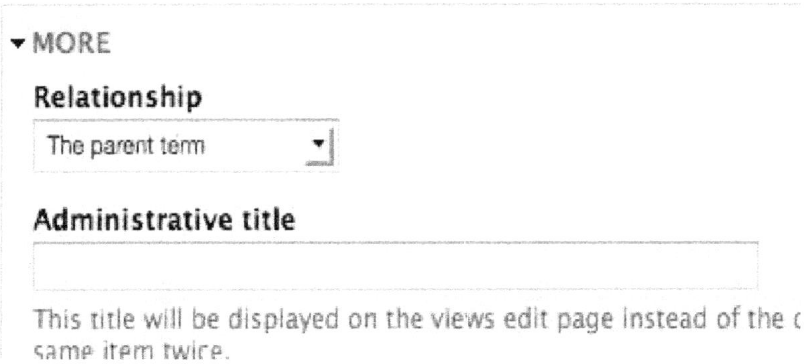

▼ MORE

Relationship

The parent term

Administrative title

This title will be displayed on the views edit page instead of the c
same item twice.

Figura 10.12: Los campos de datos pueden estar vinculados al objeto base de la vista, o para cualquiera de los objetos prestados por las relaciones.

TIP: Si utiliza la referencia a una entidad, las referencias y los módulos de las relaciones para conectar las entidades de su sitio, estas conexiones se muestran como relaciones en las vistas.

Otros ajustes de las vistas

Este es el capítulo más largo del libro, y fue precedido por otro capítulo entero sobre este tema. A pesar de esto, hay algunos aspectos más de *Views* que un desarrollador Drupal bien entrenado debe saber.

Hay algunas nuevas funcionalidades en las vistas que permite agrupar directamente en la consulta de base de datos generada por defecto. Los ajustes se habilitan en la opción de *usar agrupación* de la *sección avanzada*. Una vez activado, podrá usar un número de campos de datos para las operaciones de agrupación. La funcionalidad no está completamente desarrollada, y no está claro cómo va a funcionar, pero permitirá a los nodos ordenar por el número de comentarios o por los términos de la taxonomía de cuántos nodos se marcan con cada término.

En la barra de herramientas *Estructura*, *Views* en la pestaña de *Configuración* se pueden ver una serie de vistas en la *Configuración global*. Las dos sub-pestañas, básico y avanzado, contienen opciones que son útiles para ver cómo las diferentes vistas influyen en el rendimiento de su sitio, o si usted descubre que la cadena <Any> no se puede traducir con las herramientas normales de traducción de Drupal.

Ejemplos de implementación de la *Configuración avanzada* de *Views*

Esta sección contiene ejemplos de cómo se pueden utilizar los conceptos y las funcionalidades vistas en este capítulo.

Lista de artículos, agrupados por meses

Las fichas con sus propios mensajes del editor

Lista de artículos, agrupados por meses

Como visitante en un blog Quiero una lista de las entradas de blog antiguas agrupadas por meses, como de febrero de 2013, enero de 2013, diciembre de 2012, y así sucesivamente. Esto es importante ya que me ayuda a encontrar viejas entradas del blog que quiero leer de nuevo.

La funcionalidad anterior puede conseguirse mediante los siguientes pasos:

Creamos una nueva vista del nodo con el nombre de Archivo del blog.

El asistente está configurado para mostrar las entradas de blog, ordenadas por el más reciente en la parte superior, y para crear una página con la ruta blog/archivo.

En el panel de *Configuración principal*, se añaden una serie de campos para la vista interesantes para los usuarios finales (por ejemplo, contenido: título y contenido: cuerpo).

Creamos un nuevo campo en la vista, contenido: fecha, lo añadimos, marque excluir de la pantalla, y marcamos el formato personalizado "FY", que es la expresión en PHP de la fecha reproduciendo, por ejemplo, "agosto 2013", en el supuesto de que sea ese el año y mes actual.

Los ajustes de formato los cambiamos para agrupar la vista en el campo de la fecha excluida.

El encabezado de la vista lo llamamos Archivo del blog.

Añadimos un enlace de menú para la visualización de la página, para que pueda estar colocado en el menú adecuado.

Las fichas con sus propios mensajes del editor

Como editor en el sitio para mi asociación me gustaría que la página de usuario de cada editor tenga una pestaña para listar todos los nodos creados por este editor. La lista debe de ser accesible sólo en las páginas de usuario para los editores, y sólo por los editores. Esto es importante ya que hace que sea más fácil encontrar su propio contenido.

La funcionalidad anterior puede conseguirse mediante las siguientes etapas:

Creamos un nuevo rol editor.

Creamos una nueva vista con el nombre de los editores de las listas, los nodos se listan sin ninguna limitación en particular. El asistente está configurado para crear una visualización en modo página.

Cambiamos los valores de acceso para la vista, dando acceso sólo a los editores.

Se quita el filtro para mostrar sólo el contenido publicado.

Se añaden una serie de campos a la vista, en función de la información a la que los editores quieren acceder, por ejemplo, contenido: título, contenido: fecha, contenido: Recuento de comentarios y contenidos: Los comentarios nuevos.

El formato de visualización se cambia a tabla, por ejemplo, y todas las columnas que se crean se pueden ordenar, por ejemplo, con la clasificación por defecto que proporciona el contenido más reciente en la parte superior.

La ruta para la visualización de la página se establece en user/%/list.

La visualización de la página tiene un elemento de menú en la pestaña del tipo de menú.

Se añade un nuevo filtro contextual usuario: uid.

La configuración del filtro de contexto para el título se establece en contenido creado por % 1.

La validación del valor de filtro contextual está configurada para permitir sólo el ID de usuario que pertenecen a los editores.

Ejercicios: Sitio de la documentación

Estos ejercicios se basan en los ejercicios anteriores de la suite del Sitio de la documentación. Se pueden llevar a cabo de forma individual, con un poco de preparación, o en secuencia con los ejercicios anteriores. Los ejercicios requieren el uso de los conceptos descritos en las partes A y B de este libro.

Página de búsqueda personalizada

Listar el contenido de un usuario en una ficha en la página del usuario

Tabla con las páginas de la documentación de una colección

Listar los comentarios del usuario en una ficha en la página del usuario

Página de búsqueda personalizada

Como visitante del sitio quiero ser capaz de buscar las páginas de la documentación en función del momento en las que fueron actualizadas, o por temas, o por títulos, y por una búsqueda de texto libre. También quiero ser capaz de ordenar los resultados por relevancia, por la hora o por el número de comentarios. Esto es importante porque me ayuda a encontrar la documentación que estoy buscando.

Figura 10.13: Un ejemplo de cómo puede parecer la página de búsqueda personalizada.

Como demostración

Entre en su sitio de Drupal como un visitante anónimo, compruebe que encuentra el enlace de búsqueda en el sitio web.

En la página resultante, compruebe que no hay campos de búsqueda por tema, título y texto libre, y que sólo muestra las páginas que se han actualizado desde una fecha determinada. También deberá hacer controles para cambiar el orden de la clasificación por la relevancia de la búsqueda, por la fecha de actualización y por el número de comentarios.

Verifique que cada uno de estos criterios de búsqueda trabajan individualmente.

Verifique que los criterios de ordenación de la búsqueda orden descendente, mediante la búsqueda de una palabra que aparezca en los títulos de la página web. Deberían de aparecer en primer lugar las páginas de la documentación con la palabra de la búsqueda en el título.

Verifique que los otros criterios de ordenación funcionan.

Verifique que los resultados de la búsqueda tienen enlaces a la página de la documentación pertinente.

Preparación

El sitio debe tener un tipo de contenido documentación, según lo dispuesto por el primer ejercicio en esta suite, así como las etiquetas proporcionadas por el ejercicio en el capítulo taxonomía.

Solución sugerida

Asegúrese de que todos los usuarios tienen el permiso para utilizar la búsqueda y la búsqueda avanzada.

Añada una nueva vista. Déle el nombre de búsqueda extendida y haga que la lista sea del contenido del tipo página de la documentación.

En el asistente, también añada una página de presentación, mostrando 25 resultados paginados, en una tabla de campos. Finalmente también deberá añadir un enlace del menú en el menú de navegación.

En el panel de *Configuración principal*, agregue los campos que considere razonables para mostrar en los resultados de la búsqueda. Asegúrese de incluir el título de la página, enlazado a la página de la documentación.

Añadir tres nuevos filtros y marcar los tres como vemos a continuación→ contenido: tiene términos de la taxonomía (límite al vocabulario tema), contenido: título (contiene operador), y buscar: los términos de búsqueda. Proporcione a todos los campos etiquetas que dejen claro a los usuarios finales que son los campos de la búsqueda.

Añada otro filtro, contenido: fecha de actualización y establezca el operador *mayor que* o *igual a*, con el fin de mostrar las páginas actualizadas en la fecha actual o posterior. Hacer el filtro expuesto.

Retire los criterios de ordenación existentes. Añada tres nuevos criterios, todos expuestos→ *Búsqueda*: Puntuación, contenido: fecha actualizada y contenido: número de comentario. Establezca el orden predeterminado a descendiente para cada caso, y cambiar sus etiquetas para dejar claro a los usuarios finales lo que representa cada clasificación.

Comentarios

Si usted ha hecho el ejercicio las páginas de la documentación actualizadas recientemente del capítulo anterior, la página de búsqueda podría ser implementada como una vista de la página adicional en vez de una vista completamente distinta.

Si ha creado recientemente el contenido, es posible que deba ejecutar el *cron* para que aparezca en la búsqueda.

El filtro expuesto por temas podría utilizar el entorno de reducir duplicado, previniendo así que el contenido aparezca más de una vez. Este podría ser el caso si se busca por dos temas y una página de la documentación tiene los resultados de los dos.

La historia de usuario no dice que los resultados se presentarán en una tabla. Por lo general, las páginas de resultado de la búsqueda es algo similar a una lista de teaser (resumen), que podría aplicarse en este caso. Sin embargo, al hacer búsquedas avanzadas, tiene más sentido mostrar en modo completo que debido a la gran cantidad de información está se muestre en una tabla.

Los usuarios que estén conectados no podrán usar la columna que marcan si el contenido se ha actualizado desde la última vez que fue vista. Drupal no hace ningún seguimiento de las páginas vistas por visitantes anónimos al contrario de lo que sí puede hacer si son usuarios registrados.

Todos los formularios de búsqueda y la configuración de la clasificación hacen que la página de búsqueda extendida parezca bastante complicado. En un proyecto real, esto probablemente le llevará a una nueva historia de usuario con el objetivo de hacer más fácil la vista que generará con todas las opciones de búsqueda.

Listar el contenido de un usuario en una ficha de la página del usuario

Como miembro del sitio, me gustaría tener una lista de todo el contenido que he escrito, disponible como una ficha en mi página de usuario. Me gustaría tener fichas similares de las páginas de los otros usuarios. Esto es importante ya que me ayuda a realizar un seguimiento de mis propios aportes, así como también poder seguir lo que otros miembros escriben.

Figura 10.14: Un ejemplo de cómo se pueden ver las listas de contenido en una ficha de usuario.

Como demostración

Inicie sesión en el sitio.

Cree una página de la documentación.

Visite la página de la cuenta de usuario y haga clic en la pestaña "Mensajes". Compruebe la lista de la página de la documentación.

Cree una recopilación de la documentación.

Verifique que la recopilación de la documentación aparece, y aparece por encima de la página de la documentación.

Preparación

El sitio debe de tener la página de la documentación y el tipo de contenido de colección, según lo dispuesto por el primer ejercicio de esta suite.

Solución sugerida

Agregar una nueva vista con el nombre de *contenido del usuario*. Haga que se muestre el contenido de todos los tipos, ordenados con el contenido más reciente en la parte superior. Crear una página con la trayectoria usuario/%/mensajes, con una lista de 10 teasers (resúmenes) por página, y sin enlace del menú.

En el panel de *Configuración principal*, agregar un elemento de menú en la pestaña del menú y darle los enlaces de texto a los mensajes.

Si el filtro contextual usuario: uid no está presente, agregue una nueva relación, contenido: autor.

Añadir un nuevo filtro contextual, usuario: uid. Utilice la opción de anulación del título para establecer el título con el contenido escrito por %1. Utilice las opciones de validación para verificar que el valor del filtro contextual es un ID de usuario.

Comentarios

Usted puede tener o no tener que agregar la relación del paso 3 en la solución sugerida. Depende de cómo haga los cambios en el módulo vistas. Normalmente, los autores del contenido están disponibles automáticamente en una vista de nodos, pero esto puede cambiar.

Cada vez que tiene una vista que utiliza filtros contextuales, deberá tener el retorno de la vista de página no encontrada por si falta el valor del filtro contextual, a menos que tenga razones para hacerlo de otra manera. Esto evita que la vista sea utilizada en contextos inesperados.

La historia de usuario no dice cómo se debe mostrar el contenido. Una lista HMTL es fácil de hacer y generalmente es agradable a la vista. También puede usar otros formatos como las tablas o las rejillas, que también muestra los resultados de una forma atractiva.

El paso en el que se añade un filtro contextual debe actualizarse para reflejar la forma en la que *Views* trata el usuario: uid en los filtros contextuales de una vista de un nodo predeterminado.

Tabla con las páginas de la documentación de una colección

Como visitante del sitio me gustaría ver una recopilación de la documentación, quiero ver una tabla que resume las páginas de la documentación de una colección. La tabla debe de tener el título de la página documentación, los primeros 200 caracteres o menos, y el recuento de comentarios. Esto es importante ya que hace que sea más fácil para mí encontrar la documentación en la que estoy interesado.

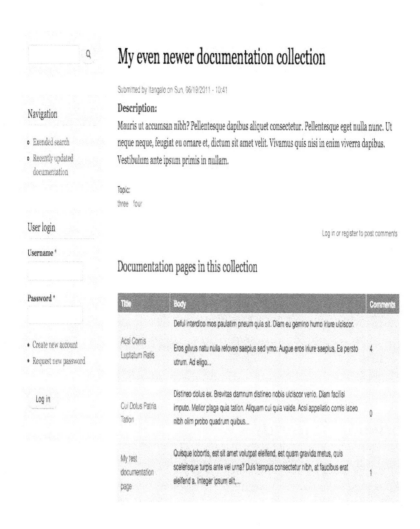

Figura 10.15: Un ejemplo de cómo puede ver una tabla de una colección.

Como demostración

Inicie sesión en el sitio y cree una colección de la documentación, si es necesario.

Vea una recopilación de documentación. Verifique que sus páginas de la documentación correspondientes se muestran en una tabla en la parte inferior de la página, con el título, los primeros 200 caracteres (o menos) del cuerpo, y el recuento de comentarios. También verifique que el título le lleva a la página de la documentación.

Preparación

El sitio debe tener la página de la documentación y el tipo de contenido de colección, según lo dispuesto por el primer ejercicio de esta suite.

Solución sugerida

Añadir una nueva vista con el nombre de las páginas de una colección de la documentación, y tienen que listar el contenido del tipo de recopilación de documentación. Cree un bloque que muestre una tabla y establezca el título de las páginas de la documentación en esta colección.

Agregue el filtro contextual contenido: nid. Si no hay ningún valor de filtro, construimos un valor por defecto de identificación de contenido de URL. Utilice la validación para asegurarse de que sólo son aceptados los ID de nodo de la colección.

Agregar una relación, entre el campo de referencia de nodo con las colecciones de los documentos. Asegúrese de usar todos los delta, para recoger todas las páginas de la documentación relacionadas. Si se utiliza el módulo de referencia de la entidad podrá seleccionar el "*Entidad de Referencia: Entidad de Referencia*" de esta relación.

Agregue los campos de la página de la documentación que desea mostrar, utilizando la relación de la página de la documentación. Asegúrese de actualizar también el campo del título, siempre de forma predeterminada.

Para el cuerpo de la página de la documentación, o bien utilice el formato resumen o use el ajuste de este campo para una longitud máxima en la configuración de los resultados de reescritura, para limitar el cuerpo a 200 caracteres.

Dar al bloque de la vista un título administrativo.

En la página de *administración de Bloques*, colocar el nuevo bloque de la vista en la parte inferior de la región de contenido.

Cambiar la configuración de la presentación del campo de las colecciones de documentos, para ocultar la salida por defecto de las referencias de las páginas de la documentación.

Comentarios

Podría dejar de pensar en las relaciones como una manera de proporcionar nuevos campos al objeto que está listando, la colección recibe nuevos campos como, colección: Página del título y colección: la página: cuerpo.

Asegúrese de que usted agrega los campos utilizados en la página de la documentación en vez de la colección de documentos y esto le permitirá seleccionar la relación correcta en la configuración del campo.

El orden predeterminado de las relaciones serán sus deltas y el orden de la clasificación de la recopilación de la documentación.

Límite la vista de datos para mostrar los objetos de la base cargadas por la vista. Así que, incluso si se restringe el número de colecciones a solamente una, todas las páginas relacionadas se mostrarán. Esto es similar a lo que *Views* manejaría con un campo de valor múltiple. Si la vista está configurada para mostrar cada valor en una fila, cada fila no contará como un nuevo resultado en la consulta de base de datos creada por la sentencia.

En la página de *administración de Bloques*, tiene sentido establecer la visibilidad del bloque para mostrarse sólo en las páginas de recogida de documentación, así la vista no se mostrará en otras páginas.

Lista de comentarios del usuario en una ficha de página del usuario

Como miembro del sitio, me gustaría ver mis comentarios en una pestaña en mi página de usuario. También me gustaría ser capaz de enumerar los comentarios escritos por otros usuarios en sus páginas de usuario. Esto es importante ya que me ayuda a encontrar mis propios comentarios, sigo los comentarios de otras *Personas* que realizan comentarios y obtengo una visión general de las contribuciones de un usuario.

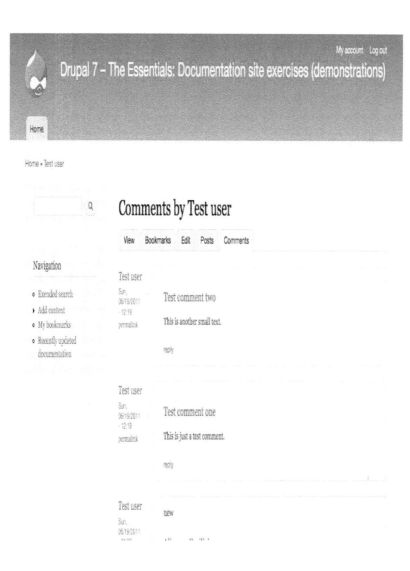

Figura 10.16: Un ejemplo de una lista de comentarios en una página de usuario.

Como demostración

Inicie sesión en el sitio.

Escriba dos comentarios.

Visite la página de la cuenta de usuario y haga clic en la ficha Comentarios. Verifique que los comentarios se han creado en la lista, con el más nuevo en la parte superior.

Desconecte su sesión. Visite el sitio web como visitante anónimo, visite la misma página de usuario. Verifique que la ficha de comentarios está visible y que muestra los dos comentarios.

Preparación

El sitio debe de tener la página de la documentación y los tipos de contenido de colección, según lo dispuesto por el primer ejercicio de esta suite.

Solución sugerida

Establecer *Permisos* para que los usuarios anónimos puedan ver los perfiles de usuario

Crear una nueva vista, los comentarios se presentan, el más reciente en la parte superior. Crear una página con la ruta de acceso usuario/%/Comentarios, mostrando los comentarios completos (no los campos).

Añadir un nuevo filtro contextual, comentario: uid. Establecer reemplazar el título de los comentarios por 1%, y también validar que al valor del filtro se le proporciona un ID de usuario válido.

Establezca los ajustes de menú a una ficha de menú con el texto del enlace comentarios.

Comentarios

Tiene sentido limitar la lista de comentarios para mostrar los comentarios sólo a los nodos a los que le se permite ver al usuario. Esto se puede hacer utilizando el filtro contenido: accesibles, sin embargo, esta característica no es funcional completamente.

En las futuras versiones de las vistas, es posible que tenga la relación comentario: autor para agregar el filtro contextual de ID de usuario.

La historia de usuario no define cómo se debe mostrar la lista de comentarios. Puede usar una lista HTML o una tabla o rejilla, por ejemplo.

Ejercicios: sitio de Noticias

Estos ejercicios se basan en los ejercicios anteriores de la suite del sitio de noticias. Se pueden llevar a cabo de forma individual, con un poco de preparación, o en secuencia con los ejercicios anteriores. Los ejercicios requieren el uso de los conceptos descritos en las partes A y B de este libro.

Mostrar cuadros de noticias

Más artículos en la misma sección

Comentarios recientes, agrupados por secciones

Mostrar cuadros de noticias

Como visitante del sitio que lee artículos de prensa, me gustaría tener los cuadros de las noticias que pertenecen al artículo que aparece en la barra lateral. Esto es importante ya que me proporciona información valiosa sin moverme del texto principal del artículo.

Como demostración

Inicie sesión en el sitio como escritor.

Cree un cuadro de noticias, en relación con un artículo seleccionado. (Cree un artículo primero, si es necesario).

Vea el artículo. Compruebe que la casilla de noticias se muestra en la barra lateral.

Vea otro artículo. Compruebe que la casilla de noticias no está presente en la barra lateral.

Agregue otro cuadro de noticias, en relación con el mismo artículo. Compruebe que los dos cuadros de noticias se muestran al visualizar el artículo, con la caja de la noticia más reciente en la parte superior.

Preparación

El sitio debe de tener un artículo de noticias y la caja de la noticia del tipo de contenido noticia, según lo dispuesto por los primeros ejercicios de esta suite.

Comentario

El módulo Draggable*Views*, combinado con algunos ingenios y habilidades en Drupal, podría utilizarse para permitir la reordenación drag-and-drop de las cajas informativas para cada artículo.

Más artículos en la misma sección

Como visitante del sitio que está viendo un artículo, me gustaría tener más artículos en la misma sección y que aparezcan en la parte inferior de la página. Esto es importante ya que me ayuda a encontrar más artículos de temas de los que estoy interesado en leer.

Como demostración

Inicie sesión en el sitio como escritor.

Cree cinco artículos de noticias, todo en la Sección mundo.

Desconecte sesión. Entre en el sitio web como visitante anónimo, vaya a uno de los artículos de creados recientemente.

Verifique los otros cuatro artículos, pero si está viendo actualmente uno de estos, despliegue a continuación el ver artículo. Verifique que el último artículo está en la cima.

Preparación

El sitio debe tener un artículo de tipo de contenido de noticias, según lo dispuesto por el primer ejercicio en esta suite, así como en las secciones proporcionadas por el ejercicio en el capítulo taxonomía.

Comentarios recientes, agrupados por secciones

Como visitante del sitio me gustaría tener una lista de los últimos comentarios que aparecen en la primera página. Los comentarios deberán ser agrupados por una subsección de los artículos a los que pertenecen. Esto es importante ya que me ayuda a encontrar las noticias más importantes en las secciones que más me interesan.

Como demostración

Publicar un comentario en un artículo en la sección mundo. (Cree un artículo primero, si es necesario).

Verifique que la sección mundo aparece como la primera sección de la lista de comentarios en la primera página, con el comentario más reciente que aparece en la parte superior.

Publicar un comentario en un artículo en la sección Europa. (Cree un artículo primero, si es necesario).

Verifique que Europa es ahora la primera sección de la lista de comentarios en la página principal, seguido por otros comentarios en la sección de Europa y que la sección mundo está segundo lugar.

Verifique que cada elemento de la lista de comentarios contiene el nombre de la noticia relacionada, con enlaces a la página del artículo.

Preparación

El sitio debe tener un artículo de tipo de contenido de noticias, según lo dispuesto por el primer ejercicio de esta suite.

Parte C: Otros módulos esenciales

En esta parte del libro se encuentran unos módulos esenciales de Drupal que se presentan muy brevemente, junto con sus funcionalidades más importantes. El propósito de los siguientes capítulos es hacer hincapié en algunos módulos que son importantes para aprender Drupal, en ver de mostrar todos los detalles sobre cómo usarlos. Para equilibrar la documentación algo escasa de los módulos, hay una serie de ejemplos prácticos, que muestran algunos ajustes que pueden sernos útiles.

Las soluciones propuestas a los ejercicios en esta parte no son tan detalladas como en la parte B, pero los comentarios son un poco más ricos. El propósito de los ejercicios de la parte C no es dar instrucciones paso a paso sobre cómo crear ciertas funciones, sino dar una comprensión de lo que se puede conseguir con los módulos y con los TIPs sobre cómo hacerlo.

Los conceptos que se presentan en esta parte requieren que esté muy cómodo con los conceptos de las partes A y B. Esto puede tardar varios meses, incluso si utiliza Drupal todos los días.

11: *Flag*

12: Configuración de reglas básicas

13: Gestor de página básico y de los *Paneles* de *Configuración*

11: Flag

El módulo *Flag* le permite crear banderas sencillas, que los usuarios finales pueden utilizar en los nodos de la bandera, de los usuarios y de los comentarios de su sitio Drupal. *Flag* podría, por ejemplo, puede utilizarse para:

Permitir a los usuarios finales marcar los comentarios como correo no deseado;

Permiten a los editores de banderas que los nodos deben figurar en la primera página o en la barra lateral, y

Permitir que los usuarios conectados marquen a otros usuarios como amigos, para seguir lo que publican en el sitio web.

Las banderas, normalmente, se muestran como enlaces en los que se puede hacer clic en los nodos, comentarios o usuarios. El módulo *Flag* se integra bien con los módulos de *Views* y de *Reglas*.

Al instalar el módulo *Flag*, se obtiene una bandera de ejemplo, llamada marcador, que los usuarios registrados puedan utilizar para hacer sus propias listas de artículos en su sitio. (Véanse las figuras 11.1 y 11.2)

Hello world!

published by superadmin on Mon, 01/03/2011 - 15:00

This is a special summary, created by clicking the 'edit summary' link.

Tags:

alpha beta gamma

Read more   1 comment   Bookmark this

Figura 11.1: Tenga en cuenta que el enlace marcador está en la esquina inferior derecha. Se trata de un indicador predeterminado proporcionado por el módulo de *Flag*.

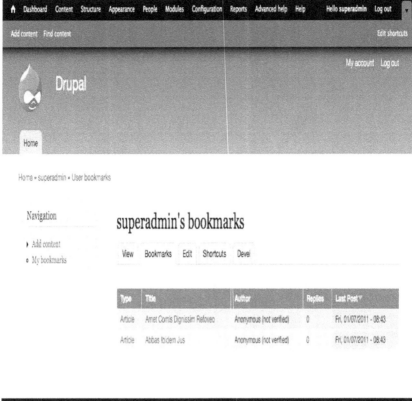

Figura 11.2: Los artículos marcados se incluirán en una lista de favoritos, que será única para cada usuario.

La versión inicial de esta sección del libro vino del libro de Drupal 7: Conceptos básicos, cortesía de nodeone y Johan Falk.

Instalación

El módulo bandera se instala de la misma manera como la mayoría de los otros módulos. Descargue el módulo de drupal.org, descomprímalo, y póngalo en la carpeta sites/all/modules. A continuación, tendrá que activarlo en la lista de módulos. El proyecto del módulo bandera también incluye acciones bandera, que puede ser completamente reemplazado por el Reglamento del módulo (véase el capítulo siguiente).

El módulo *Flag* proporciona un ejemplo de configuración de una bandera, el marcador de banderas, junto con dos vistas diferentes para mostrar los nodos marcados.

Configuración de banderas

La página de información general de banderas se encuentra en la barra de herramientas, *Estructura*, *Flags*. La página muestra todos los indicadores disponibles en su sitio web, junto con los enlaces para editar, borrar y exportar cada bandera. Justo encima de la lista hay un enlace *añadir nueva bandera*. Esto le llevará a una página donde se establecen los datos básicos para la nueva bandera (ver imagen 11.3), después de lo cual se le mostrará el formulario que utilizará para añadir y editar las nuevas banderas existentes.

Hay dos opciones básicas para las banderas:

Nombre de Bandera: Este es el nombre de máquina para la bandera. Debe ser único en el sitio y sólo puede contener letras minúsculas, números y subrayados.

Tipo Bandera: Esto determina el tipo de entidad que se aplica a la bandera, puede ser nodos, comentarios o usuarios. En este momento no hay ninguna versión de la bandera para que trabaje con entidades generales.

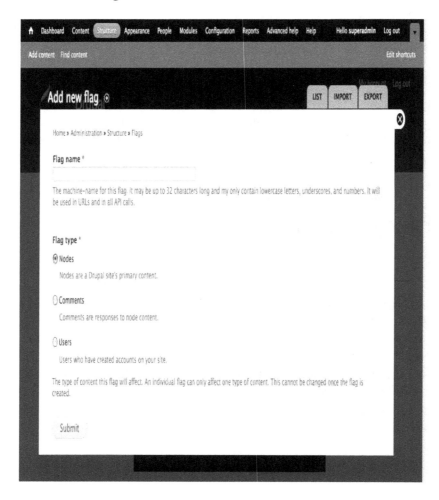

Figura 11.3: El primer paso para la creación de una nueva bandera es darle un nombre de equipo y determinar el tipo de entidad para la bandera original.

Otros ajustes de las banderas son (véase la figura 11.4):

Título: Es el nombre administrativo de la bandera.

Bandera Global: Este ajuste determina si todos los usuarios deben compartir la misma bandera (mundo) o si cada usuario debe ser capaz de hacer su propia bandera (por usuario).

Marcar/Quitar enlace al texto del marcador: Estos son los textos que le aparecen a los usuarios finales, en el enlace para agregar o quitar la bandera. Puede utilizar los patrones de sustitución de los tokens para incluir cadenas de texto dinámicas. La instalación del módulo Token le dará una lista de todos los modelos de reemplazo disponibles.

Marcar/Quitar enlace a la Descripción del marcador: Estos textos normalmente se muestran como ayuda en popups, cuando se cierne sobre el enlace de la bandera. Puedes usar los tokens en los textos.

Mensajes marcados/sin marcar: Estos textos son usados como mensajes de confirmación cuando las banderas se han añadido o eliminado. Puedes usar los tokens en los textos.

Roles que pueden utilizar este indicador: Determina que los usuarios puedan fijar o quitar la bandera. Si instala el módulo de la API Session, los usuarios anónimos también podrán utilizar las banderas.

Texto no se permite quitar marcador: Este es el texto que se muestra a los usuarios no autorizados para quitar una bandera. Si un usuario no tiene permiso, ni siquiera se le permite establecer el indicador.

Acceso por la autoría de las banderas de contenido: Esta opción permite restringir el acceso de marcación de su propio contenido, o sólo al contenido escrito por otros usuarios. Las banderas de contenido también pueden estar restringidas en función de quién escribió el nodo relacionado con el comentario.

Contenidos seleccionables (Sólo las banderas nodo y comentario): Esta opción restringe los tipos de nodo en los que deben estar disponibles las banderas.

Opciones de visualización: Estos ajustes determinan los modos de visualización en el que se debe mostrar la bandera y varían dependiendo del tipo de marcador que tiene. Las banderas de los nodos pueden aparecer en la vista de nodo, teasers y también como una casilla de verificación en el formulario de edición de los nodos.

Tipo de enlace: las banderas se muestran como enlaces de JavaScript que no requieren de nuevas cargas de la página, enlaces normales, o enlaces a una página de confirmación.

Name *

bookmarks

The machine-name for this flag. It may be up to 32 characters long and may only contain lowercase letters, underscores, and numbers. It will be used in URLs and in all API calls. Change this value only with great care.

Title *

Bookmarks

A short, descriptive title for this flag. It will be used in administrative interfaces to refer to this flag, and in page titles and menu items of some views this module provides (theses are customizable, though). Some examples could be Bookmarks, Favorites, or Offensive

☐ Global flag

If checked, flag is considered "global" and each node is either flagged or not. If unchecked, each user has individual flags on content.

MESSAGES

Flag link text *

Bookmark this

The text for the "flag this" link for this flag.

Flag link description

Add this post to your bookmarks

The description of the "flag this" link. Usually displayed on mouseover.

Flagged message

This post has been added to your bookmarks

Message displayed after flagging content. If JavaScript is enabled, it will be displayed below the link. If not, it will be displayed in the message area.

Unflag link text *

Unbookmark this

The text for the "unflag this" link for this flag.

wish to place the the links on the page yourself.

☑ Display link on node teaser

☑ Display link on node page

☑ Display checkbox on node edit form

If you elect to have a checkbox on the node edit form, you may specify its initial state in the settings form for each content type.

Link type

◉ JavaScript toggle

An AJAX request will be made and degrades to type "Normal link" if JavaScript is not available.

○ Normal link

A normal non-JavaScript request will be made and the current page will be reloaded

○ Confirmation form

The user will be taken to a confirmation form on a separate page to confirm the flag.

Submit

Figura 11.4: La página de creación o edición de banderas tiene una serie de ajustes. La mayoría de ellos se explican por sí mismos.

¿Cómo se utilizan? La bandera de los comentarios etiquetados como spam pueden ser una bandera global con el mensaje Informe el spam, para que todos los usuarios puedan establecerlas, pero no eliminarlas. Una bandera para la promoción de contenidos en la barra lateral podría tener un marcador global con el mensaje de promover [node: título] de la barra lateral, y ser establecido o eliminado por los editores.

Combinar las banderas y las Views

Gran parte de la fuerza del módulo *Flag* proviene de su integración con las vistas. (De hecho, el módulo *Flag* fue escrito originalmente como un plugin de ejemplo del módulo *Views*). Para utilizar los datos de las banderas en las *Views*, debe utilizar las relaciones de las banderas que nos proporciona el módulo *Flag*. (Véanse las figuras 11.5 y 11.6). Hay cuatro tipos de relaciones disponibles:

Banderas: Node/comentario/indicador de usuario: Proporciona datos sobre cada bandera en un nodo, comentario o usuario. Incluye al usuario que creó la bandera. La relación también puede ser utilizada para limitar la vista a los objetos señalados por el usuario actual.

Banderas: Node/comentario/contador de banderas de usuario: Proporciona datos sobre el número de banderas que tiene un nodo/comentario/usuario.

Banderas: El contenido marcado por el usuario: Esta relación puede utilizarse para limitar los resultados de la vista a los usuarios que han utilizado una bandera.

Banderas: Usuario: Esto proporciona el objeto de usuario completo al usuario que ha creado una bandera. Para utilizar esta relación ya debe tener un objeto indicador en su vista que haya sido proporcionado por otra relación.

Al añadir las relaciones de las banderas, debe especificar qué banderas de la relación deben conectarse. La mayoría de las relaciones también tienen la opción de incluir sólo el contenido marcado. Esta es otra manera de decir requiere esta relación (como se usa en otras relaciones).

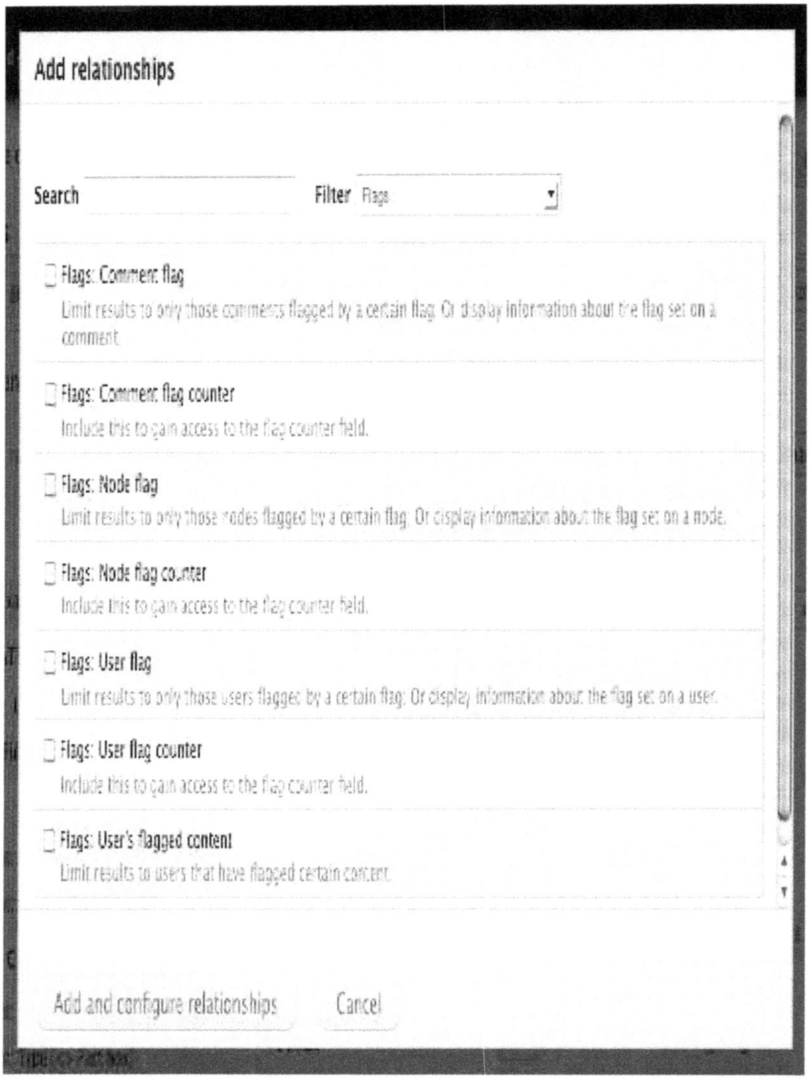

Figura 11.5: El módulo *Flag* ofrece una serie de nuevas relaciones en *Views*, proporcionando los datos de las banderas.

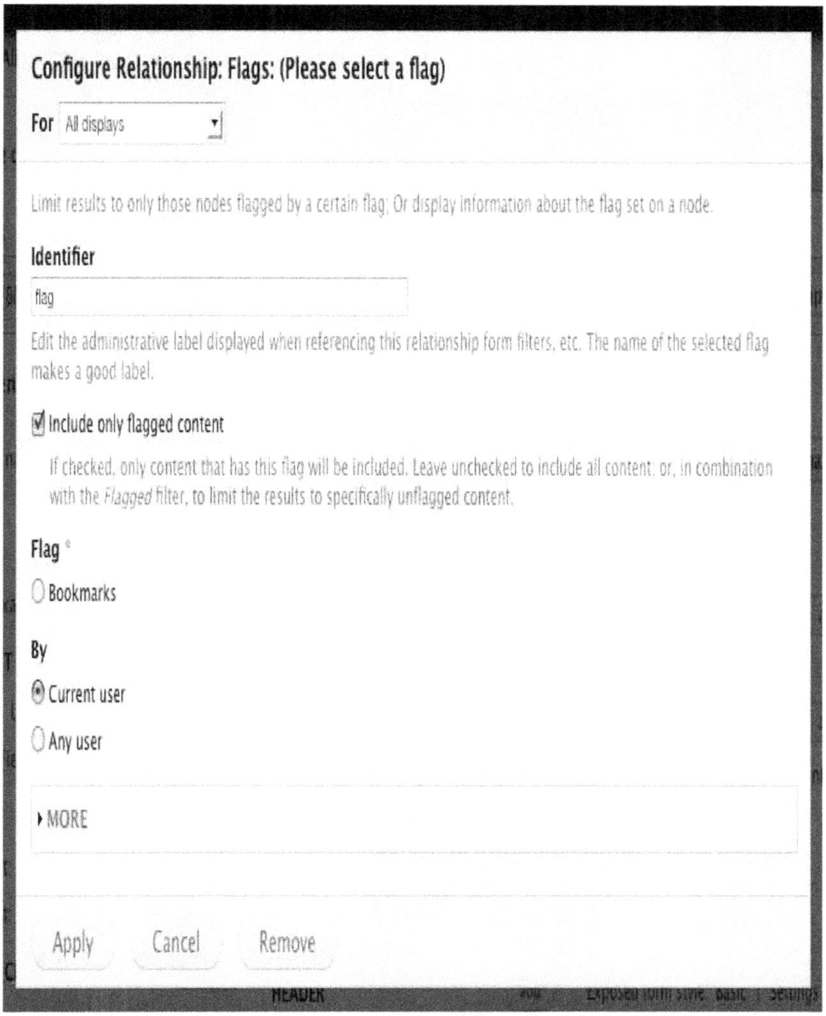

Figura 11.6: Cada relación que se agrega tendrá sus propios ajustes.

Los campos de datos de los indicadores

Si los objetos de bandera están disponibles en sus comentarios, verá que aparecen una serie de nuevos campos de datos que se pueden utilizar (véase la figura 11.7):

Banderas: contador de bandera: El número total de veces que una pieza de contenido ha sido marcado por un usuario

Banderas: tiempo de marcado: Muestra el tiempo desde que el contenido fue marcado por el usuario.

Banderas: link *Flag* (sólo en campos de la vista): Es un enlace utilizado para la creación/eliminación de una bandera.

Banderas: Marcado (sólo filtros): Es un valor con el que decimos si un indicador se establece o no.

Banderas: Content ID (sólo filtros de contexto): Es el ID de la vista del elemento marcado resultante.

La relación banderas: usuario proporciona un objeto de usuario normal a la vista, que se puede utilizar como alternativa a cualquier otro objeto de usuario disponible en la vista.

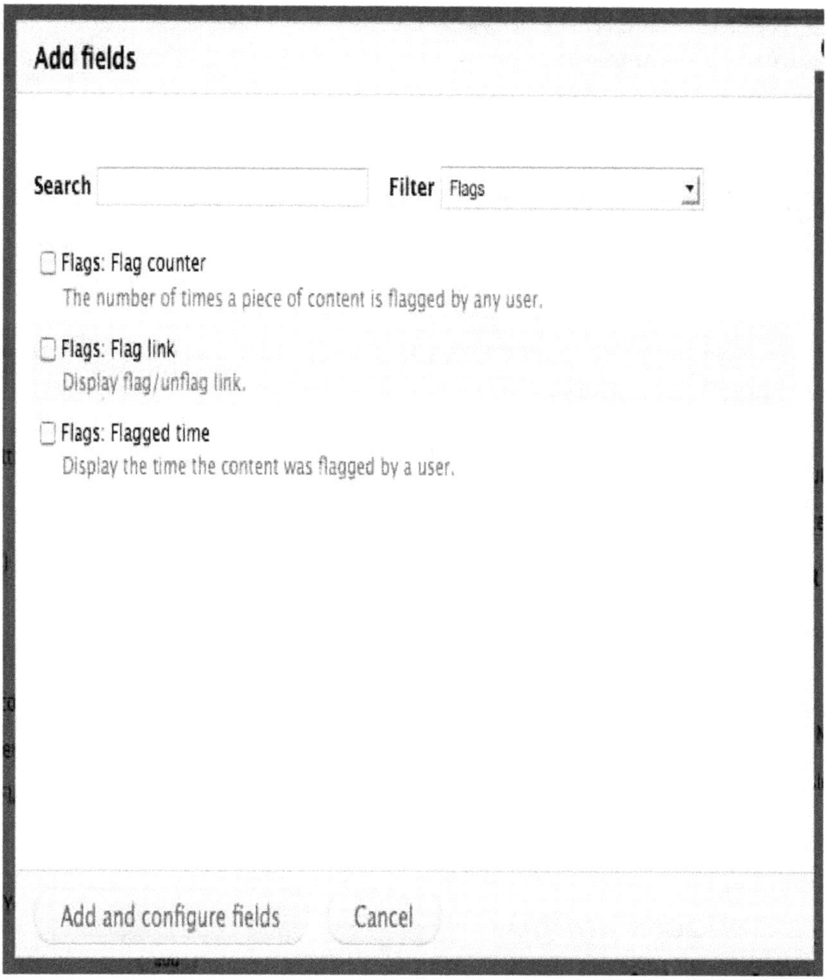

Add fields

Search [   ]   Filter [Flags   ▾]

☐ Flags: Flag counter
  The number of times a piece of content is flagged by any user.

☐ Flags: Flag link
  Display flag/unflag link.

☐ Flags: Flagged time
  Display the time the content was flagged by a user.

[Add and configure fields]   [Cancel]

Figura 11.7: Cada relación *Flag* proporciona un número de campos de datos nuevos en la vista.

¿Cómo se utiliza? Se puede construir una vista de los comentarios con la bandera de spam utilizando la relación contador-bandera e incluyendo solamente los comentarios marcados con la bandera correspondiente. En la vista de los nodos marcados puede utilizar la relación bandera-nodo y el campo de enlace de bandera para permitir a los usuarios que puedan eliminar la bandera marcador.

Ejercicios: Sitio de la documentación

Estos ejercicios se pueden llevar a cabo de forma individual, con un poco de preparación, o en secuencia a los ejercicios anteriores. Los ejercicios requieren el uso de los conceptos descritos en las partes A y B de este libro, así como los conceptos del capítulo *Flag*.

Bandera amigos

Páginas favoritas documentación

Lista de todos los contenidos creados por los amigos

La bandera amigos

Como miembro del sitio, me gustaría ser capaz de marcar a otros usuarios como amigos. También quiero una pestaña en mi página de usuario que tenga una lista de enlaces a las páginas de usuario de todos mis amigos. Esto es importante ya que me ayuda a estar al día con las aportaciones de gente de mi entorno.

Figura 11.8: Ejemplo de una lista de amigos.

Como demostración

Inicie sesión en el sitio.

Marque a dos usuarios como amigos. (Cree un par de usuarios antes de empezar, si es necesario.)

Vaya a su página de usuario y haga clic en la pestaña de "amigos". Compruebe que los usuarios marcados anteriormente se enumeran, en orden alfabético, con los enlaces a la página de usuario correspondiente.

Preparación

Un sitio Drupal estándar.

Solución sugerida

Añada una nueva bandera de usuario. Déle el nombre de máquina friend_flag y el título de amigo de Bandera. Añadir/Quitar a la bandera marcador textos descriptivos, descripciones y mensaje de confirmación.

Permitir que todos los usuarios autenticados puedan utilizar la bandera, pero que no se puedan marcar a sí mismos.

Añadir una nueva vista. Déle el nombre de Amigos a un usuario, y que tenga que enumerar a los usuarios. Cree una página con la ruta de acceso de usuario/%/amigos y muestre un número ilimitado de elementos en una lista HTML.

Ordene la lista por nombre de usuario y agregue un botón de menú con el texto amigos.

Añada una nueva relación banderas: la bandera de usuario va a unirse a la información marcada de la vista. Restrinja la lista sólo a los usuarios de bandera, y a los usuarios marcados por cualquier usuario (no sólo para el usuario actual).

Añada una nueva relación banderas: el usuario va a unirse a la información sobre el usuario que marcó la vista.

Agregue filtros contextuales, usuario: uid y haga uso de la relación con el usuario de bandera, exija que el usuario de bandera tenga el ID de usuario especificado por el valor del filtro contextual.

Comentarios

Esto podría ser implementado como una ficha que se muestra en cada página de usuario, o simplemente como una ficha en la que se puede ver a sus propios amigos. Esto último sería difícil de hacerlo solamente con vistas y con banderas, pero es muy fácil combinándolo con el administrador de la página.

Si un usuario no ha marcado a ningún amigo, tiene sentido mostrar un texto breve en la vista.

Si desea más retos, también puede crear una lista de todos los usuarios que tengan marcado al usuario considerado como un amigo.

Páginas favoritas de la documentación

Como miembro del sitio, me gustaría marcar algunas páginas de la documentación como favoritas. Debería aparecer una lista de las páginas marcadas como si fuera una ficha en mi página de usuario, y los cinco que he añadido más recientemente también deberían de aparecer como un bloque en la barra lateral. Esto es importante ya que me ayuda a acceder a los contenidos que me parecen útiles.

Como demostración

Inicie sesión en el sitio.

Marque al menos seis páginas de la documentación como favoritas. (primero cree las páginas, si es necesario.)

Verifique que las cinco más recientemente que ha añadido están visibles en un bloque lateral, con sus enlaces a las respectivas páginas de la documentación.

Verifique que el bloque se conecta a una página con todos los enlaces a las seis páginas de la documentación, con sus enlaces a las respectivas páginas. Verifique que la página aparece como una pestaña en la página de perfil del usuario activo.

Preparación

El sitio debe tener una página de la documentación del tipo de contenido, según lo dispuesto por el primer ejercicio de esta suite.

Solución sugerida

Añada una nueva bandera al nodo. Déle el nombre de favorito y el título de la documentación favorita.

Añada/Quite a la bandera una descripción, textos y mensajes de confirmación. Permita que todos los usuarios autenticados puedan utilizar la bandera, y permita que las banderas sólo se puedan poner en las páginas de la documentación.

Añada una nueva de vista. Déle el nombre de favoritos, y esta tiene que listar el contenido sin ningún criterio de ordenación especificado. Cree una página con la ruta de acceso de usuario/%/favoritos, mostrando 10 teasers a la vez, con un paginador. También cree un bloque, que muestre los enlaces a los cinco títulos sin paginador.

En el panel de *Configuración principal* de la vista, agregue una nueva relación, banderas: bandera de nodo obtendrá información de todas las banderas de los nodos de la lista. Utilice el indicador favorito, e incluya sólo el contenido marcado, pero también tiene que incluir el contenido marcado por todos los usuarios.

Añada otra relación, banderas: usuario que obtendrá la información sobre la configuración del usuario de cada bandera.

Agregue filtros contextuales al usuario: el uid, restringiendo la vista para mostrar sólo el contenido que el usuario de bandera que tiene la ID de usuario proporcionado por el valor del filtro contextual. Si el valor del filtro no está presente, se proporciona un valor predeterminado de ID de usuario para el usuario conectado. También valide que el argumento de filtro es un ID de usuario correcto.

Añada una especie de criterios indicadores: tiempo marcado, para ordenar la lista con las banderas nuevas en la parte superior.

En la presentación del bloque, anule los ajustes del filtro del contexto. Establezca el título con sus favoritos recientes.

Déle al bloque el nombre de bloque de favoritos del usuario activo. Guarde la vista. En la página de *administración de Bloques*, coloque el nuevo bloque en una de las barras laterales.

Comentarios

Al igual que con el ejercicio anterior, esto podría ser implementado como una ficha que se muestra en cada página de usuario, o sólo en su propia página de usuario. La segunda tarea se simplifica en gran medida mediante el administrador de la página.

En la construcción de la vista del ejemplo, es posible utilizar la opción de relación bandera para incluir el contenido marcado por el usuario actual. Sin embargo, esto haría difícil el uso de más enlaces, porque la vista de la página espera un valor del filtro contextual. Un mejor enfoque (por *Views*), es utilizar la misma configuración del filtro contextual, pero permitiendo que el bloque pueda buscar un valor por defecto para el filtro.

Lista de todos los contenidos creados por los amigos

Como miembro del sitio, me gustaría una lista de todos los contenidos creados por los usuarios que están marcados como amigos. Me gustaría que esta lista esté disponible como una pestaña en mi página de usuario. Esto es importante ya que me ayuda a mantener al día las contribuciones de la gente que quiero.

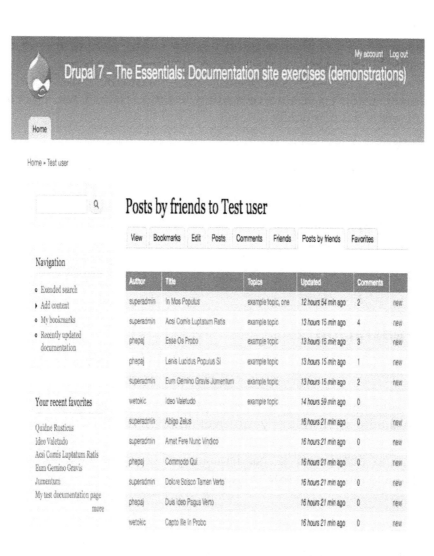

Figura 11.10: Un ejemplo de cómo puedo ver los contenidos de mis amigos.

Como demostración

Inicie sesión en el sitio como usuario (Alfa). Cree al menos una parte del contenido.

Inicie sesión en el sitio como otro usuario (Beta). Cree al menos una parte del contenido.

Inicie sesión en el sitio como un tercer usuario (Gamma). Cree un fragmento de contenido. Marque a Alfa y a Beta como amigos.

Vaya a la página del usuario Gamma. Haga clic en la pestaña Mensajes de Amigos.

Verifique el contenido creado por Alfa y por Beta.

Preparación

El sitio debe tener una página de la documentación del tipo de contenido, según lo dispuesto en el primer ejercicio de esta suite.

El sitio debe tener la bandera amigo, como se describe en un ejercicio anterior en este capítulo.

Solución sugerida

Crear una nueva vista en el nodo. Déle el nombre de Mensajes de los amigos de un usuario determinado y tiene que listar el contenido con el contenido más reciente en la parte superior. Cree una página con la ruta de usuario/%/puestos-de-amigos, enumerando 10 teasers y usando el paginador.

En el panel de *Configuración principal* de *Views*, añada (si es necesario) una relación, contenido: autor, para acceder al objeto de usuario del autor de la documentación. A continuación, añada una nueva relación, banderas: bandera del usuario, para obtener todas las banderas amigo establecidas en el contenido del autor. Por último, añada otra relación, banderas: usuario, para unirse a la creación de la bandera usuario amigo.

Añada un filtro contextual, usuario: uid, usando la relación al usuario marcado. Esto restringirá los resultados a sólo aquellos en los que el usuario que marca una bandera coincide con el valor del filtro contextual proporcionado.

Añada un elemento pestaña en el menú con el texto Los mensajes de amigos.

Comentarios

Esto, como los dos ejercicios anteriores, es un caso en el que se hace más fácil el crear una pestaña en todas las páginas de usuario para mostrar los mensajes de los amigos, y no en tu propia página de usuario único. Y al igual que en los ejemplos anteriores, sería muy fácil de resolver estos dos casos si estuviéramos utilizando el administrador de la página.

La creación de una vista con tres relaciones no es algo que deba hacer a menos que sepa lo que tiene que hacer. *Las relaciones* pueden dar lugar a consultas muy pesadas en la base de datos, lo que nos provocaría un rendimiento muy bajo en su sitio. Si las consultas son necesarias, una buena manera de realizar estas consultas sería mediante el uso de *Views*, ya que te dan consultas optimizadas e integra la funcionalidad de almacenamiento en caché.

Ejercicios: sitio de Noticias

Estos ejercicios se basan en los ejercicios anteriores de la suite del sitio de noticias. Se pueden llevar a cabo de forma individual, con un poco de preparación, o en secuencia con los ejercicios anteriores. Los ejercicios requieren el uso de los conceptos descritos en las partes A y B de este libro, así como los conceptos del capítulo *Flag* (Banderas).

Enumere los comentarios de spam marcados con la bandera

Apruebe los comentarios de spam marcados con la bandera

Enumere los comentarios de spam marcados con la bandera

Como editor, me gustaría que los visitantes del sitio para poder marcar los comentarios como spam. También me gustaría una lista de todos los comentarios marcados como spam. Esto es importante ya que me ayuda a mantener un contenido abusivo fuera del sitio.

Como demostración

Entre en su sitio como un visitante anónimo y marque, al menos, dos comentarios como spam.

Compruebe que no se puede quitar la bandera de spam.

En otro navegador, entre otra vez como visitante anónimo, marque que uno de los comentarios de spam que esté marcado como spam. Compruebe que el indicador de spam no estaba ya establecido.

Inicie sesión en el sitio como editor. Vaya a administrador/contenido/comentario. Compruebe que tenemos visible una pestaña "Spam".

Compruebe que la lista contiene todos los comentarios marcados como spam, con el comentario más reciente en la parte superior. También debe contar con el número de banderas y los enlaces ver, editar y eliminar que hay para cada comentario.

Preparación

El sitio debe tener un artículo del tipo de contenido de noticias, según lo dispuesto por el primer ejercicio de esta suite.

El módulo API Session debe de estar instalado para permitir a los usuarios anónimos utilizan las banderas.

Comentarios

Una característica útil sería probablemente añadir un filtro expuesto, permitiendo a los editores mostrar sólo los comentarios con un cierto número de banderas de spam.

Incluir todo el cuerpo del comentario en la lista. Una solución para esto es tener el cuerpo del comentario como un texto de ayuda para el enlace del comentario.

El módulo de *Operaciones masivas* con *Views* se puede utilizar para permitir que los editores puedan seleccionar una serie de comentarios para anular la publicación, o eliminarlos en una sola operación.

Aprobar los comentarios de spam marcados con la bandera

Como editor del sitio, me gustaría señalar el spam de bandera según lo aprobado, la eliminación de la lista de comentarios de spam de bandera. Esto es importante ya que me impide el control de la misma el spam potencial de más de una vez.

Como demostración

Vaya a su sitio como visitante anónimo, marque un número determinado de comentarios como spam.

Inicie sesión en el sitio como editor y vaya a administrador/contenido/comentario/spam.

Compruebe que cada comentario que potencialmente pueda ser spam tiene un enlace para aprobarlo.

Verifique que los comentarios aprobados se eliminan de la lista cuando se recarga la página.

Preparación

El sitio debe tener un artículo del tipo de contenido de noticias, según lo dispuesto por el primer ejercicio de esta suite.

El sitio debe tener la bandera de spam desde el ejercicio anterior.

12: Configuración de reglas básicas

El módulo de *Reglas* (Rules) se utiliza para configurar acciones automáticas en su sitio web, como el envío de mensajes de correo electrónico, la actualización de los nodos o mostrar mensajes a los usuarios. Las acciones pueden ser disparadas por los eventos seleccionados en su sitio, o pueden ser llamadas por otras herramientas y módulos. Una de las características que tienen las reglas es que son formas flexibles para evaluar las condiciones antes de ejecutar cualquier acción.

Por ejemplo, puede utilizar reglas para:

Asignar a todos los nuevos usuarios de un rol seleccionado

Anular la publicación de todos los comentarios marcados como spam por lo menos de tres usuarios

Establecer los valores de los campos de una entidad sobre una base de condiciones complejas

Permitir a los usuarios suscribirse a los comentarios sobre el contenido seleccionado

Enviar recordatorios por correo electrónico a los usuarios que no han iniciado sesión en tres semanas

Calendario de publicación, anulación de la publicación y eliminación de contenido.

Cuando usted se convierta en un experto en la configuración de las reglas, será capaz de utilizar las reglas para sustituir algunos módulos muy pequeños contribuidos de drupal.org. En este capítulo sólo cubre la configuración básica de las reglas.

TIP: Combinado el módulo Servicios Web RESTful, las reglas pueden ser utilizadas para conectar disparadores y acciones a través de los diferentes sitios de Drupal. Estas funciones todavía están en desarrollo y no se verán en este libro.

La versión inicial de esta sección del libro vino del libro de Drupal 7: Conceptos básicos, cortesía de nodeone y Johan Falk.

Instalación de las *Reglas*

Configuración de las *Reglas* de reacción

Componentes de las *Reglas*

Programar acciones con el Programador de *Reglas*

El seguimiento de los errores en las *Reglas*

Ejercicios: Sitio de la documentación

Instalación de Reglas

Las *Reglas* siguen los procedimientos estándar de instalación. El proyecto de Reglamento (Ruleset) incluye tres módulos:

Reglas: Este es el motor básico que se utiliza para la ejecución y la evaluación de la configuración de las reglas. No tiene ninguna interfaz gráfica propia.

Programador de *Reglas*: Este módulo se utiliza para programar acciones en su sitio web. El programador de *Reglas* se describe en un capítulo aparte.

Reglas UI: Este módulo proporciona una interfaz de usuario para las *Reglas*. Se necesitará al configurar los ajustes de las reglas, pero por lo general se puede desactivar una vez que un sitio web está en vivo (en producción).

Para habilitar las reglas deberá tener la API de Entidad y los módulos de la pestaña Entidad disponibles.

Configuración de las reglas de reacción

Las páginas para la administración de reglas se encuentran en la barra de herramientas, *Configuración*, *Reglas*. La página de destino se utiliza para administrar las reglas de reacción, un buen punto de partida en el aprendizaje de cómo se utilizan reglas. (Ver figura 12.1).

La página de resumen muestra una lista de todas las reglas de reacción que hay en su sitio, en una instalación por defecto no existe ninguna. También hay un enlace *agregar nueva regla*, que le lleva a un formulario con los datos básicos de la nueva regla de reacción (véase la figura 12.2), donde podrá ver lo siguiente:

Label: Este es el título administrativo para la regla de reacción. El nombre del equipo será propuesto a partir de este nombre.

Reaccionar en el evento: Esta lista de selección contiene una serie de eventos de tu sitio. Seleccione el que desea activar para la regla de reacción.

La página resultante contiene una visión general de la configuración de la regla de reacción. (Ver figura 12.3). La página se divide en eventos que desencadenan la regla de reacción, las condiciones que deben cumplirse para que se ejecute la regla y las acciones que se realizarán. También hay una serie de opciones para la regla de reacción en su conjunto de ajustes del fieldset.

Figura 12.1: La página de inicio de *Reglas* enumera todas las reglas de reacción de su sitio. Al empezar en un sitio de Drupal nuevo, no hay ninguno.

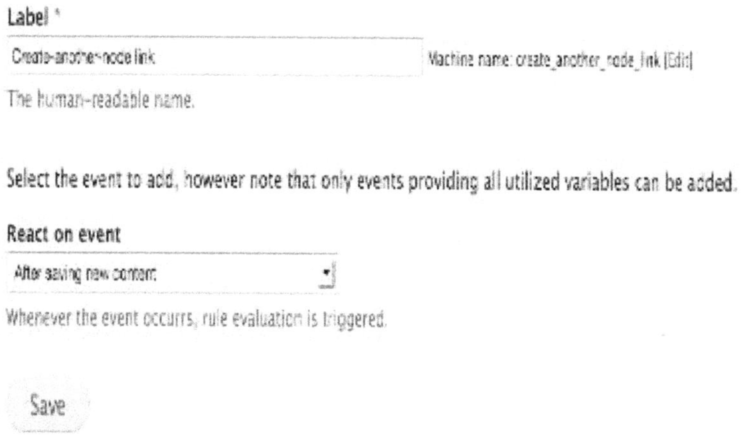

Label *

Create-another-node link

Machine name: create_another_node_link [Edit]

The human-readable name.

Select the event to add, however note that only events providing all utilized variables can be added.

React on event

After saving new content

Whenever the event occurrs, rule evaluation is triggered.

Save

Figura 12.2: Se crea una nueva regla de reacción mediante la introducción de un nombre y seleccionando un evento desencadenante.

✓ Your changes have been saved.

Events

EVENT	OPERATIONS
After saving new content	delete

✛ Add event

Conditions

ELEMENTS	WEIGHT	OPERATIONS
None		

✛ Add condition   ✛ Add or   ✛ Add and

Actions

ELEMENTS	WEIGHT	OPERATIONS
None		

✛ Add action   ✛ Add loop

▸ SETTINGS

Save changes

Figura 12.3: Cada regla de reacción contiene eventos desencadenantes, condiciones y acciones. Puede agregar varios eventos desencadenantes a la misma regla de reacción.

Gestión de eventos desencadenantes, condiciones y acciones

La Gestión de eventos desencadenantes, es un proceso bastante sencillo. El enlace *añadir evento* se utiliza para agregar más eventos de activación a una regla de reacción y con la eliminación del enlace también se elimina el evento correspondiente.

Gestión de acciones

El enlace *añadir acción* se utiliza para proporcionar nuevas acciones a una regla de reacción. (Ver figura 12.5). Se muestra una lista con todas las acciones que se pueden llevar a cabo en el contexto actual. Consulte la sección acerca de la carga y la gestión de objetos para obtener más información sobre cómo hacer más acciones accesibles.

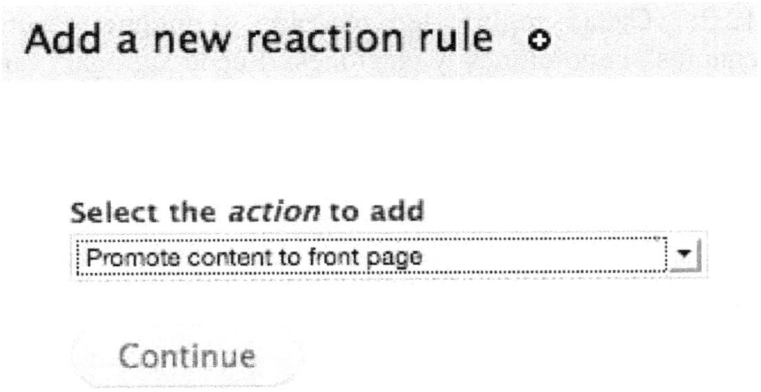

Add a new reaction rule ✪

Select the *action* to add

| Promote content to front page | ▼ |

Continue

Figura 12-5: Puede añadir acciones que afecten a los nodos disponibles, otros objetos, o el sitio web en su conjunto.

Al elegir una acción, aparece un formulario para configurar la acción. A veces los ajustes consisten en varios formularios.

La configuración incluida en los formularios de configuración depende de que se está acción se está configurando. Estos varían tanto que no sería razonable tratarlo de documentar en un libro. Una de las más importantes es establecer el valor de datos, que sirve como un buen ejemplo de cómo se configura una acción típica. La acción se utiliza para configurar casi cualquier pieza de los datos disponibles en las reglas, incluyendo los campos de la entidad, los autores de los nodos, el Estado publicar, o incluso el nombre del sitio.

Al seleccionar la acción para añadir a su regla, primero seleccione los datos que desea configurar. Esto se hace usando el selector de datos, algo entre un campo de texto de autocompletar y una lista de selección, que sirve para navegar a través de los datos disponibles en las *Reglas*. (Consulte la siguiente sección para más detalles).

Una vez que se seleccionan los datos, se le pedirá que seleccione la información que desea almacenar. Esto podría hacerse mediante la selección de datos, por ejemplo para configurar al usuario que actúa como un nuevo autor de un nodo, o introduciendo un valor a los datos de forma manual, por ejemplo para establecer el cuerpo del artículo. La entrada de datos manual, puede utilizar las variables disponibles para las reglas, mediante el uso de los patrones de sustitución que se enumeran en una caja de ayuda debajo del campo de entrada.

Una regla de reacción puede contener múltiples acciones y también tiene opciones disponibles para el uso de bucles para repetir las acciones.

¿Cómo se puede utilizar? La acción muestra un mensaje en el sitio que se puede utilizar para mostrar un mensaje de agradecimiento cada vez que se publica un nuevo comentario. La acción de crear o eliminar algún alias de URL se puede utilizar para proporcionar una visión de la trayectoria de usuario/%/comentarios con los alias de URL personalizados para cada cuenta de usuario que se está creando.

Gestión de condiciones

A menudo, usted querrá tener acciones condicionales en su sitio web. En un sitio donde los comentarios están, normalmente, en la cola de moderación, puede ser una buena idea publicar el comentario inmediatamente si fuese escrita por un editor.

Para agregar nuevas condiciones use el enlace de *complemento condición*, que muestra una lista de selección de todo tipo de condiciones disponibles y una página de configuración para la condición añadida. (Ver figura 12.4).

Cada estado tiene una casilla de verificación para negar su resultado. Esto activa la regla si las condiciones son falsas o si son ciertas. Puede configurar lógicas muy complejas añadiendo AND y/o OR a los grupos de sus condiciones. Esto se hace mediante el uso de los enlaces correspondientes y luego arrastrando y soltando sus condiciones para cambiar su posición dentro de los grupos. Si eres un desarrollador de Drupal muy sofisticado, también puede tratar de añadir grupos lógicos dentro de otros grupos lógicos.

Whether the user has the selected role(s).

USER

Data selector *

noderauthor

> DATA SELECTORS

ROLES

Value *

authenticated user
administrator
editor

Switch to data selection

MATCH ROLES

If matching against all selected roles, the user must have all the roles selected.

Value

☐ Negate

If checked, the condition result is negated such that it returns TRUE if it evaluates to FALSE.

Save

Figura 12.4: Los ajustes para cada condición varían en función de los datos gestionados por la condición. Aquí vemos una condición usada para la evaluación de las funciones de un usuario.

¿Cómo puede ser utilizado? Podemos crear una regla para redirigir a los usuarios a sus páginas de perfil, para ello creamos una acción que realice esto sólo en caso de que el perfil carezca de los datos de algunos campos de la entidad seleccionada. Una regla para la aprobación de las publicaciones de artículos en un flujo de trabajo que puede omitirse si el escritor tiene la función de administrador.

TIP: *Reglas* crea automáticamente etiquetas para las condiciones y las acciones, en función de sus valores. Actualmente no es posible establecer estas etiquetas de forma manual, pero esta opción se espera que esté disponible pronto.

Patrones de sustitución y de selección de datos

Para permitir una mayor flexibilidad en el manejo de las variables dinámicas, las reglas tienen dos interfaces de usuario diferentes:

Modo de entrada directa: Esto se utiliza para la entrada de texto, y como administrador, para insertar símbolos normales en el texto lo permita. Al lado del campo de texto, encontrará una lista con los tokens disponibles, sobre la base de los objetos disponibles en la actualidad en la regla de reacción.

Selección de datos: La selección de los datos de entrada es un tipo de campo de texto auto-completar, donde se le guiará a través de las variables de las que dispone la regla de reacción (véase la figura 12.6). Cuando los objetos se relacionan entre sí, lo que es común, la cadena resultante de las partes simbólicas se explican cómo se relacionan. El token nodo: autor: correo, por ejemplo, dice que la variable resultante contiene la dirección de correo electrónico del autor del nodo manejado por la regla de reacción.

Data selector *

node:author:uid

node:author:uid (User ID)
node:author:name (Name)
node:author:mail (Email)
node:author:url (URL)
node:author:edit-url (Edit URL)

Figura 12.6: El modo de entrada de selección de datos le guía a través de las fichas disponibles.

Bucles de acción

Junto al enlace para agregar acciones hay un enlace con el nombre de *añadir loop*. Los *loops* pueden utilizarse cuando una variable disponible tiene múltiples valores, para poder llevar a cabo una o varias acciones sobre cada valor de la variable. Esto podría, utilizarse para enviar mensajes de correo electrónico a todos los usuarios que figuran en un campo de referencia de usuario. Para que esto funcione, las variables de valor múltiple se deben exponer de tal manera que las reglas se interpretan, lo que no es el caso de los campos de referencia del usuario, por lo menos actualmente.

Las acciones se agregan dentro de los bucles utilizando el enlace *añadir acción de cada bucle*. Esto funciona igual que otras acciones, con la excepción de que no muestra ningún elemento de la lista disponible, que represente el elemento activo en ese momento en la lista que forman los bucles. (Ver figura 12.7). Es posible añadir bucles dentro de bucles.

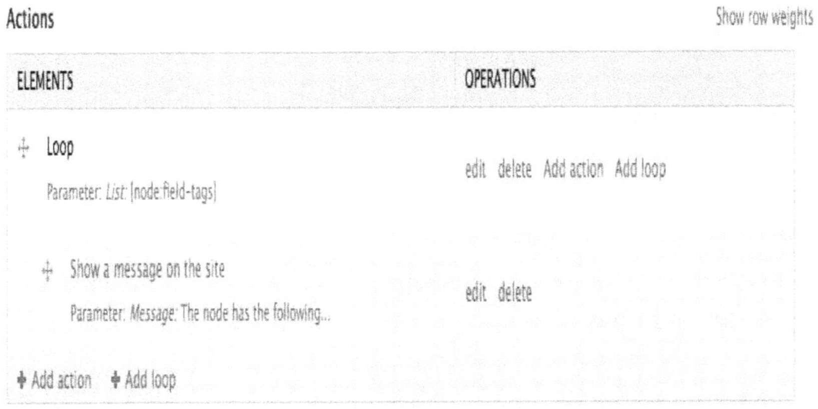

Figura 12.7: Se pueden usar variables de valor múltiple para crear bucles de acciones, donde las acciones se ejecutan una vez por cada valor.

¿Cómo puede ser utilizado? Un bucle basado en un campo de referencia de usuario con varios valores puede ser utilizado para enviar notificaciones por correo electrónico a cada usuario al que se hace referencia. Un bucle basado en un campo de referencia a nodo de varios valores puede ser usado para actualizar el autor del nodo en todos los nodos referenciados.

Otros parámetros de la regla de reacción

La configuración del conjunto de campos, de la parte inferior de la página, cuando se ve una regla de reacción, contiene algunos parámetros generales para la regla de reacción (véase la figura 12.8):

Label: Esto le permite cambiar el nombre (y también el nombre de la máquina) para una regla de reacción.

Proporcionar variables: Cuando se ejecutan varias reglas de reacción en secuencia, a veces hay una razón para pasar algún objeto cargado para su posterior procesamiento por otras reglas. Este ajuste le permite seleccionar qué objetos deben de ser transmitidos.

Activo: Si esta opción no está seleccionada, la regla de reacción no tendrá ningún efecto en el sitio.

Peso: Esta opción le permite cambiar el orden en el que se ejecutan las reglas de reacción. Con menor peso se procesarán antes.

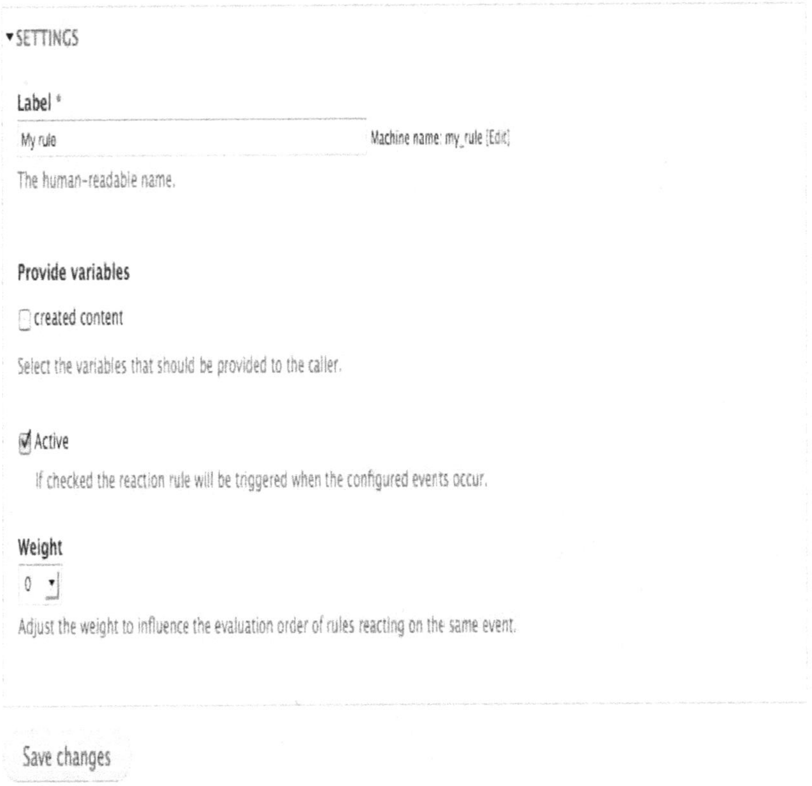

▼SETTINGS

Label *

My rule   Machine name: my_rule [Edit]

The human-readable name.

Provide variables

☐ created content

Select the variables that should be provided to the caller.

☑ Active

    If checked the reaction rule will be triggered when the configured events occur.

Weight

0 ▾

Adjust the weight to influence the evaluation order of rules reacting on the same event.

Save changes

Figura 12.8: El fieldset de configuración contiene más opciones, por ejemplo, que le permite cambiar el nombre de la regla de reacción.

Carga y gestión de objetos

Cuando se activa una regla de reacción, se entrega una serie de objetos en el que el *Estado* puede ser utilizado para evaluar las condiciones y llevar a cabo las acciones. El evento antes de guardar el contenido, por ejemplo, proporciona cuatro objetos: el nodo de guardado, el nodo de como era antes de que se cambiara, el autor del nodo y el usuario que actúa.

Tenemos acciones para cargar nuevos objetos y ponerlos a disposición de todas las acciones posteriores. No se puede, sin embargo, cargar nuevos objetos y utilizarlos para las condiciones. Si usted necesita este tipo de lógica, deberá construir un conjunto de reglas (ver sección aparte) o pasar una regla aplicada previamente en el objeto correspondiente.

TIP: Guardar un objeto es una operación potencialmente pesada para su sitio web. *Reglas* ha incorporado una funcionalidad para retrasar cualquier guardado hasta que se hayan ejecutado todas las acciones. Si usted necesita guardar un objeto antes de que termine la regla, por ejemplo para proporcionar un nuevo nodo con ID, puede utilizar la acción disponible para guardar las entidades.

Componentes para Reglas

Al configurar las reglas para la realización de tareas en su página web, no pasará mucho tiempo antes de que sienta que desea utilizar ciertos tipos de condiciones o acciones una y otra vez. Por suerte, es posible guardar y reutilizar configuraciones.

La reutilización de la configuración de reglas se hace creando componentes. Podrá ver como todos los componentes de las reglas de su sitio web y como un enlace para crear otros nuevos, se encuentran en una ficha independiente en el resumen de las *Reglas*. (Ver figura 12.9). En una instalación predeterminada, puede crear cinco tipos diferentes de componentes para reglas:

Condición de establecimiento (O): Este es un grupo de una o varias condiciones, en donde sólo una será cierta para el grupo que se evalúan como VERDADERO.

Condición de establecimiento (Y): Este es un grupo de una o varias condiciones, donde todos debe de ser verdaderos para el grupo que se evalúan como VERDADERO.

Conjunto de acciones: Se trata de un conjunto de acciones.

Regla: Esto crea una regla sin ningún evento desencadenante. En su lugar, debe llamarse explícitamente desde otras partes del Reglamento o del sitio web en general.

Conjunto de reglas: Esto crea un conjunto de reglas, ejecutadas de forma secuencial. Los conjuntos de reglas no tienen eventos desencadenantes.

✦ Add new component

> FILTER

LABEL	PLUGIN	STATUS	OPERATIONS			
A reusable rule	Rule	Custom	edit	clone	execute	delete
A reusable condition set	Condition set (AND)	Custom	edit	clone	execute	delete
A set of rules, bundled togheter	Rule set	Custom	edit	clone	execute	delete
A reusable set of actions	Action set	Custom	edit	clone	execute	delete

Figura 12.9: Se pueden crear componentes *Reglas* aislados, para el uso y la reutilización en otras partes de su sitio.

Cada tipo de componente se crea y se gestiona de forma similar a sus respectivas partes en las reglas de reacción, con una diferencia importante. Cada componente tiene ajustes, en los cuales deben incluirse los objetos/variables cuando se llama al componente. (Véase la figura 12.10). Estos objetos se seleccionan cuando se llama al componente y entonces están disponibles para que el componente pueda para trabajar con estos.

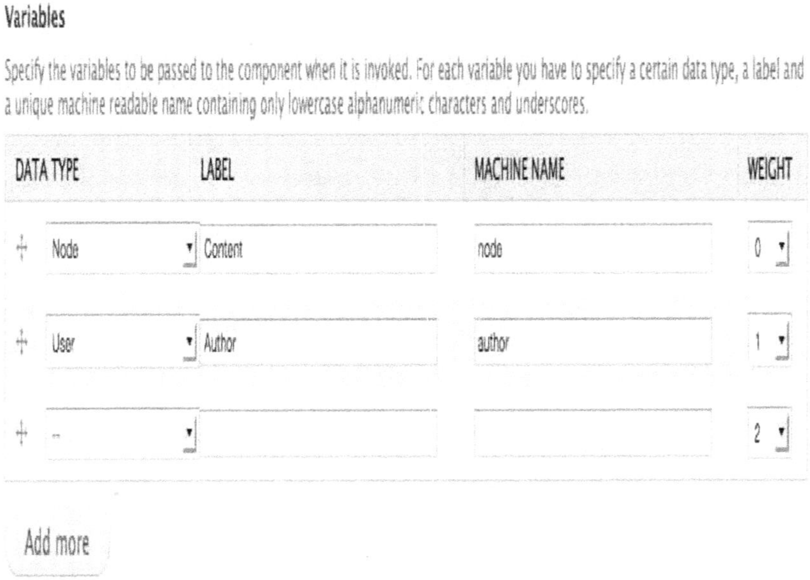

Variables

Specify the variables to be passed to the component when it is invoked. For each variable you have to specify a certain data type, a label and a unique machine readable name containing only lowercase alphanumeric characters and underscores.

DATA TYPE	LABEL	MACHINE NAME	WEIGHT
Node	Content	node	0
User	Author	author	1
--			2

Add more

Figura 12.10: Al crear componentes, se establece qué tipos de objetos del componente deberán trabajar. Para llamar al componente desde otras partes del *Reglas*, debe de haber coincidencia entre los objetos disponibles.

Los componentes no sólo son útiles para la reutilización de configuraciones, sino también para la exportación de configuraciones de reglas de manera eficiente. Vea la sección de exportación de la configuración en el Apéndice 1 para más detalles acerca de por qué las exportaciones de configuración son tan útiles.

El módulo para las *operaciones masivas de Views* puede ser utilizado para ejecutar las reglas sobre los nodos y otras entidades. Esto permite la creación de acciones altamente personalizables, que los administradores del sitio podrán utilizar para (por ejemplo) marcar los artículos seleccionados como revisados, publicarlos, y enviar un mensaje al autor.

Los conjuntos de reglas

Los conjuntos de reglas son, en esencia, nada más que una serie de reglas apiladas. Son útiles para agrupar las reglas y mantener la cordura cuando su sitio tiene muchas reglas. La capacidad que tiene una sola regla de ser pasada a los objetos cargados en las reglas posteriores hace que este conjunto sea particularmente útil. Este ejemplo explica por qué:

Imagine que desea crear una acción que vuelve a dirigir a un usuario al último mensaje publicado en el sitio cada vez que inicia la sesión, pero sólo si ese mensaje es un mensaje del foro. Usted podría utilizar la acción Cargar el primer nodo en una lista de vistas (que se encuentra en el *Reglas Bonus Pack*) para cargar el nodo del usuario conectado más recientemente, pero una vez cargado y que haya pasado la etapa de la regla cuando se ejecutan las condiciones, ya no hay manera de comprobar si el nodo es un mensaje del foro o no.

Si se utiliza un conjunto de reglas, se puede utilizar una regla para la carga del nodo más reciente del usuario y una regla ulterior con las condiciones de funcionamiento sobre ese nodo, para poder redirigir al usuario a la página de nodo en el caso debido.

Programar acciones con el Programador de Reglas

A veces no queremos usar las reglas para llevar a cabo las acciones que se producen tras desencadenar un evento, pero sí, la queremos usar en algún momento posterior. En un sitio de Eventos, por ejemplo, puede ser útil para enviar recordatorios 24 horas antes de que ocurra algún evento.

El programador de *Reglas* (incluido en el *proyecto de Reglas*) le permite programar acciones en las franjas horarias seleccionadas. Se utiliza de la siguiente manera:

Preparamos una serie de acciones, reglas o conjuntos de reglas como componentes de reglas.

Una regla de reacción está configurada para programar el *componente regla* seleccionado.

La programación consiste en establecer un identificador para la tarea programada, el momento en el que se debe realizar y la selección de los objetos que deben ser enviados como variables al componente.

Una vez que llegamos a la hora configurada, en su sitio se cargará la tarea programada y se ejecutará.

TIP: Las tareas programadas no se ejecutan hasta el momento programado. Dependiendo de la configuración del servidor, las tareas programadas pueden tardar desde unos pocos minutos hasta una hora entre la hora programada y la ejecución real.

Programación de tareas

Tiempo de evaluación de las tareas programadas

Identificación de las tareas programadas

Más información sobre las tareas programadas

Programación de tareas

La programación de tareas con el *Programador de Reglas* se realiza mediante la adición de la acción *Programar componente de evaluación*, disponible en otras acciones desde la interfaz de reglas. (Ver figura 12.11) En la página resultante podrá elegir un componente del tipo conjunto de acciones, regla o conjunto de reglas. (Ver figura 12.12)

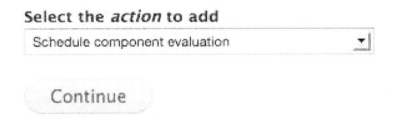

Figura 12.11: el *programador de Reglas* le permite programar tareas mediante la acción *Programar componente de evaluación*.

COMPONENT

Value *

Example rule ▼

Continue

Figura 12.12: Sólo se pueden programar los componentes que son conjuntos de acciones, reglas o conjuntos de reglas.

Tiempo de evaluación de las tareas programadas

La página de configuración de las tareas programadas le permite configurar el tiempo para la evaluación de los componentes. (Ver figura 12.13). Hay tres formas diferentes de configurar el tiempo:

Momentos estáticos, tales como el 2011-08-21 09:00:00.

Tiempos especificados mediante la introducción de fechas o usando la selección de datos, por ejemplo, para buscar un valor de tiempo de un campo de entidad.

Tiempos especificados por las compensaciones. Las compensaciones se pueden combinar con los tiempos estáticos y los tiempos especificados (como [comentario: nodo: creado] 2 días). Hay muchas maneras de especificar las compensaciones, por ejemplo, 1 Lunes, le dará el próximo lunes.

TIP: el *Programador de Reglas* espera veces en GMT y sin ningún tipo de compensación para las zonas horarias.

Identificación de las tareas programadas

Cada tarea está programada debe tener un ID único. Si se programa una nueva tarea con el mismo ID, se sustituirá cualquier tarea anterior que tuviera ese mismo ID. Es común combinar el uso de los textos de las pestañas y los texots cortos para crear identificaciones, como nodo delete [nodo: nid]. (Ver figura 12.13).

SCHEDULED EVALUATION DATE

Value *

[comment:node:created] +2 days

The date in GMT. Format: 2011-02-26 15:59:58 or other values in GMT known by the PHP strtotime() function like "+1 day". Relative dates like "+1 day" or "now" relate to the evaluation time.

Switch to data selection

IDENTIFIER

User provided string to identify the task. Any existing tasks for this component with the same identifier will be replaced.

Value

Reminder for comment [comment:cid]

▸ REPLACEMENT PATTERNS

Switch to data selection

Figura 12.13: La hora y el ID de la tarea programada se establece en la página de configuración.

La misma página que se utiliza para ajustar la hora y el ID de la tarea programada, también puede establecer qué objetos deberán ser enviados como variables al componente de la regla que está programada.

Más información sobre las tareas programadas

Como administrador, puede obtener una visión general de todas las tareas programadas del sitio visitando la pestaña *Lista* que se encuentra en la barra de herramientas de *Configuración*, *Reglas*. La misma página también permite la eliminación manual de las tareas programadas. La inspección y la eliminación de las tareas programadas son útiles durante la construcción de un sitio web, pero normalmente no se utiliza una vez que el sitio está en vivo o en producción.

Tal vez sea necesario para eliminar automáticamente las tareas programadas. Si, por ejemplo, tiene una regla de planificación para la eliminación de un artículo, probablemente le gustaría tener también la opción de cancelar la eliminación. Las reglas pueden eliminar una tarea programada con la acción de *eliminar la tarea programada*, siempre mediante las reglas del *Programador de Reglas*. La eliminación de una tarea se basa en la identificación de la tarea programada.

El seguimiento de errores en las Reglas

Incluso con mucha experiencia con las *Reglas*, es probable que alguna vez tenga dudas al tratar de entender por qué la configuración no produce el resultado esperado. La pestaña de configuración en las páginas de administración de las reglas tiene una opción llamada *depuración de las reglas de evaluación*. Se registra cada paso de la evaluación de reglas y lo imprime en la presentación. Así le será más fácil encontrar sus errores utilizando *la evaluación de las Reglas*. Por extraño que parezca, es muy probable que encuentre que es usted, y no las reglas, el provocó el error.

TIP: La información de la depuración de las reglas también muestra una marca de tiempo en cada paso de la evaluación. Esta información puede ayudarle para detectar las operaciones que son muy pesadas de manera inesperada.

Ejercicios: Sitio de la documentación

Estos ejercicios se basan en los ejercicios anteriores de la suite sitio de la documentación. Se pueden llevar a cabo de forma individual, con un poco de preparación, o en secuencia con los ejercicios anteriores. Los ejercicios requieren el uso de los conceptos descritos en las partes A y B de este libro, así como los conceptos de las reglas y los capítulos sobre la bandera.

Notificaciones de Comentarios

Recordatorios para los usuarios inactivos

Notificaciones de Comentarios

Como miembro del sitio, me gustaría ser notificado cuando mi contenido recibe un comentario. Esto es importante ya que me ayuda a ser consciente y a responder a los comentarios.

Como demostración

Inicie sesión en el sitio. Compruebe que la cuenta de usuario tiene una dirección de correo electrónico a la que puede acceder.

Cree una página en la documentación.

Cierre la sesión e inicie sesión como otro usuario. Publique un comentario en la nueva página de la documentación.

Verificar que se envía una notificación al autor del nodo, con un enlace al comentario.

Cierre la sesión e inicie sesión como el usuario de la primera vez. Envíe una respuesta al comentario.

Verifique que no se envía una notificación al usuario, al comentar su propio contenido.

Preparación

El sitio debe tener una página en la documentación del tipo de contenido comentarios, según lo dispuesto por el primer ejercicio de esta suite.

Solución sugerida

Cree una nueva regla de reacción con el nombre de notificación comentario. Hágalo reaccionar después de guardar un nuevo comentario.

Agregue una condición de comparación de datos con la selección de datos para comparar el uso de los comentarios: autor de comentario: nodo: autor. Compruebe que deberá negar la opción de tener esta condición (return true) si los dos objetos son diferentes.

Agregue una acción para enviar el correo electrónico. Establezca el campo para que [comentario: nodo: autor: mail] (con selección de datos), el objeto de un comentario en [Comentario: Nodo: Título] y asegúrese de incluir el patrón de sustitución [comentario: url] en el mensaje para tener un enlace al comentario. Deje el del campo vacío para utilizar el e-mail del sitio por defecto.

Comentarios

Esta función podría ampliarse mediante el uso de un campo de casilla de verificación en la página de usuario, donde cada usuario puede elegir si quiere recibir notificaciones de comentarios o no.

Recordatorios para los usuarios inactivos

Como propietario del sitio, me gustaría recordar a los miembros que llevan tiempo sin loguearse en el sitio web, mediante el envío de correos electrónicos si no se han registrado durante un mes.

Esto es importante ya que ayuda a capturar algunos usuarios que de otro modo dejarían el sitio de forma permanente.

Como demostración

Inicie sesión en el sitio como administrador.

Vaya a administrador/configuración/flujos de trabajo/reglas/programar y verifique que el recordatorio por e-mail ha sido programado para ser enviado al administrador en un mes.

Cierre la sesión y volver a iniciar sesión.

Compruebe que la hora programada para el recordatorio ha sido impulsada un minuto más o menos.

Preparación

Una instalación estándar de Drupal.

Solución sugerida

Vaya a la pestaña de componentes de *Reglas*, y añada un nuevo componente, seleccione la acción de *componentes plug-in*. Déle el nombre de "enviar recordatorios de correo electrónico". El conjunto de acciones recibirán un objeto usuario como parámetro con la etiqueta cuenta. En las variables de tipo de selección de datos: usuario, Label: "Cuenta", Nombre del equipo: "cuenta", uso: Parámetro.

En el conjunto de acciones, agregue la acción de enviar correo, con [cuenta: Correo] como destinatario. Use los modelos de reemplazo para incluir el nombre de usuario [cuenta: nombre] en el mensaje enviado.

En la página de la información de *Reglas*, agregue una nueva regla llamada "calendario recordatorio por correo electrónico", reaccionando en el caso de que el usuario haya iniciado sesión.

En la regla de reacción, añada la acción *componente horario de evaluación*. Seleccione el *componente de aviso de envío de correo electrónico*. Establezca 1 mes como fecha programada de evaluación, envíe recordatorios a los usuarios por el identificador [cuenta: uid] y seleccione al usuario conectado para enviarle como parámetro el conjunto de acciones (en la cuenta, de entrada cuenta para el selector de datos).

Comentarios

Si el cliente quiere repetir los recordatorios, esto se puede lograr haciendo que la acción establezca la programación de sí mismo durante (por ejemplo) otros dos meses. Al repetir los correos electrónicos, es importante que los usuarios puedan darse de baja y apagar las notificaciones.

Ejercicios: sitio de Noticias

Estos ejercicios se basan en los ejercicios anteriores de la suite del sitio de noticias. Se pueden llevar a cabo de forma individual, con un poco de preparación, o en secuencia con los ejercicios anteriores. Los ejercicios requieren el uso de los conceptos descritos en las partes A y B de este libro, así como los conceptos de las reglas y los capítulos sobre las banderas.

No publicar comentarios en la tercera bandera de spam

Recordatorios repetidos de artículos publicados

No publicar comentarios con tres banderas de spam

Como editor del sitio, me gustaría que los comentarios que recibieron al menos tres banderas de spam independientes dejen de estar publicados. Esto es importante ya que reduce el trabajo manual necesario para mantener el sitio ordenado.

Como demostración

Inicie sesión en el sitio como escritor.

Realice un comentario en un artículo, y márquelo como spam. (Primero cree un artículo, si es necesario).

Cierre la sesión e inicie sesión como editor. Marque el comentario como spam de nuevo.

En un aparte del navegador, como visitante anónimo, marque de nuevo el comentario como spam. Recargue la página para verificar que el comentario ya no aparece ahora.

Preparación

El sitio debe tener un artículo del tipo de contenido de noticias, según lo dispuesto por el primer ejercicio de esta suite.

El sitio debe tener las banderas de spam de comentarios, como se describe en los ejercicios en el capítulo de la Bandera.

Comentarios

Si hay una bandera para los comentarios aprobados que es utilizada por los editores para aprobar los comentarios que algunos visitantes clasifican como spam, como se describe en un ejercicio en el capítulo anterior, tendría sentido ampliar esta historia de usuario para no anular automáticamente la publicación de los comentarios marcados como aprobados.

Recordatorios repetidos de artículos publicados

Como escritor, me gustaría que me recordaran si dejo alguno de mis artículos publicados sin tocar durante más de tres días. Tras el primer aviso, me gustaría que me enviaran recordatorios cada semana. Esto es importante, ya que a veces me olvido de mis artículos que están sin terminar.

Como demostración

Inicie sesión en el sitio como un escritor.

Cree un artículo y guárdelo en un estado inédito.

En otro navegador, inicie sesión como administrador. Vaya a administración/configuración/flujos de trabajo/reglas/programar y verifique que el recordatorio por correo electrónico creado para el nodo, para el escritor, está previsto para dentro de tres días.

Como escritor, edite el artículo inédito y guárdelo en un estado inédito.

Como administrador, compruebe que la hora del recordatorio programado se ha impulsado un minuto más o menos.

Como escritor, de nuevo, edite el artículo inédito y guárdelo en un estado publicado.

Como administrador, compruebe que el recordatorio programado se elimina.

Opcional: Cree otro artículo inédito y espere a que el recordatorio por correo electrónico sea enviado. Esto puede llevarle algún tiempo. Como administrador, compruebe que el nuevo recordatorio está programado para ser lanzado en una semana. Para acelerar el proceso, puede cambiar el retardo inicial en un segundo, y luego ejecutar *cron* manualmente.

Preparación

El sitio debe tener un artículo del tipo de contenido de noticias, según lo dispuesto por el primer ejercicio de esta suite.

Comentarios

Es posible que el lector desee añadir un poco más de lógica a las *Reglas* para esta función, borre el recordatorio programado si se suprime el artículo correspondiente. Esto sería ordenado, pero en realidad no es necesario. Si una tarea programada no puede cargar los objetos requeridos, lo que sería en el caso de que el artículo ya no esté presente, se puede cancelar. Tampoco hay necesidad de cancelar los recordatorios si se elimina la cuenta de usuario del autor.

13: El Gestor de páginas básico y los paneles de configuración

El administrador de la página y los módulos de *Paneles* son utilizados para ser uno y el mismo proyecto, fue creado originalmente como una alternativa al sistema de *Bloques* de Drupal. Una descripción simplificada de los dos módulos es:

El administrador de la página es una herramienta para definir las nuevas rutas en su sitio de Drupal y para configurar la forma en que la página debe de ser y debe de trabajar. Es posible no sólo definir nuevas rutas, sino también es posible anular algunas de las rutas definidas por otros módulos. Una parte importante de las funciones del administrador de la página es recoger y enviar los contextos, la información contextual que puede afectar a la página.

Los *Paneles* son una herramienta que sirve para dividir el contenido principal de un sitio de Drupal en varias regiones y que definen qué contenido debe contener cada región.

Es posible utilizar *Paneles* sin el administrador de la página, pero se perderá la mayor parte de las razones para utilizar los *Paneles*. También es posible utilizar el administrador de la página sin necesidad de utilizar los *Paneles*, pero hay algunos módulos que pueden proporcionar contenido de la página al administrador de la página. Esto puede ser de utilidad para el administrador de la página.

En este capítulo veremos sólo las características del administrador de la página y de los *Paneles* que son relevantes para la estructura de la información en su sitio de Drupal.

La versión inicial de esta sección del libro vino del libro de Drupal 7: Conceptos básicos, cortesía de nodeone y Johan Falk.

Instalación

Administración de páginas personalizadas

Objetos contextuales

Configuración de los Paneles

Edición de páginas y variantes personalizadas

Configuración de las páginas de códigos de respuesta HTTP

Vistas contenidas en *Paneles*

Ejercicios: Sitio de la documentación

Ejercicios: Sitio de Noticias

Instalación

El administrador de la página es una parte de la suite del proyecto de *herramientas Chaos* que se compone de un número de módulos interesantes. El proyecto *Paneles* también contiene una serie de módulos, de los cuales *Paneles* es uno de ellos. Este libro cubre únicamente el administrador de la página, las vistas de contenido *Paneles* y los módulos de *Paneles*.

Los módulos se instalan como de costumbre: se descargan, se descomprimen y se mueven a la carpeta sites/all/modules.

TIP: El nombre del conjunto *herramientas Chaos* se debe al autor original del proyecto, Earl Miles, quien en drupal.org utiliza el nombre de nick merlinofchaos. Además del administrador de la página y de los *Paneles*, también es el autor original del módulo de *Views* y es uno de los colaboradores más apreciados en el ecosistema de Drupal.

Administración de páginas personalizadas

El administrador de la página podría ser comparado con un policía de tráfico de su sitio web. Cuando se solicita una página a cargo del administrador de la página de su sitio, el administrador de la página recoge la información necesaria, comprueba qué módulo es el responsable del contenido de la página y sirve el módulo junto con toda la información que necesita. Vale la pena señalar que el contenido real es proporcionado por otros módulos. El administrador de la página sólo se dirige la solicitud.

Si vamos a la barra de herramientas, *Estructura*, *Páginas* veremos un resumen de todas las rutas gestionadas por el administrador de la página, junto con los enlaces para editar las páginas. (Véase la figura 13.1.). Las páginas gestionadas por el administrador de la página se llaman páginas personalizadas. Encima de la lista hay un vínculo para poner la página personalizada.

Administrative title

My page   Machine name: my_page [Edit]

The name of this page. This will appear in the administrative interface to easily identify it.

Administrative description

This is an example page used for demonstration purposes.

A description of what this page is, does or is for, for administrative use.

Path

http://localhost:8888/110103/ my-page

The URL path to get to this page. You may create named placeholders for variable parts of the path by using %name for required elements and !name for optional elements. For example: "node/%node/foo", "forum/%forum" or "dashboard/!input". These named placeholders can be turned into contexts on the arguments form.

☐ Make this your site home page.

To set this panel as your home page you must create a unique path name with no % placeholders in the path. The site home page is currently set to /node on the Site Information configuration form.

Variant type

Panel ▾

Optional features

☑ Access control

☑ Visible menu item

☑ Selection rules

☑ Contexts

Check any optional features you need to be presented with forms for configuring them. If you do not check them here you will still be able to utilize these features once the new page is created. If you are not sure, leave these unchecked.

[Continue]

Figura 13.1: La página de información para el administrador de la página muestra todas las páginas personalizadas de su sitio.

TIP: el administrador de la página le permite anular una serie de rutas definidas por otros módulos, en una instalación estándar de Drupal son las vistas de nodo, el nodo de edición, la vista del usuario y las listas de términos de taxonomía. Estas páginas anuladas se gestionan de manera casi idéntica a otras definidas manualmente, las páginas personalizadas. Las diferencias se explican a continuación.

Valores de los argumentos

Si la ruta de la página personalizada incluye palabras clave opcionales o campos requeridos (palabra clave! o palabra clave%, respectivamente), el administrador de la página puede utilizar los valores proporcionados en la ruta para cargar los objetos contextuales (lo veremos más adelante en este libro). Haciendo un clic en el botón del contexto asignado se abre un diálogo donde se pueden especificar como el administrador de la página debe interpretar el argumento de la ruta prevista. En la mayoría de los casos, los argumentos de ruta son identificadores numéricos utilizados para cargar el nodo, el usuario o el término de la taxonomía correspondiente, pero también hay otras opciones disponibles. También se le ofrece la oportunidad de dar un nombre administrativo (identificador de contexto) para el objeto cargado desde el argumento de la ruta.

Si por alguna razón usted no desea cargar ningún objeto contextual con el argumento de la ruta, no elija ningún contexto de los asignados.

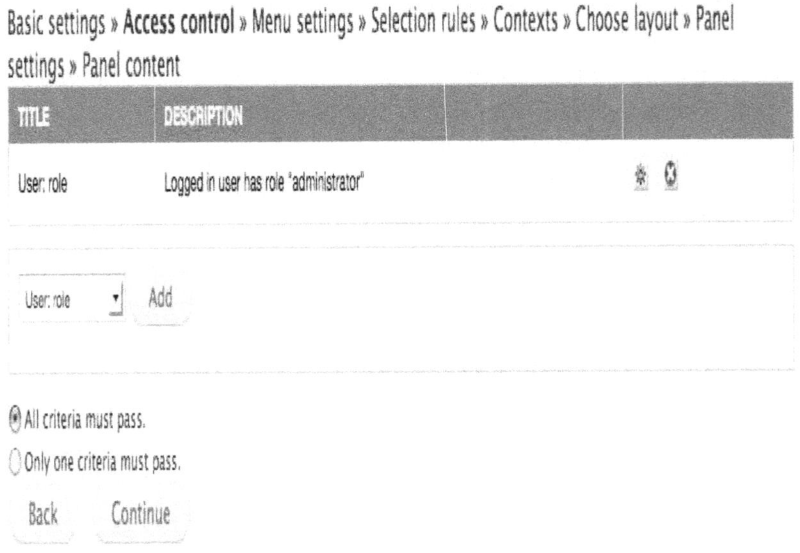

Basic settings » **Access control** » Menu settings » Selection rules » Contexts » Choose layout » Panel settings » Panel content

TITLE	DESCRIPTION		
User: role	Logged in user has role "administrator"	✳	⊗

User: role ▾	Add

⦿ All criteria must pass.
◯ Only one criteria must pass.

Back   Continue

Figura 13.3: Si la ruta de la página personalizada contiene partes dinámicas, comentarios, etc… el administrador de la página puede utilizar los valores previstos para cargar datos.

¿Cómo puede ser utilizado? Las palabras clave en una ruta cuenta/mensaje/%amigo user/% se puede utilizar para cargar dos cuentas de usuario, con el ID correspondiente a la cuenta% y al %amigo. Estos podrían ser utilizados (con vistas) para listar los nodos escritos por cuenta% y dirigida a %amigo.

La palabra clave en la trayectoria de las respuestas comentario/%
podría ser utilizada para cargar el comentario con el ID
%comentario, y listar (con vistas) todos los comentarios publicados
en respuesta a ese comentario.

El control de acceso

El control de acceso de la configuración le permite configurar las
condiciones que deberán cumplirse para que la página
personalizada sea accesible. Algunos ejemplos podrían ser que el
usuario se registra, que el contenido que se está viendo es de un
tipo particular, o que el usuario tiene permiso para ver y editar el
nodo. Las condiciones que se pueden utilizar dependen de los
objetos contextuales disponibles. Si, por ejemplo, hay dos objetos
de usuario disponibles, la matriz de condiciones incluirá usuario:
comparar.

Una lista de selección le mostrará qué tipo de condiciones se
encuentran disponibles. Las condiciones existentes se pueden
editar haciendo clic en el botón con el engranaje correspondiente y
puede borrar las condiciones haciendo clic en el botón con una
cruz sobre un fondo rojo. (Ver figura 13.4)

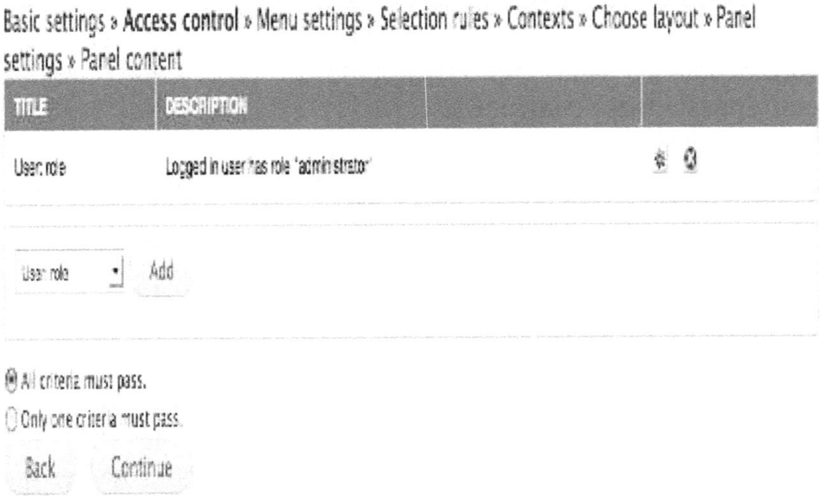

Basic settings » **Access control** » Menu settings » Selection rules » Contexts » Choose layout » Panel
settings » Panel content

TITLE	DESCRIPTION		
User role	Logged in user has role 'administrator'	✳	⊗

User role	▾	Add

◉ All criteria must pass.
○ Only one criteria must pass.

Back   Continue

Figura 13.4: El control de acceso decide cuándo una página
personalizada debe ser visible en su conjunto.

¿Cómo puede ser utilizado? Una página personalizada con la ruta
admin/content/comentarios/spam podría tener la configuración de
acceso para sólo dejar que los usuarios puedan administrar los
comentarios que llegan a la página.

Una página personalizada con la ruta de nodo/% /node/comentarios
puede tener acceso a los ajustes haciendo que la página sea
accesible sólo si el nodo lista un artículo.

TIP: Los enlaces que nos llevan a las páginas que no están autorizados a visitar normalmente no se mostrarán. Esta es una característica que permite utilizar las reglas de acceso para que las páginas personalizadas aparezcan como pestañas sólo en los nodos de los tipos seleccionados.

TIP: El control de acceso a los nodos, a los usuarios y a los términos son establecidos por sus respectivos módulos y la configuración de acceso del administrador de la página se omite.

TIP: El usuario activo siempre estará disponible como un objeto al configurar el control de acceso.

Los elementos del menú

Los ajustes de menú disponibles en el administrador de la página son casi idénticas a las encontradas en *Views* (véase la figura 13.5). Véase la descripción en el segundo capítulo sobre *Views* para ver más detalles. El administrador de la página tiene una opción más para los elementos del menú, sin embargo, la acción es local. Las acciones locales son similares a las pestañas, pero estas (en una instalación estándar) aparecen con un signo más y un enlace justo encima de la página principal.

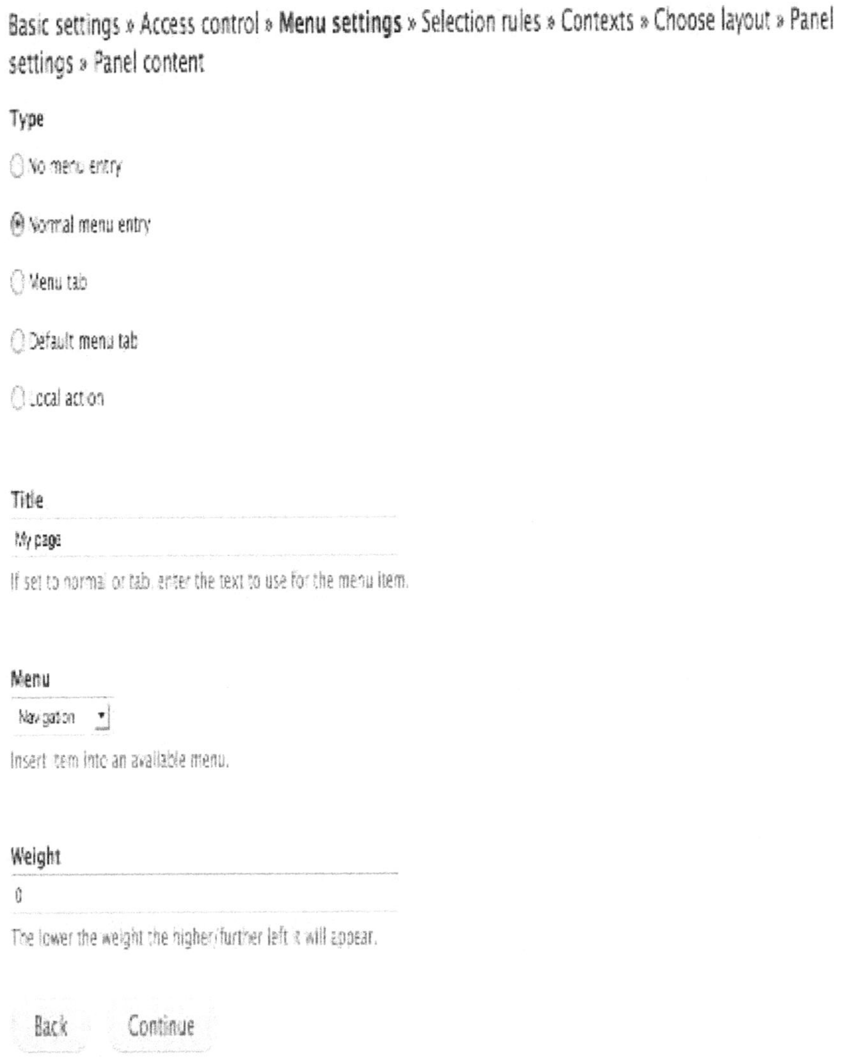

Basic settings » Access control » **Menu settings** » Selection rules » Contexts » Choose layout » Panel settings » Panel content

Type

○ No menu entry

◉ Normal menu entry

○ Menu tab

○ Default menu tab

○ Local action

Title

My page

If set to normal or tab, enter the text to use for the menu item.

Menu

Navigation ▾

Insert item into an available menu.

Weight

0

The lower the weight the higher/further left it will appear.

Back   Continue

Figura 13.5: Los ajustes del menú de las páginas personalizadas son muy similares a los ajustes del menú de *Views*.

¿Cómo puede ser utilizado? Una página personalizada con la ruta de acceso admin/content/comentarios/spam se puede mostrar como una pestaña del menú en la página de administración de los comentarios.

Una página personalizada con la ruta cuenta/comentarios de usuario/% se puede mostrar como una pestaña del menú en las páginas de usuario.

Las reglas de selección y las variantes

El administrador de la página le permite crear múltiples variantes en un solo paso. Cuando una página personalizada es llamada, el administrador de la página pasa a través de la pila de variantes para que la página personalizada utilice la primera que cumpla con las reglas de selección. Una forma común de utilizar esto es tener variantes separadas para los diferentes tipos de nodos, todos los utilizados en el nodo/%nodo de página personalizada.

Las reglas de selección se configuran de la misma manera que el control de acceso y al igual que el control de acceso depende de los objetos contextuales disponibles.

¿Cómo puede ser utilizado? En la página personalizada para la vista, el nodo nodo/%nodo, podría tener una variante llamada sólo si se muestra una página básica.

Una página personalizada que se utiliza como la página principal de la página web podría tener variantes separadas cargadas para los administradores y por otros usuarios.

TIP: Si no se cumple ninguna de las regla de selección, el administrador de la página enviará un control de la trayectoria de retorno a Drupal. Drupal entonces intentará utilizar cualquier comportamiento por defecto de la ruta, que trabaje para las rutas definidas por otros módulos, y en caso de que no pueda realizar esta operación, dará un error 404 (página no encontrada).

Objetos contextuales

La configuración de los objetos de contexto (contextos) es, al menos desde una perspectiva de la estructura de la información, la parte más importante y más interesante del administrador de la página. Estas opciones le permiten recopilar información de otras partes del sitio web, y ponerla a disposición para modificar el comportamiento y el contenido de la página.

Los objetos contextuales se añaden de dos formas diferentes (véase la figura 13.6):

Mediante la selección manual de, por ejemplo, un usuario o nodo específico. También puede utilizar esta opción para agregar al usuario que actúa como un objeto contextual.

En las relaciones con los objetos contextuales existentes, tales como el vocabulario de un término de la taxonomía cargado, o el autor de un determinado nodo. Esta es la forma más común para añadir objetos contextuales.

Una tercera manera de añadir objetos contextuales es con los argumentos de configuración. Estos se cargan como partes dinámicas de la ruta de acceso a la página personalizada.

Figura 13.6: los objetos contextuales son una de las funcionalidades más importantes de administrador de la página. Los ajustes permiten cargar los datos de su sitio web, por lo que está disponible para la página personalizada.

¿Cómo puede ser utilizado? Una página personalizada que muestra un nodo puede cargar al autor del nodo como un objeto contextual, proporcionando así más opciones para los datos sobre el uso y la presentación relacionados con el autor.

En un sitio con una sección de vocabulario, que se utiliza para categorizar los artículos, una página personalizada para la visualización de un artículo puede cargar la sección del artículo visto como un objeto contextual, cargar el término padre superior y enumerar (con vistas) más artículos en la misma sección de nivel superior.

Configuración de los paneles

Desde administrador de la página, los *Paneles* se integran firmemente, es difícil tener en cuenta donde está la frontera que hay entre ellos. A continuación se muestra una descripción de los pasos finales para la configuración de una página personalizada y como obtener su contenido de los *Paneles*. Si va a crear otro tipo de página personalizada (por ejemplo código de respuesta HTTP), no verá estos ajustes.

Disposición

Configuración básica para el panel

Contenido del Panel

Edición de *Paneles*

Disposición

Uno de los puntos de los grupos especiales es permitir que usted como administrador pueda dividir el contenido principal en diferentes regiones. La manera de hacer esto está determinada por el panel de diseño. Los *Paneles* vienen con una serie de diseños, agrupados por su número de columnas. (Ver figura 13.7)

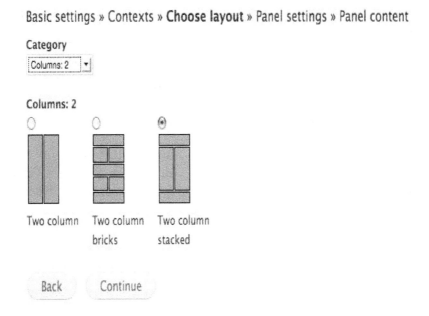

Basic settings » Contexts » **Choose layout** » Panel settings » Panel content

Category

Columns: 2 ▼

Columns: 2

○   ○   ◉

Two column   Two column   Two column
              bricks   stacked

Back   Continue

Figura 13.7: Los *Paneles* vienen con una serie de diseños. También se pueden configurar con su propio código fuente.

TIP: La herramienta es bastante compleja a la vez que flexible, y, aunque no es imposible de entender, no se describe en este libro.

Configuración básica para el panel

En la siguiente página de configuración, se le pedirá que establezca algunos datos básicos para el panel. (Ver figura 13.8).

El título administrativo: Es el nombre de la variante constituida por este panel.

Desactivar *Bloques/regiones* de Drupal: Esta opción detiene los *Bloques* que se muestren en las regiones de su tema, por lo que el panel será el responsable de todo el contenido de la página. Esta opción puede ser útil en una página.

Renderizado: En una instalación predeterminada sólo está disponible la opción estándar. Tendrá otra opción con el módulo habilitado *Editor In-Place* de los *Paneles*, pero no se describe aquí.

CSS ID: cualquier cadena introducida aquí se utilizará como ID de CSS para el panel, por lo que será más fácil modificar la presentación de una página específica.

Código CSS: Cualquier código CSS introducido aquí se utilizará para el panel. Hay varias razones para incluir CSS en el tema y no en la base de datos de Drupal. Utilice esta opción sólo si tiene una buena razón.

Basic settings » Contexts » Choose layout » **Panel settings** » Panel content

Administrative title

My panel variant

Administrative title of this variant.

☐ Disable Drupal blocks/regions

Check this to have the page disable all regions displayed in the theme. Note that some themes support this setting better than others. If in doubt, try with stock themes to see.

Renderer

◉ Standard

Renders a panel normally. This is the most common option.

CSS ID

The CSS ID to apply to this page

CSS code

Enter well-formed CSS code here, this code will be embedded into the page, and should only be used for minor adjustments, it is usually better to try to put CSS for the page into the theme if possible. This CSS will be filtered for safety so some CSS may not work.

Back   Continue

Figura 13.8: La configuración básica para el panel se refiere principalmente a la presentación del panel.

Contenido del Panel

El último paso de la configuración es para añadir contenido real a las regiones del panel. (Ver figura 13.9). Esto se hace haciendo clic en el equipo en la región correspondiente y seleccionando el contenido mediante la opción *añadir*. En el diálogo resultante podrá seleccionar entre los *Paneles* disponibles y las partes de contenido que se pueden colocar en el panel. Los *Paneles* se agrupan en categorías, para que sean más fáciles de navegar. (Ver figura 13.10).

Los *Paneles* disponibles dependen de los objetos contextuales disponibles en la página personalizada. Algunos ejemplos son:

Bloque: Todos los *Bloques* en el sitio web están disponibles como *Paneles*.

Elementos de página: Los elementos como las pestañas, el nombre del sitio y los breadcumbs se pueden utilizar como *Paneles*.

Nodo: Si un nodo está disponible como contexto, las diferentes partes del nodo y su información pueden utilizarse como *Paneles* individuales, tales como título del nodo, el formulario de los comentarios o los archivos adjuntos.

Entidades: La mayoría de las entidades, como los usuarios o los términos de la taxonomía, se pueden incorporar como *Paneles*, en el modo de visualización seleccionado.

Tokens: Las fichas construidas a partir de los datos de la entidad estarán automáticamente disponibles como *Paneles*.

Los campos: Todos los campos de los objetos contextuales disponibles pueden ser utilizados como *Paneles* de contenido.

Los nodos existentes en el sitio web se pueden añadir como *Paneles* separados, incluso sin estar disponibles como objetos contextuales. Esto se hace con la opción *nodo existente*, en la esquina inferior izquierda del diálogo.

También puede agregar el contenido personalizado escrito como *Paneles*. Esto se hace mediante la opción *nuevo contenido personalizado* que está en la esquina inferior izquierda del diálogo.

Cada tipo de panel puede tener sus propios ajustes, o no tener ningún tipo de ajuste. (Ver figura 13.11 para un ejemplo.) Los ajustes de los *Paneles* no se describirán con más detalle en este libro.

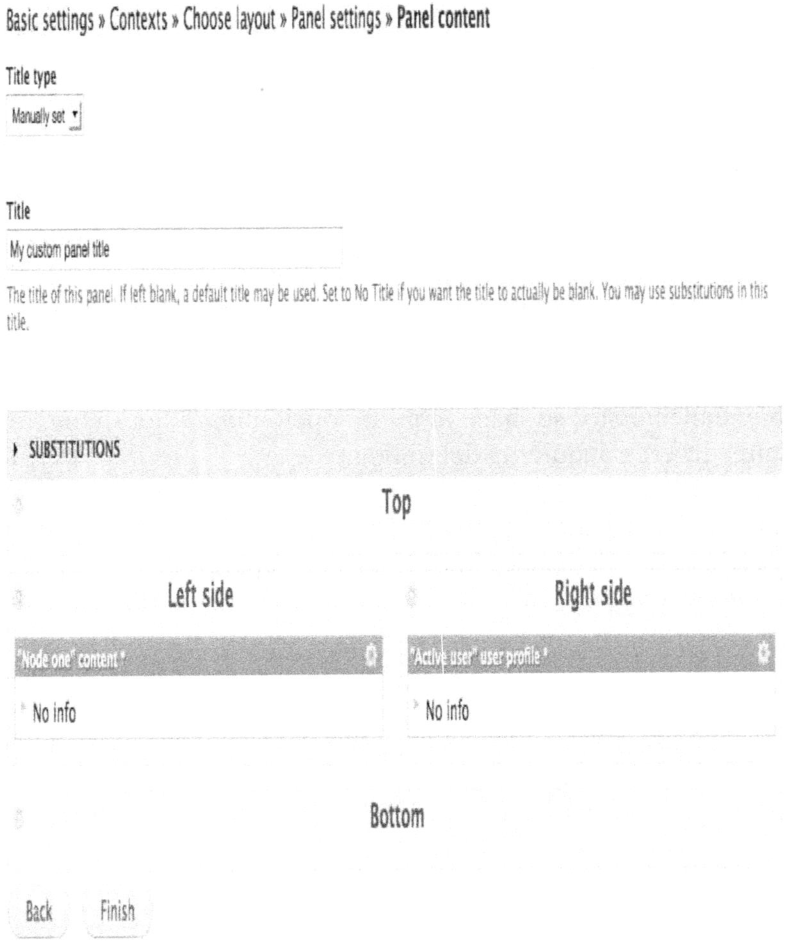

Basic settings » Contexts » Choose layout » Panel settings » **Panel content**

Title type

Manually set ▾

Title

My custom panel title

The title of this panel. If left blank, a default title may be used. Set to No Title if you want the title to actually be blank. You may use substitutions in this title.

▶ SUBSTITUTIONS

Top

Left side   Right side

"Node one" content *   "Active user" user profile *

* No info   * No info

Bottom

Back   Finish

Figura 13.9: El último paso en la configuración de un panel es agregar el contenido a las regiones del panel.

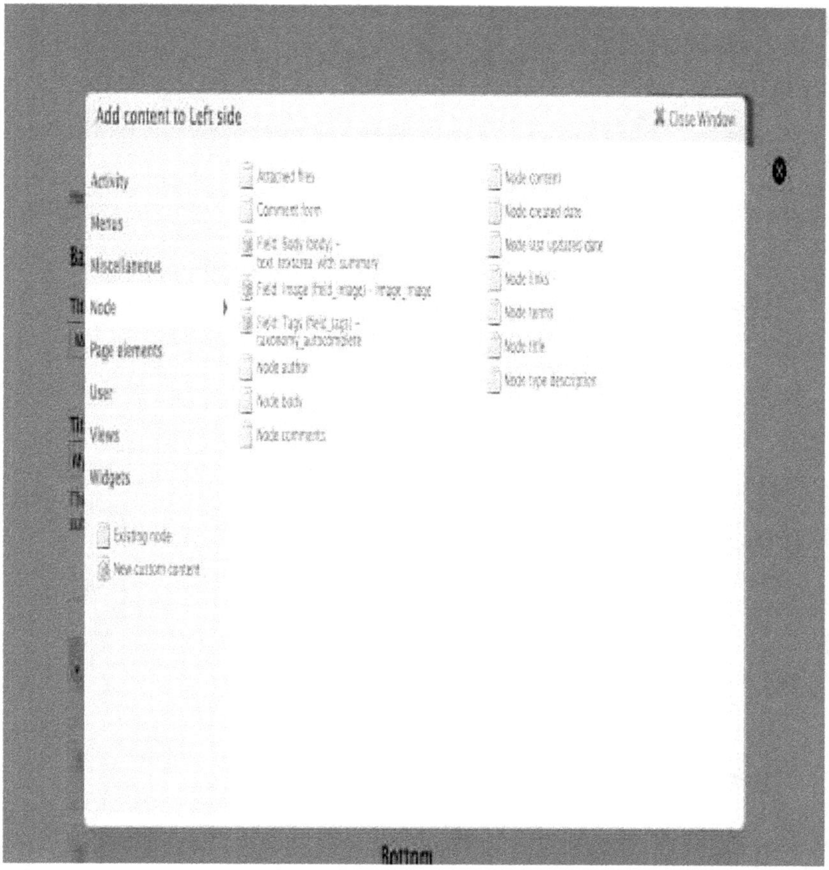

Figura 13.10: Los *Paneles* disponibles se dividen en categorías para que la navegación sea más fácil.

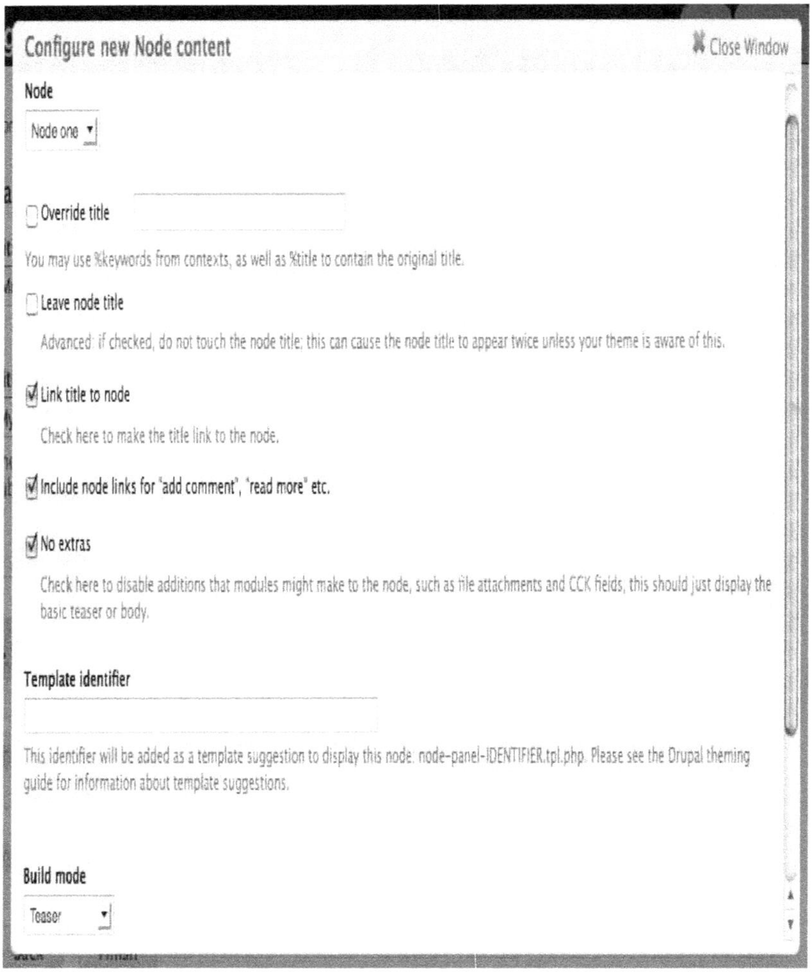

Figura 13.11: Cada panel puede tener otras configuraciones que pueden ser específicos para cada tipo de panel.

En la página para agregar contenido al panel, también puede establecer el título de la página personalizada. El título se utiliza tanto en la página HTML y como en el título HTML (que aparece en la cabecera del navegador). Puede definir el titulo manualmente, dejar el título que se hereda por defecto, o no poner ningún título sino quiere especificarlo.

¿Cómo puede ser utilizado? Una página personalizada para los artículos puede tener *Paneles* separados para mostrar el título, el cuerpo, la imagen, las etiquetas y el formulario de los comentarios, distribuido de forma independiente el uno del otro.

Una página personalizada con la ruta de acceso de usuario/%accout/comentarios puede tener el título establecido en los comentarios por: Nombre cuenta%.

Edición de paneles

Hay varias maneras de configurar y ajustar los *Paneles* existentes:

Los ajustes de panel específicos se pueden cambiar haciendo clic en el icono de engranaje en el panel y seleccionando *configuración* (o edición en algunos tipos de *Paneles*).

Una configuración particularmente útil es la *configuración de visibilidad*, a la que se puede acceder a través del menú de engranajes. Esto le permite utilizar el mismo tipo de condiciones utilizadas para el control de acceso y para las reglas de selección, para determinar cuando el panel está visible u oculto.

Los *Paneles* pueden ser borrados con la opción *eliminar* del menú de equipo. También pueden ser desactivados temporalmente con la opción *habilitar/deshabilitar* del panel. Para que estos se vuelvan a habilitar tendrá que activar *habilitar* en la opción este panel.

Puede configurar IDs y clases CSS en cada panel con la opción de propiedad CSS que se encuentra en el menú de equipo.

Si el panel hereda su título de un panel, también hay una opción en el menú con el icono de engranajes para seleccionar este panel como se utiliza para el ajuste del título.

Puede mover los *Paneles* entre las regiones, se hace clic sobre el y arrastrándolo en la lista de títulos de cada panel.

¿Cómo puede ser utilizado? Un panel que muestra el formulario de comentarios sólo se muestra si se le permite al usuario activo enviar comentarios.

Una página personalizada que muestra tanto el contenido reciente del usuario activo y el contenido reciente realizado por el autor de un nodo que se está viendo, puede esconder una de estas listas si el usuario activo es el autor nodo.

Edición de páginas y variantes personalizadas

Cuando los pasos para crear una página personalizada son más, usted será llevado a una visión general de la página personalizada. (Ver figura 13.12). Esta contiene una serie de pestañas en la parte izquierda y en la parte principal de la página que contiene la configuración de la pestaña seleccionada. Usted puede cambiar entre las pestañas para editar cualquiera de las configuraciones descritas anteriormente, a excepción de los tipos de variantes (como el panel o el código de respuesta HTTP), que no se pueden cambiar.

En la página de la información también puede encontrar enlaces para clonar, exportar, eliminar y deshabilitar temporalmente cada variante de los mismos ajustes que están disponibles para la página personalizada en su conjunto. También encontrará un enlace para añadir más variantes a la página personalizada. Como administrador de la página utilizará la primera variante que se combina con las reglas de selección, también hay una reordenación de los enlaces de las variantes.

¿Cómo puede ser utilizado? Una variante sin reglas de selección del nodo nodo/% del rol personalizado puede colocarse en la parte inferior de la lista de la variante, que se utilizará si no hay otra variante de ajuste.

Una variante que se utiliza para mostrar los artículos puede ser clonada y a continuación, editada libremente, para crear una variante para la visualización de páginas básicas.

You have unsaved changes to this page. You must select Save to write them to the database, or Cancel to discard these changes. Please note that if you have changed any form, you must submit that form before saving.

Save   Cancel

Figura 13.12: En el resumen de una página personalizada podrá cambiar entre todas sus variantes, y editar prácticamente todos los ajustes dentro de estas.

TIP: Hay una diferencia entre la actualización y en guardar una página personalizada. Al igual que en las vistas, es un buen hábito guardar la configuración, al menos una vez para no correr el riesgo de perderlo todo al salir de la configuración.

Configuración de las páginas de códigos de respuesta http

El procedimiento de adición y edición de un código de respuesta HTTP para una página personalizada es corto y fácil en comparación con la creación de los *Paneles*. Este tipo de variantes, también tienen reglas de selección y objetos contextuales. La configuración principal se compone de una variante de nombre y el código de respuesta utilizada en esa ruta. (Ver figura 13.13).

Hay tres opciones para los códigos de respuesta: 404 página no encontrada, 403 acceso denegado y 301 redirección. La opción de redirigir le permite introducir la ruta a la que se debería de redirigir al usuario. Puede introducir una ruta Interna, así como rutas externas y también puede utilizar fichas que proporcionan los objetos contextuales.

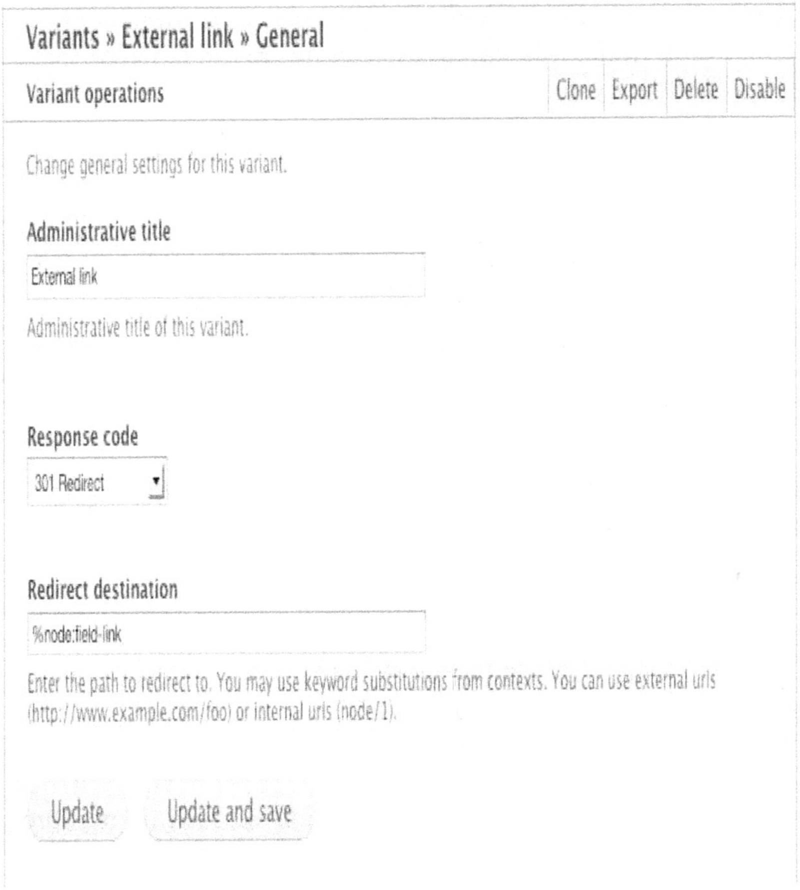

Variants » External link » General

Variant operations		Clone	Export	Delete	Disable

Change general settings for this variant.

Administrative title

External link

Administrative title of this variant.

Response code

301 Redirect ▾

Redirect destination

%node:field-link

Enter the path to redirect to. You may use keyword substitutions from contexts. You can use external urls (http://www.example.com/foo) or internal urls (node/1).

Update   Update and save

Figura 13.13: La configuración de las páginas personalizadas de respuesta tienen varios tipos de código HTTP que suelen ser usadas por las páginas web.

¿Cómo puede ser utilizado? Un sitio web que utiliza los nodos para construir un catálogo de las páginas web externas de interés para los visitantes, puede utilizar una variante para redirigir y enviar a cualquier visitante que hace clic en un nodo hacia el sitio que lo enlaza.

El mismo sitio puede tener otra variante para comprobar si se permite que el usuario active la edición del nodo, y si es así, redirigirlo a la página de edición.

Cuando se construyen los enlaces, normalmente, Drupal comprueba si se le permite al usuario activo visitar la página de destino. Si la página resultante es una redirección, Drupal sólo comprobará si la redirección es accesible. Por lo tanto, usted puede acabar mostrando enlaces hacia las páginas de *Access Denied* si fuerza demasiadas redirecciones en su sitio web.

Otros módulos para la Administrador de la página

Además de los *Paneles* y del administrador de la página, el único módulo que proporciona tipos de variantes es la administración contextual.

Se utiliza para:

Crear páginas de administración personalizadas, por ejemplo, para crear nuevos nodos con referencias a nodo pre-populate (rellenadas previamente)

Ver la creación de páginas donde los *Roles* se establecen y se ocultan

Para la colocación de añadir términos a una página en una sección del sitio en donde se utilizan realmente los términos.

Los administradores del sitio serán más felices si aprendes a usarlo bien.

Vistas de contenido en paneles

En esta última sección de este capítulo del libro hemos mencionado una de las herramientas más potentes, flexibles y divertidas para la construcción de la estructura de la información – *Views* de contenido en *Paneles (Views Pane Content)*.

Views contenidas en *Paneles* es un módulo incluido en la suite del proyecto de *herramientas Chaos* y es un excelente puente entre el administrador/*Paneles* y las vistas de la página. El módulo proporciona un nuevo tipo de presentación para *View*, el panel de contenido. Nos permite configurar las partes de la configuración de la vista desde el panel.

Los dos factores más importantes que hacen que este tipo de presentación tenga un gran alcance son:

Usted puede controlar exactamente cómo se alimentan para la vista los valores de sus filtros contextuales y el tipo de datos que estarán disponibles con el fin de llamar a la vista. Esto significa que usted puede ignorar por completo las opciones clunkly para la creación de los valores por defecto de los filtros contextuales. Esto no sólo es cómodo para usted, como desarrollador de Drupal, sino que también hace que sus vistas sean más seguras y confiables.

Se puede ajustar un buen número de opciones para la vista. En un panel, usted podrá usar al usuario activo para construir un valor del filtro contextual y mostrar diez resultados, y en otro panel podrá usar el autor del nodo en el filtro contextual y mostrar tres resultados. Esto disminuye la necesidad de crear diferentes presentaciones y facilita la reutilización de la configuración. Esto a su vez hace que el sitio sea más fácil de entender, desarrollar y mantener.

Uso de las vistas de contenido en paneles

Al utilizar el módulo *Views* de contenido en *Paneles* (*Views Pane Content*) con *Views* activado, podrá agregar presentaciones del tipo panel de contenido. Estos tienen unos ajustes específicos de presentación, que se encuentran en el panel de configuración (véase la figura 12.14):

Título Admin: Este es el nombre que se utiliza para representar el panel en la lista de *Paneles* de contenido disponibles.

Administración desc: Esta es una descripción más detallada del panel y se muestra como un texto de ayuda de la lista de *Paneles* de contenido disponibles.

Categoría: Esta es la categoría en la que se coloca el panel de la lista de los *Paneles* de contenido disponibles.

Enlace para ver: Esta opción crea un enlace del título del panel a cualquier presentación de la página configurada para la vista.

Usar ruta del panel: Cuando una vista depende de una ruta de acceso, como por ejemplo los filtros expuestos que se muestran en los *Bloques*, esta opción hará que la vista utilice la ruta en la que se incrusta la vista.

Argumentos de Entrada: Esta es la opción que, más que cualquier otra, hace que este tipo de presentación sea de gran alcance. Puede configurarla para recoger los valores de los filtros contextuales del panel donde se incrusta la vista. Usted puede configurar cada entrada de filtro contextual por separado. Vea más abajo para obtener más información acerca de las opciones.

Permitir ajustes: Este ajuste le permite anular algunas de las configuraciones de la vista en cada incorporación del panel de la vista. Estos ajustes estarán disponibles en la configuración para el panel. Vea la sección aparte para obtener información sobre las opciones.

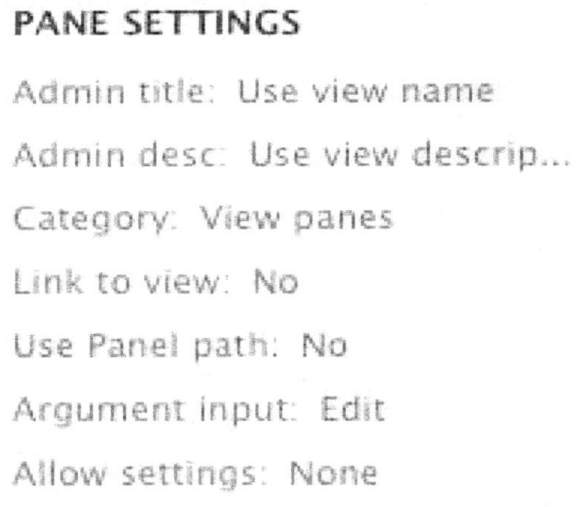

PANE SETTINGS

Admin title: Use view name

Admin desc: Use view descrip...

Category: View panes

Link to view: No

Use Panel path: No

Argument input: Edit

Allow settings: None

Figura 12.14: El tipo de panel de contenido tiene una serie de ajustes específicos de presentación. Los más interesantes son el argumento de entrada y permitir ajustes.

¿Cómo puede ser utilizado? La opción de título administrativo es especialmente útil cuando una vista tiene dos presentaciones diferentes para el panel de contenido, ya que como por defecto heredan el nombre de la vista, puede ser difícil de distinguir cuando se trabaja sobre *Paneles* o vistas.

La opción categoría es especialmente útil para crear una serie de presentaciones relacionadas con las mismas características en una página web, como la agrupación en una galería de fotos de la categoría *Paneles*.

Introducción de valores en los filtros contextuales en vistas de contenido de paneles

El argumento de entrada de la configuración en el panel de configuración de grupo tiene un número de opciones. (Ver figura 13.15).

Ningún argumento: Esta opción no recoge ningún valor para el filtro contextual del panel.

Argumento Comodín: Esta opción devolverá todos los resultados del filtro contextual.

De contexto: Esta es la configuración más utilizada y hace posible el uso de la información de los objetos de contexto en el panel donde seleccionamos los valores del filtro. En una lista muy larga, podrá seleccionar (1) qué tipo de objeto contextual debe exigir al incrustar la vista y (2) que los datos deben ser recogidos a partir del objeto contextual. Cada entrada del filtro también (opcionalmente) se puede comprobar como contexto, por lo que es posible embeber la vista, incluso si el tipo de objeto del contexto especificado no está disponible en el panel. Una de las opciones más comunes es la de requerir un objeto de nodo, y recoger su identificador como valor de filtro contextual.

Los argumentos del panel: Si la página personalizada del panel no tiene ningún argumento de ruta, estos pueden ser utilizados como valores del filtro de contexto de la vista. El uso del contexto, normalmente proporciona una mayor flexibilidad y precisión.

Fijo: Esta se utiliza para proporcionar un valor estático, introducido manualmente por el filtro contextual.

Entrada en config panel: Esto le permite, como administrador, introducir manualmente un valor de filtro en el diálogo de la configuración del panel.

¿Cómo puede ser utilizado? En una presentación que vaya a listar el contenido más reciente escrito por (con filtros contextuales) el usuario especificado, podría alcanzar un valor del filtro de contexto para asegurarse que el valor proporcionado es siempre un ID de usuario válido.

Los artículos mostrados en una lista con la etiqueta (con filtros contextuales) de un término especificado podrían ser embebidos en una página de presentación de nodo en el que una etiqueta se carga como un objeto de contexto, para mostrar los artículos similares, así como en una página de términos de taxonomía.

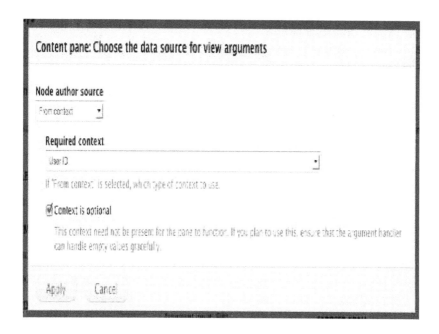

Figura 13.15: La configuración de entrada de argumentos le permite que la presentación busque los valores de los filtros contextuales de los objetos contextuales en una página personalizada.

Anular ver la configuración de los cuadros de contenido

Con las vistas, normalmente necesitamos crear presentaciones separadas para lograr, incluso, cambios tanto mínimos en cómo se muestra como en como se utiliza la vista. Con el display de panel de contenido, puede anular una serie de ajustes en el diálogo de la configuración que se muestra en los *Paneles* cada vez que se incrusta la vista. Esto disminuye significativamente la necesidad de tener presentaciones diferentes. (Ver figura 13.16). Los ajustes que se pueden reemplazar son:

Utilizar paginador: Esto anula la configuración de la paginación en la vista.

Artículos por página: Esto anula el número de resultados por página.

Paginador compensado: Esto anula la compensación para la vista, omitiendo los primeros resultados.

Enlace para ver: Esto anula la posibilidad de vincular el título del panel a cualquier visualización de la página (o ruta anulada).

Override Path: Esto permite el ajuste manual de una nueva ruta de la base de la vista, en vez de usar cualquier visualización de la página. Esto es útil cuando se utiliza la configuración expuesta en un panel de contenido de la vista.

Anulación del título: Es el ajuste más común y permite anular el título de la vista.

Utilice el formulario de reproductores expuestos como panel de configuración: Esta configuración incorpora los ajustes expuestos en el marco del diálogo de la configuración del panel, en vez de mostrarlos al usuario final.

Los campos anulados: Esta opción le permite, como administrador, seleccionar los campos de la vista que se deben mostrar.

¿Cómo puede ser utilizado? Utilizando la opción de anulación del título, veremos una lista del contenido de la presentación creada por un usuario específico que puede dar el título de mi contenido en un panel que muestra el contenido del usuario activo.

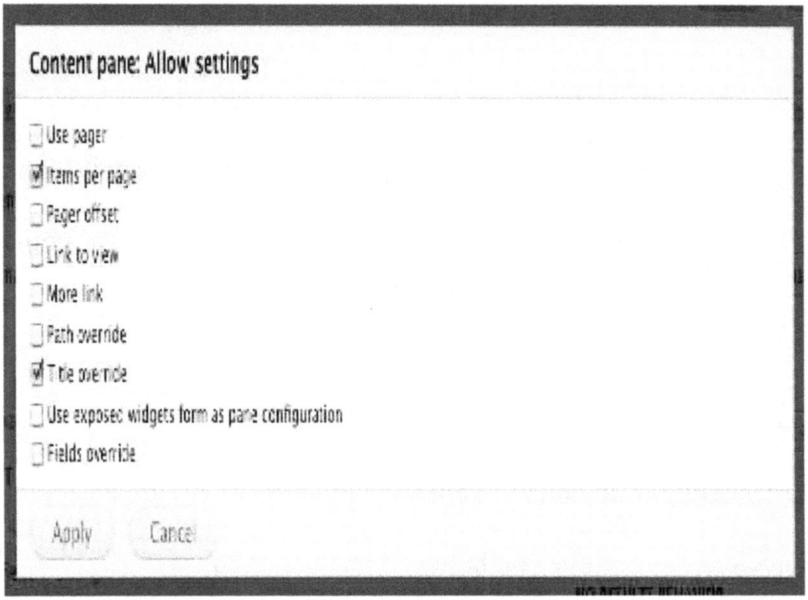

Content pane: Allow settings

- ☐ Use pager
- ☑ Items per page
- ☐ Pager offset
- ☐ Link to view
- ☐ More link
- ☐ Path override
- ☑ Title override
- ☐ Use exposed widgets form as pane configuration
- ☐ Fields override

Apply   Cancel

Figura 12.16: La configuración permite opciones que hace posible reemplazar partes de la configuración de la vista del panel donde se incrusta la vista.

TIP: El módulo *Views Content Panels* también proporciona un tipo de presentación llamada contexto. Se puede cargar como un contexto las páginas personalizadas, con dos efectos. El primero es que los elementos individuales de la vista, tales como el paginador, la configuración expuesta o las filas seleccionadas, pueden tener una salida como si fueran *Paneles*. La segunda es que los resultados de la vista pueden ser cargados como nuevos objetos contextuales. Esta última función permite que sucedan cosas extrañas y maravillosas.

Ejercicios: Sitio de la documentación

Estos ejercicios se basan en los ejercicios anteriores en la suite del sitio de la documentación. Se pueden llevar a cabo de forma individual, con un poco de preparación, o en secuencia con los ejercicios anteriores. Los ejercicios requieren el uso de los conceptos descritos en las partes A y B de este libro, así como el presente capítulo.

Actualizar fácilmente sus propias colecciones

Ver las páginas de la documentación en el contexto de colección

Seleccione colecciones en la lista de navegación

Actualizar fácilmente sus propias colecciones

Nota del autor: Este ejercicio es bastante tonto, ya que nos dará una gran cantidad de trabajo y el resultado no será muy útil. Sin embargo, podría ser un buen ejercicio de calentamiento, y una buena manera de ver lo que se puede hacer con el administrador de la página. Pero no dude en pasar al ejercicio siguiente inmediatamente. Es mejor.

Como miembro del sitio veo mis propias colecciones de documentos, me gustaría tener la forma de poder editar una colección que esté disponible en una columna separada. Esto es importante ya que casi siempre quiero cambiar el contenido de una colección cuando visito a mis páginas de la colección. Esta característica me ahorraría hacer un clic en la pestaña Editar.

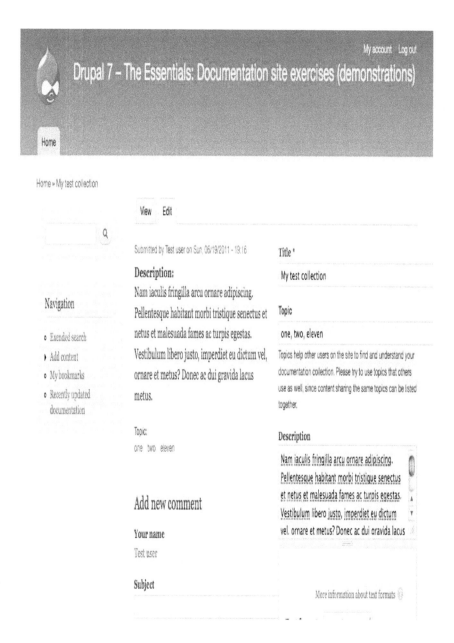

Figura 13.17: Un ejemplo de cómo pueden verse las páginas de recogida de la documentación.

Como demostración

Inicie sesión en el sitio con una cuenta diferente del usuario 1. (Cree una cuenta si es necesario.)

Cree una colección.

Al visitar la página de la colección, compruebe que terminan en una página que muestra tanto el contenido de la colección como el formulario para la edición de la colección en columnas separadas.

Desconecte e inicie sesión. Visite la página de la colección con una cuenta de usuario que le permita ver y editar la colección, pero siendo diferente del autor de la colección. (Usted puede usar la cuenta de usuario 1.)

Compruebe que la colección se muestra sin ningún tipo de edición.

Preparación

El sitio debe de tener la página de la documentación y los tipos de contenido de colección, según lo dispuesto por los primeros ejercicios de esta suite.

Solución sugerida

Vaya a la página de la documentación del administrador de la página. Habilite el nodo nodo/%/ edite la página y añada una nueva variante con el nombre de la edición de la colección propia. Que sea un panel con variantes, y compruebe que desea añadir tanto las reglas de selección como los contextos.

Como regla de selección añada, nodo: Tipo y compruebe que el nodo se editó como una recopilación de la documentación.

En la configuración de contexto, añada al autor del nodo como un contexto mediante la selección del usuario del nodo (en node.node_author) en la lista, para añadir las relaciones. Llame al nuevo contexto de objetos autor de la colección.

En la configuración de diseño del panel, seleccione un diseño de dos columnas. En la configuración básica del panel, deje todos los ajustes con los valores predeterminados.

En la configuración del panel de contenido, añada contenido en el nodo de la columna izquierda. Establezca todas las opciones para limitar la presentación del nodo como completo.

En la columna derecha, agregue la forma panel general.

Deje que la página personalizada herede el título de uno de los *Paneles*. Edite los dos cristales para anular sus títulos con un texto vacío, para no duplicar los títulos en la página.

Actualizar y guardar la página personalizada. Ahora, con todos los objetos de contexto disponibles, revise la ficha *Reglas* de selección y añada el criterio, usuario: comparativas para verificar que el usuario conectado es el mismo que el autor de la colección.

En el administrador de inicio del Paginador, active y edite el nodo nodo/% de la página personalizado.

Añada una nueva variante con el nombre de redirección para la edición de las colecciones propias. Que sea una variante de código de respuesta HTTP, y comprobar que desea añadir tanto las reglas de selección como los contextos.

Añada las mismas reglas de selección y de contextos, como en la página personalizada anterior, utilizando la redirección sólo en las colecciones, y añadiendo al autor de la colección como contexto.

Como código de respuesta, seleccione el redireccionamiento 301 con el objetivo de nodo/% node: nid/edit. Actualice y guarde la página personalizada.

Edite las reglas de selección de nuevo y añada el criterio de que el usuario conectado debe ser el mismo que el autor de la colección.

Comentarios

Existen varios enfoques posibles para esta historia de usuario. La solución propuesta redirige a la página de edición. Otro enfoque consistiría en integrar el formulario de edición de la página de la vista.

En la variante de redirección, también tendría sentido añadir la regla de selección, nodo: acceso para verificar que el usuario conectado tiene acceso para editar la colección.

Ver las páginas de la documentación en el contexto de una colección

A medida que construyo el sitio, me gustaría ser capaz de saber qué colección está actualmente activa, y en ese caso, cuando un usuario visite una página de la documentación, Quiero que esté implementado para ser capaz de mostrar las páginas de la documentación en el nodo con una URL /[collection-nid]/[docspage-nid]. Esto es importante ya que permite añadir mejoras adicionales al sitio, para la visualización de las páginas de la documentación en el contexto de una colección.

Tenga en cuenta que esta no es una historia de usuario, ya que no aporta ningún valor a los usuarios finales del sitio. En realidad debería de ser una tarea de desarrollo dentro de una historia de usuario.

Como demostración

Inicie sesión en el sitio.

Cree una página de la documentación. Recuerde su ID de nodo.

Cree una colección de la documentación, incluyendo la nueva página de la documentación. Recuerde su ID de nodo.

Introduzca manualmente la dirección URL del nodo de la siguiente manera /[collection-nid]/[docspage-nid]. Compruebe que se muestra la página de la documentación.

Modifique la URL y reemplace el ID del nodo de la página de la documentación por una cadena o por un número que no corresponda con ningún ID de nodo de la página de la documentación. Verifique que se le da una respuesta "404 página no encontrada".

Modifique la URL para sustituir el ID de nodo de la colección por una cadena o por un número que no corresponda a ningún ID de nodo de recogida. Verifique que se le da una respuesta "404 página no encontrada".

Preparación

El sitio debe tener la página de la documentación y los tipos de contenido de colección, según lo dispuesto por el primer ejercicio de esta suite.

Solución sugerida

Vaya a la página del administrador general de la vista y añada una nueva página personalizada. Llame a la página de la documentación dentro de una colección, déle la ruta nodo/%recogida/%docspage y compruebe que quiere tener reglas de selección, que sea una variante en el panel.

En la configuración del argumento, el ajuste recopilación% y %docspage debe interpretarse en el ID del nodo, y darles las etiquetas de la colección y de la página de la documentación.

En la configuración de las reglas de selección, añada las condiciones para comprobar que la página de recogida de la documentación corresponde a los tipos de nodo esperados.

Elija el diseño de una sola columna. Deje el panel de configuración tal como está.

En el panel de contenido, añada contenido al nodo y vea que la configuración imita a una presentación de nodo estándar. Reemplace el título con una cadena vacía, y en su lugar dejamos la variante de panel como una presentación de todo el título heredada del panel.

Comentarios

Si hay un control de acceso en la recopilación de la documentación, tiene sentido también visualizar las páginas de la documentación permitidas dentro de ese contexto. También tiene sentido el añadir un control de acceso en la página de la documentación, para asegurar que el usuario activo pueda visualizarla. El administrador de la página no mostrará los nodos a los que un usuario no está autorizado a acceder.

Sin duda tiene sentido verificar que la página de la documentación de la vista realmente está incluida en la colección activa. Sin embargo, esto requiere condiciones que no se admiten de forma nativa en CTools. Si va a instalar el módulo de *Reglas Bonus Pack*, el administrador de la Página puede utilizar los componentes de *Reglas* para comprobar las condiciones. Esto aumenta drásticamente las posibilidades para controlar el acceso.

Para hacer que el visitante sea más consciente de la colección durante la navegación por el sitio web, se puede agregar un panel por encima de la página de la documentación, diciendo: Ha accedido a la colección%: título de la colección.

Seleccione Lista de colecciones

Como visitante del sitio ver una recopilación de la documentación, me gustaría cambiar fácilmente entre diferentes páginas de la documentación en la colección. Me gustaría hacer esto con una lista de selección en la parte superior de la página, que contiene todas las páginas de la colección. Me gustaría que la misma lista de selección disponible al ver la colección en sí. Esto es importante ya que me ayuda a ver las páginas individuales sin tener que referirse a la colección de todo el tiempo.

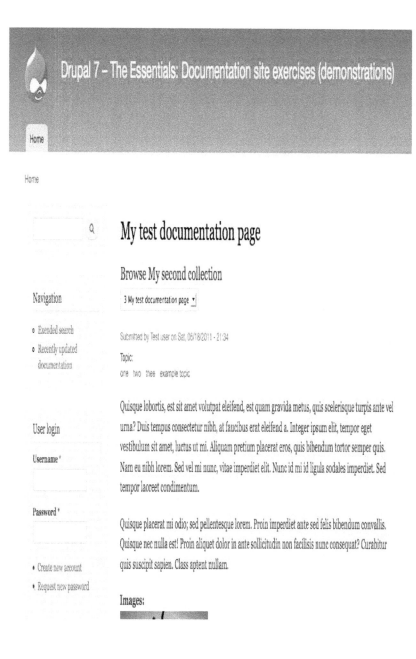

Figura 13.19: Ejemplo de cómo se puede ver la página de la documentación.

Como demostración

Inicie sesión en el sitio.

Cree un fondo documental, que una a al menos dos páginas de la documentación. (Cree páginas de la documentación en primer lugar, si es necesario.)

En la recopilación de la documentación, compruebe que hay una lista de selección con las páginas de la documentación incluidas.

Al seleccionar una página de la lista, compruebe que se le presenta la página correspondiente y que la lista todavía está presente.

Preparación

El sitio debe de tener la página de la documentación y los tipos de contenido de colección, según lo dispuesto por los primeros ejercicios de esta suite.

El sitio debe ser capaz de mostrar las páginas de la documentación en el contexto de una colección, como se describe en el ejercicio anterior.

Solución sugerida

Crear una nueva vista en un nodo con el nombre de navegación de la colección. No se necesita ninguna restricción para el tipo de contenido, no tendrá clasificación, y ni se mostrará.

Agregue el filtro contextual, contenido: nid para filtrar la colección activa. Reemplazar el título por 1% para poder navegar y también verificar que se trata de un ID de un nodo de la colección.

Agregar una relación, uniéndose a las páginas de la documentación incluidas en la colección. Asegúrese de incluir todos los deltas.

Añadir el campo a la vista, contenido: nid. Excluir el campo de la visualización, y asegúrese de que no tiene etiqueta.

Añadir otro campo a la vista, contenido: nid. Use la relación de las páginas de la documentación, para obtener el ID de nodo de la página en vez de la colección. Habilitar la reescritura, y cambiar el contenido de un campo a nodo/[nid]/[nid_1]. Esta es la ruta de acceso utilizada para la visualización de las páginas de la documentación en un contexto de colección. Excluir el campo.

Agregar un campo a la vista, global: ver resultado contador. Retire cualquier etiqueta.

Edite el campo del título que se incluye por defecto. Utilice la relación con las páginas de la documentación. También cambie el orden de los campos para obtener el título anterior.

Cambiar el estilo de la vista a Jump menú. Utilice el campo ID del nodo en la ruta de la página.

Agregar un panel de contenido a la presentación de la vista. Cambie los ajuste del argumento de entrada a partir del contexto, y busque el ID de contenido de un nodo disponible como contexto.

Marcar el título administrativo, la descripción y la categoría de la presentación, por lo que será fácil de entender sus funciones al incrustar en un panel.

En la información general para el administrador de la página, editar la página personalizada para mostrar una página de la documentación en el contexto de una colección. Añadir la nueva vista en la parte superior de la página, utilizando la colección como valor del filtro para la vista

En la página personalizada del nodo nodo/%, añadir una nueva variante llamada colecciones de documentos. Utilice las reglas de selección para utilizar únicamente esta variante para ver las colecciones.

En la página de la colección, añadir a la navegación el panel de la vista de recogida de información y el contenido del nodo de la colección. Asegúrese de que el panel hereda el título del contenido del nodo.

Comentarios

En este ejercicio en realidad es posible utilizar un bloque de vistas estándar en vez de un contenido de panel de vistas. Esto es simplemente porque la función de carga del nodo actualmente está considerada como un valor del filtro contextual que se deja engañar por una URL que es similar a una página de la colección.

En la configuración del Jump menú, seleccione el valor del filtro contextual actual. Esta es una descripción inexacta de cómo usar la ruta actual como un valor predeterminado en la lista, si coincide con alguna de las opciones. Al marcar esta casilla hará que la lista de selección de navegación sea más natural, ya que muestra la página que se está visualizando en cuanto sea posible.

También puede ser una buena idea incluir la recolección de navegación en la parte inferior de las páginas de la documentación.

Parece razonable que la mayoría de la gente esté interesada en la lectura de la siguiente página cuando están en la página actual.

Esta página de la documentación también aparece en...

Como visitante del sitio cuando estoy viendo una página de la documentación, me gustaría tener una lista de todas las colecciones que incluyen esta página. Si ya estoy navegando en una colección, quiero que otras colecciones puedan ser listadas. Esto es importante ya que puede me ayuda a encontrar y a utilizar las otras colecciones, y a aprender más acerca de cómo utilizar los temas que estoy estudiando.

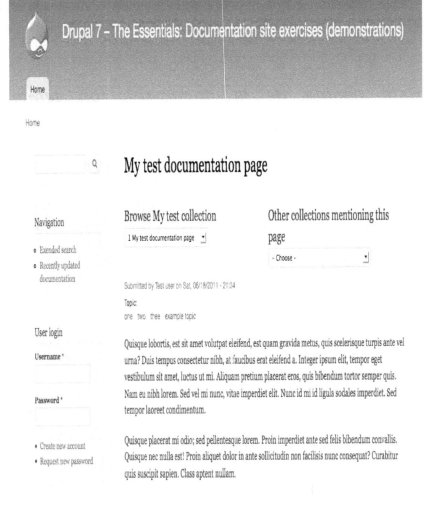

Figura 13.20: Un ejemplo de como puede ver una lista de las colecciones al visualizar una página de la documentación.

Como demostración

Asegúrese de que hay al menos tres páginas de la documentación disponibles.

Asegúrese de que hay al menos dos colecciones de documentos, y que hay por lo menos una página a los que ambos hacen referencia, y que ambos tienen al menos una página que no hace referencia a otra colección.

Fuera de cualquier contexto de la colección, vea una página de la documentación incluida en más de una colección. Compruebe que hay enlaces a las colecciones disponibles en la página de la documentación.

Compruebe que los enlaces nos llevan a la vista de la página de la documentación en el contexto de la colección seleccionada.

Compruebe que cualquier selección activa en ese momento no esté presente en la lista de colecciones que hacen referencia a la página visualizada.

Preparación

El sitio debe tener la página de la documentación y los tipos de contenido de colección, según lo dispuesto por los primeros ejercicios de esta suite.

El sitio debe ser capaz de mostrar páginas de la documentación en el contexto de una colección, como se describe en los dos ejercicios anteriores.

Solución sugerida

Crear una nueva vista de nodo, llamada colecciones que citan a la página visualizada. Sin clasificación, ni filtrado ni presentaciones, ya no son necesarias en la página del asistente.

Agregue filtros contextuales en el campo de referencia de nodo, filtrando todas las colecciones con un valor dado en sus referencias a las páginas de la documentación. Verifique que el valor del filtro contextual es un ID de nodo de una página de la documentación. Establecer reemplazar el título a las colecciones que citan a esta página.

Añadir otro filtro contextual, contenido: nid. Seleccione *Mostrar* todos los resultados para el campo especificado como la acción a llevar a cabo cuando ningún valor de filtro esté presente.

Validar que el valor de filtro (segundo) es un identificador de nodo colección. Ajustar la corrección del título para otras colecciones que citan a esta página. En los ajustes *más*, compruebe la opción exclusión.

En la configuración del paginador, configurar la vista para mostrar todos los resultados.

Añadir el campo a la vista, contenido: nid. Excluir el campo, y el uso de las opciones de reescritura y cambiarlo a nodo/[nid]/1!, que coincide con el recorrido para ver las páginas de la documentación en el contexto de una colección.

Edite el campo título de la vista que aparece por defecto y desactivar la opción de enlace.

Ajuste el formato de visualización a menú de salto (Jump *Menú*). Utilice el campo ID del nodo reescrito como ruta.

Agregar un contenido display panel. Establecer el título administrativo, la descripción y la categoría de una manera que haga que sea fácil de entender el panel en los *Paneles*.

Establezca el argumento de entrada a partir del contexto de ambos filtros contextuales, para buscar la identificación de contenido de un objeto de nodo. Hacer que el segundo valor del filtro contextual sea opcional.

En el resumen de la página y el administrador de la página ponemos nodo/%nodo, agregue una nueva variante a las páginas de la documentación. Haga que se muestre la página visitada y también la vista del panel con las colecciones que se citan en la página. Utilice la página visualizada como la primera entrada del filtro contextual, dejando el segundo vacío.

En la página personalizada que muestra las páginas de la documentación en el contexto de una colección, añadir el panel en la vista. Utilice la página para el primer valor del filtro contextual, y la colección para la segunda.

Comentarios

La historia de usuario no le dice cómo se deben enumerar las colecciones, el Jump menú es una de las varias opciones que existen. También funcionaria con una lista HTML plano.

Podría tener sentido añadir un comportamiento sin resultados a la vista, diciendo que no hay ninguna colección de las consultadas en esta página. Sin embargo, sería difícil hacer variar el texto dependiendo de si la página se está viendo en el contexto de una colección o no.

Redireccionar cajas informativas para las páginas de artículos

Como propietario de un sitio, me gustaría evitar que los visitantes puedan ver accidentalmente las cajas de noticias directamente en sus páginas de nodo. Esto es importante ya que las cajas de noticias son siempre una parte de los artículos y no deben ser vistos fuera de contexto.

Como demostración

Inicie sesión en el sitio como un escritor.

Cree un artículo y luego cree una caja de noticias en relación con el artículo. Copie la dirección URL de la página de la caja de noticias.

Desconecte la sesión. Vaya al sitio web como un visitante anónimo, visite la página de la caja de noticias (pegando la URL).

Verifique que le redirige a la página del artículo.

Preparación

El sitio debe tener un artículo de noticias y una caja de noticias del tipo de contenido noticias, según lo dispuesto por los primeros ejercicios de esta suite.

Comentarios

Este es un caso bastante simple en la que las cajas de noticias se refieren a los artículos, ya que hace que sea fácil acceder a la ID del nodo correspondiente. Si la referencia fue puesta en los artículos, en relación con cualquier número de cajas de noticias, todavía sería posible conseguir esta funcionalidad. Sin embargo, esto (lo más probable) requerirá del uso del modo de visualización de contexto en las vistas y luego cargar el primer resultado de la vista como un contexto en el administrador de la página.

Cuadro de Noticias Alternativo que vuelve a dirigir a los escritores

Como escritor, yo no quiero ser redirigido a la página del artículo cuando veo una caja de noticias, sino más bien a la página de edición del cuadro de noticias. Esto es importante ya que debería ser capaz de modificar el contenido de las cajas de noticias.

Como demostración

Inicie sesión en el sitio como un escritor.

Cree un artículo y luego cree una caja de noticias en relación con el artículo.

Al guardar la caja de la noticia, compruebe que está termina en la página de edición de la caja de datos en vez de en la página de la vista.

Truncar manualmente la dirección URL de la página en la edición de la caja de noticias con "node/NID" en vez de "node/NID/edit". Compruebe que todavía le redirige a la página de edición.

Preparación

El sitio debe tener un artículo de tipo de contenido de noticias, según lo dispuesto por el primer ejercicio de esta suite.

Listas de la Sección para secciones superiores

Al propietario del sitio le gustaría redirigir a los visitantes del sitio desde la vista de las listas de los términos de la taxonomía de cualquier subsección hacia la lista de la sección de nivel superior correspondiente. Esto es importante, ya que el mantenimiento de todas las listas de la subsección le lleva demasiado tiempo a los editores y el tiempo estará mejor invertido si mejoramos las listas de la sección de nivel superior.

Como demostración

Inicie sesión en el sitio como un escritor.

Cree un artículo (Alfa), colocándolo en la sección Mundo.

Cree otro artículo (Beta), colocándolo en la *sub*sección Europa.

Desconecte su sesión. Visite la web como un visitante anónimo, consulte el artículo Beta y haga clic en el enlace de la sección Europa. Compruebe que termina en la lista de términos de taxonomía para la sección Mundo.

Compruebe que los artículos de las *sub*secciones mundo también están incluidos en la lista, mediante la verificación de que Beta está enumerado.

Preparación

El sitio debe tener un artículo de tipo de contenido de noticias, según lo dispuesto por el primer ejercicio de esta suite.

El sitio debe tener un vocabulario sección, tal como se describe en el ejercicio en el capítulo taxonomía.

Ver artículo con la lista de la sección del artículo de nivel superior

Como visitante del sitio, cuando leo un artículo de prensa, me gustaría tener más artículos en la sección de nivel superior del artículo que veo en la parte inferior de la página. Esto es importante, ya que me ayuda a encontrar más contenido del que me interesa leer.

Como demostración

Inicie sesión en el sitio como un escritor.

Cree un artículo (Alfa) y colóquelo en la parte superior del nivel Mundo.

Cree otro artículo (Beta) y colóquelo también en Mundo.

Cree un tercer artículo (Gamma) y colóquelo en la *sub*sección Europa.

Cree un cuarto artículo (Delta) y colóquelo en Europa.

Desconecte su sesión. Visite la web como un visitante anónimo, vea el artículo Gamma. Verifique que Alfa y Beta se enumeran a continuación de Gamma. Compruebe que Delta no está listado.

Vea el artículo Alfa. Verifique que el artículo que está viendo actualmente está excluido de la lista de debajo de Alfa. Sólo Beta deberá estar visible. Compruebe que Delta no está listado.

Preparación

El sitio debe tener un artículo del tipo de contenido de noticias, según lo dispuesto por el primer ejercicio de esta suite.

El sitio debe tener un vocabulario de sección, como se describe en los ejercicios del capítulo taxonomía.

Comentarios

Este resultado es muy similar al del ejercicio de redirigir a los visitantes a las listas de términos taxonomía de nivel superior. Con una diferencia, es que esta lista sólo incluye artículos directamente marcados con el término de nivel superior, las *sub*secciones no están incluidas. Esto sería posible haciendo uso de los ajustes de "profundidad" de los filtros contextuales en los términos de la taxonomía (en las vistas), pero daría lugar a consultas de base de datos pesadas. Un enfoque alternativo es usar reglas para llenar otra taxonomía de las noticias con la sección de nivel superior y luego ejecutar un filtro contextual contra ese campo. Significaría datos duplicados, que por lo general se deben evitar, pero es una consulta más ligero.

Ver el artículo con las listas de sección de nivel superior del mismo nivel

Como visitante del sitio, cuando leo un artículo de prensa, me gustaría tener más artículos en la sección de nivel superior del artículo y una vista con lo que aparece debajo del artículo, así como una lista de artículos en la misma sección del *sub*artículo que he visto. Si el artículo está en una sección de nivel superior, no sólo debe mostrar una lista de los existentes. Esto es importante ya que ayuda a encontrar más contenidos.

Si estoy muy interesado en la lectura, me molesta me navegar por listas duplicadas de contenido.

Como demostración

Inicie sesión en el sitio como un escritor.

Cree un artículo (Alfa) y colóquelo en la parte superior del nivel Mundo.

Cree otro artículo (Beta) y colóquelo también en Mundo.

Cree un tercer artículo (Gamma) y colóquelo en la *sub*sección Europa.

Cree un cuarto artículo (Delta) y colóquelo en Europa.

Desconecte su sesión. Visite la web como un visitante anónimo, vea el artículo Gamma. Verifique que Alfa y Beta se enumeran a continuación de Gamma. Compruebe que Delta aparece en una lista separada de Gamma, ya que el artículo que está viendo actualmente, está excluido.

Vea el artículo Alfa. Compruebe que Beta se enumera a continuación del artículo.

Asegúrese de que sólo hay una lista con los artículos que se muestran.

Preparación

El sitio debe tener un artículo del tipo de contenido de noticias, según lo dispuesto por el primer ejercicio de esta suite.

El sitio debe tener un vocabulario de sección, como se describe en los ejercicios del capítulo taxonomía.

Sección → Presentación → editor

Como propietario del sitio, me gustaría que los editores de la sección se muestren con una foto y con la información de contacto, junto con todos los artículos de mi *sub*sección de nivel superior. Esto es importante ya que aumentará la confianza que nuestros lectores tienen sobre nuestras noticias, ya que sienten que pueden ponerse en contacto con el editor responsable de las mismas.

Como demostración

Inicie sesión en el sitio como administrador.

Edite la cuenta de un usuario ("Alice"), agregando la sección de primer nivel Mundo a la misma.

Edite otra cuenta de usuario ("Bob"), agregando la sección de nivel superior Ciencia.

Desconecte su sesión. Visite la web como un visitante anónimo, vea un artículo en la sección Europa. Verifique que se muestra la imagen de Alicia y dirección de correo electrónico. Verifique que los detalles de Bob no están presentes.

Preparación

El sitio debe de tener un artículo del tipo de contenido de noticias, según lo realizado en el primer ejercicio de esta suite.

El sitio debe de tener presente un vocabulario sección aplicado a ambas noticias y a las cuentas de usuario, como se describe en los ejercicios del capítulo de la taxonomía.

Apéndice 1: Instalación, gestión de código y temas

A continuación veremos:

Instalación de Drupal

Los módulos

Configuración de para la exportación de código

Los temas

Instalación de Drupal

La versión inicial de esta sección del libro vino del libro de Drupal 7: Conceptos básicos, cortesía de nodeone y Johan Falk.

Requisitos técnicos para la instalación de Drupal

Instalación de Drupal

Requisitos técnicos para la instalación de Drupal

Drupal está escrito en PHP y utiliza una base de datos para almacenar la mayor parte de la información que maneja en su sitio. La plataforma más común para el funcionamiento de Drupal es la llamada LAMP (Linux, Apache, MySQL, PHP), pero se ejecuta en cualquier plataforma que pueda ejecutar PHP y tenga una base de datos que sea utilizable por Drupal. Por ejemplo, usted podría ejecutar Drupal en las plataformas Windows o Mac.

Drupal 7 ejecuta todas las consultas de la base de datos a través de una capa de abstracción, PHP Data Objects (PDO), que le permite, teóricamente, funcionar a Drupal con una amplia variedad de bases de datos. Para trabajar en la práctica, sin embargo, necesitará controladores para administrar la interpretación necesaria entre Drupal y PDO. Esto limita las opciones de las bases de datos que podemos utilizar, pero las bases de datos más comunes ya están preparadas para que los desarrolladores puedan usarlas con Drupal. Drupal soporta MySQL (y sus bases de datos compatibles, como MySQLi y MariaDB), PostgreSQL, SQLite, MS SQL, la bases de datos de Oracle y la base de datos MongoDB no relacional.

Una instalación limpia de Drupal 7 requiere un mínimo de 32 MB de memoria para utilizar PHP, aunque un sitio web completo requerirá probablemente bastante más memoria. Los requisitos de memoria exacta depende de como el sitio esté configurado (y optimizado), pero un desarrollador de Drupal con un límite de memoria para PHP entorno a 128 MB rara vez necesitará preocuparse por la memoria del sitio.

Instalación de Drupal

Para instalar Drupal seguiremos los siguientes pasos:

Descargar Drupal y colocarlo en un servidor.

Hacer dos ajustes en el sistema de archivos de Drupal (o asegurarse de que Drupal pueda hacerlo por usted).

Proporcionar a Drupal toda la información necesaria de acceso a su base de datos.

Establecer unos parámetros básicos para su sitio, como la información para la primera cuenta de usuario.

Estos pasos se describen en más detalle a continuación.

Descargar el código fuente de Drupal

Hacer dos cambios en el sistema de archivos

Instalación a través de la interfaz web

Formas alternativas de instalación de Drupal

Descarga el código base de Drupal

Encontrará la última versión de Drupal en drupal.org. Hay un botón verde de empezar con Drupal, que le proporciona algunos enlaces para empezar de una manera fácil. También hay un enlace directo al núcleo de Drupal en la página principal del sitio. (Ver figura A1.1).

Figura A1.1: Puede descargar Drupal desde drupal.org. El botón de "Comenzar con Drupal (Get Started with Drupal)" es un buen comienzo.

El paquete de archivos descargados suele estar en formato zip o tar.gz, según el enlace de descarga que utilice. Independientemente de su formato, el archivo debe extraerse con la herramienta adecuada y su contenido deberá ser movido a la carpeta raíz de su web en el servidor.

A Drupal no le importará si coloca todos los archivos en una subcarpeta de la carpeta raíz de su servidor o directamente en la carpeta raíz del servidor. A lo único que afecta esto es a la ruta utilizada para acceder al sitio.

TIP: Si usted está usando un servicio de alojamiento web, es probable que necesite un cliente FTP para subir archivos. Un buen cliente FTP es FileZilla (y además es libre).

Usted necesitará la información de acceso FTP que le proporcionará su servicio de alojamiento web.

Hacer dos cambios en el sistema de archivos

Antes de comenzar con la instalación real de Drupal, usted (en la mayoría de los servidores) tendrá que hacer dos ajustes en el sistema de archivos. Esto asegurará que Drupal sea capaz de escribir los archivos en estos dos lugares. Los pasos necesarios son:

En la carpeta raíz de Drupal hay una subcarpeta llamada sites, que contiene una subcarpeta llamada default. Dentro de esta hay un archivo llamado default.settings.php.

Usted deberá copiar este archivo y renombrar el archivo resultante con el nombre de settings.php (situado en la misma carpeta). Tenga en cuenta que el archivo debe ser copiado, y no le cambie el nombre, ya que Drupal también necesita el archivo original.

En la misma carpeta (sites/default), deberá crear una subcarpeta llamada Archives.

El archivo y la carpeta que ha creado, deben tener *Permisos* de escritura para Drupal, lo que significa que deben tener *Permisos* de escritura para el servidor. Estos son los únicos lugares en los que Drupal requiere de un acceso de escritura (a excepción de una carpeta temporal que debe estar fuera de la carpeta raíz de la web y que por lo general se heredan de la configuración del servidor, sin tener que pensar en ello).

TIP: Si usted está usando un cliente ftp, puede cambiar el acceso de escritura a los archivos y carpetas haciendo clic derecho sobre estos y seleccionando cualquier opción similar a las propiedades o atributos de archivo. Cómo le aparezcan los ajustes dependerá del cliente ftp que utilice, pero usted debería ser capaz de encontrar un lugar donde pueda modificar los *Permisos* de escritura.

TIP: En función de como esté configurado su servidor, Drupal podrá ser capaz de hacer él mismo los cambios durante el proceso de instalación. Si usted encuentra este paso confuso, espere y trate de instalar Drupal simplemente siguiendo los pasos del instalador web. Drupal le informará si algunas exigencias no son satisfechas por el servidor, y le ofrecerá algunas sugerencias sobre como actuar para continuar con la instalación.

Instalación a través de la interfaz web

Cuando ya tiene la estructura de archivos en su servidor, podrá realizar la instalación de Drupal llendo a la URL de su sitio web. El servidor se encuentra en el archivo index.php de Drupal y si hay un entorno de base de datos disponible, Drupal ejecutará el asistente para iniciar la instalación. Los pasos del asistente son:

Seleccione un perfil de instalación. El núcleo de núcleo contiene los perfiles Standard y Minimal. (Ver figura A1.2). El perfil Standard contiene una serie de parámetros de uso común, mientras que el perfil mínimo es muy básico, es prácticamente un framework. Hay una serie de perfiles de instalación disponibles en drupal.org, por ejemplo para la construcción de sitios de noticias o de sitios de gestión de proyectos. Todos los ejemplos en este libro se basan en el perfil estándar.

Select an installation profile

⦿ Standard

Install with commonly used features pre-configured.

○ Minimal

Start with only a few modules enabled.

▸ Choose profile

Choose language

Verify requirements

Set up database

Install profile

Configure site

Finished

Save and continue

Figura A1.2: Los desarrolladores profesionales de Drupal tienden a preferir el perfil de instalación mínimo.

Escoja el idioma. Por defecto sólo está disponible el inglés, pero si usted ha descargado los paquetes de idioma adicionales, Drupal los reconocerá y le ofrecerá las alternativas en esta presentación. (Ver figura A1.3). Puede añadir nuevos idiomas, tanto durante la construcción de su sitio, como durante la instalación.

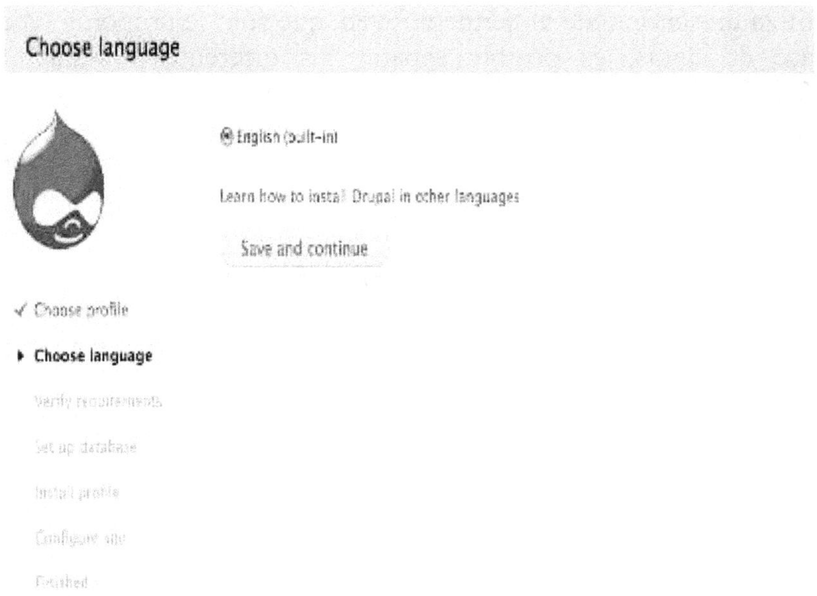

Choose language

English (built-in)

Learn how to install Drupal in other languages

Save and continue

✓ Choose profile

▶ **Choose language**

Verify requirements

Set up database

Install profile

Configure site

Finished

Figura A1.3: Puede añadir más idiomas para que se puedan usar en Drupal (distintos del inglés), incluso durante la instalación.

Cuando los ajustes de idioma están completos, Drupal comprobará que se cumplen todos los requisitos, y si algo está mal, y Drupal no puede solucionarlo por sí mismo, obtendrá un mensaje de error, junto con notas sobre cómo solucionar el problema que ha sucedido.

La configuración de la base de datos: Esto incluye una selección del tipo de base de datos y nos solicitará introducir la información necesaria para acceder a la base de datos, el nombre de la base de datos, el nombre de usuario y las contraseñas. (Ver figura A1.4). Si utiliza un servicio de alojamiento web, que sólo le proporciona una base de datos, es posible separar las diferentes instalaciones mediante el uso de un prefijo de tabla. Un prefijo es un texto breve añadido antes de todas las tablas de las bases de datos creadas por Drupal (como site1_ o site2_).

Database configuration

✓ Choose profile

✓ Choose language

✓ Verify requirements

▶ **Set up database**

Install profile

Configure site

Finished

Database type *

⦿ MySQL, MariaDB, or equivalent

◯ PostgreSQL

◯ SQLite

The type of database your Drupal data will be stored in.

Database name *

The name of the database your Drupal data will be stored in. It must exist on your server before Drupal can be installed.

Database username *

Database password

▼ADVANCED OPTIONS

These options are only necessary for some sites. If you're not sure what you should enter here, leave the default settings or check with your hosting provider.

Database host *

localhost

If your database is located on a different server, change this.

Database port

If your database server is listening to a non-standard port, enter its number.

Table prefix

If more than one application will be sharing this database, enter a table prefix such as *drupal_* for your Drupal site here.

Save and continue

Figura A1.4: Drupal necesita la información de acceso de la base de datos para funcionar correctamente.

Una vez introducidos los parámetros de la base de datos, Drupal ejecutará la instalación real. Esto significa que Drupal estará ocupado durante un minuto, más o menos, y que nos irá mostrando los diferentes pasos durante el proceso de instalación.

Configurar el sitio: Cuando la instalación ya haya finalizado, se le pedirá la información básica del sitio, como el nombre del sitio y la zona horaria. (Ver figura A1.5). También deberá introducir los datos de la primera cuenta de usuario del sitio. A esta cuenta se le conceden todos los *Permisos* del sitio y sólo se debe utilizar durante las actualizaciones de desarrollo y del sistema, es decir, no se debe utilizar como una cuenta personal utilizada para publicar el contenido en el sitio.

Figura A1.5. El último paso está centrado en la información básica del sitio, incluyendo la información de la cuenta de usuario 1.

Cuando se realizan todas estas opciones, la instalación se ha completado con éxito. (Ver figura A1.6). Ahora ya puede comenzar la diversión de experimentar con Drupal.

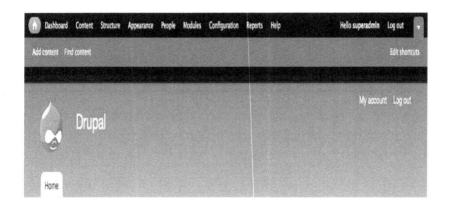

Figura A1.6: Sitio web de Drupal Nuevo, recién terminado el proceso de instalación.

Formas alternativas para instalar Drupal

Hay otros métodos de instalación de Drupal. Muchos desarrolladores de Drupal experimentados utilizan la colección de scripts de Drush para automatizar la descarga e instalación de Drupal. Incluso hay herramientas disponibles para automatizar Drush, par la creación de nuevos sitios de Drupal desde la línea de comandos. Si le fascina esto debería revisar el proyecto Ægir.)

Los nuevos Drupalistas a veces prefieren un solo clic a las instalaciones preparadas, donde es más posible crear un sitio con una configuración predeterminada. Estas instalaciones normalmente requieren que el instalador de la automatización conozca la configuración del servidor. Otra forma que tiene un instalador para conocer la configuración del servidor es instalar un servidor durante la instalación de Drupal.

Puede encontrar un ejemplo de un instalador anfitrión en un solo clic en WebEnabled. Donde verá un ejemplo de un programa de instalación que incluye tanto Drupal y un servidor Acquia para ejecutar Drupal.

Los módulos que se encuentran en drupal.org

Desde que Drupal es un software de código abierto, cualquiera puede crear sus propios módulos, y hace las cosas en base al código de Drupal. Al observar el desarrollo de Drupal, verá que la cooperación funciona extraordinariamente y eso que cada persona trabaja por su cuenta. Una de las maneras de facilitar la cooperación en el mundo Drupal es la capacidad de crear páginas de los proyectos para los módulos en drupal.org, el principal centro de Drupal.

Las páginas del proyecto contienen información acerca de las características del módulo, enlaces, documentación y emitir las colas para dar retroalimentación a los mantenedores de módulos, informar de errores, enviar parches, y un montón de otras cosas. Tener un solo sitio para módulos contribuidos, módulos contrib en la jerga de Drupal, tiene un efecto positivo en la comunidad Drupal, ya que ayuda Drupalistas a cooperar aún más.

TIP: Los módulos sólo constituyen uno de los tipos de proyecto disponibles en drupal.org. También hay temas, perfiles de instalación, la documentación y las traducciones. El propio núcleo de Drupal se ejecuta como un proyecto en drupal.org, utilizando el nombre del proyecto Drupal.

Encontrar módulos

Hay varias de maneras de encontrar módulos que coincidan con las características que desee crear:

Utilice el cuadro de búsqueda en drupal.org y limite sus búsquedas a los módulos (Modules).

Visite la descarga y amplíe el enlace a drupal.org para navegar por las listas de módulos más populares. También puede ir directamente a http://drupal.org/project/Modules.

Pregunte en cualquiera de los foros disponibles, para obtener las opiniones de los desarrolladores de Drupal con experiencia sobre los módulos que responden a sus necesidades. Usted encontrará enlaces a los foros de internet y otras formas de contacto en http://drupal.org/getting-involved (incluyendo chats en vivo). Los sabios aprenden de las experiencias de los demás.

Utilice su motor de búsqueda favorito para buscar en internet.

La evaluación de los módulos

Aprender a reconocer los buenos módulos es una habilidad que requiere tiempo para dominar. Un buen comienzo es, una vez que encuentre un módulo que crea que se ajusta a sus necesidades, compruebe los siguientes criterios:

Asegúrese de que el módulo funciona con Drupal 7 (o la versión de Drupal que esté utilizando). En la página del proyecto del módulo hay una lista de todas las versiones que se pueden descargar. Las versiones de Drupal 7 tienen un número de versión a partir de 7.x (como 7.2).

En la página del proyecto es también hay una cabecera de información sobre el proyecto. Es una buena señal si el estado de mantenimiento del módulo se mantiene activo y el nivel de desarrollo está bajo desarrollo activo. Considere la posibilidad de que algo menos de un millar de instalaciones informaron de algún tipo de error.

La información sobre la última versión del módulo, también se encuentra en la página del proyecto, podría proporcionarle más información. Un número de versión alto indica que el módulo ha estado en desarrollo durante bastante un tiempo y que debería estar más "maduro", con menos bugs. Si, por otra parte, tiene más de seis meses desde que se publicó la última versión, existe un riesgo de que este módulo no esté mantenido activamente. Los módulos disponibles en las versiones beta, alfa o dev, normalmente sólo deben utilizarse en los sitios experimentales.

En contra de la reacción ingenua, un gran número de problemas reportados en la página del proyecto es una buena señal. Esto significa que un montón de gente utiliza el módulo y que se preocupan por su futuro. Por lo general, es una mala señal, sin embargo, si hay más de un 10 o 20 por ciento de los errores referidos que continúan sin corregirse.

Los módulos ofrecen soluciones generales a la mayoría de los casos, y es preferible que resuelvan aquellos problemas más específicos. Este es probablemente el factor más difícil en cuanto a la evaluación de los módulos, ya que está lejos de ser evidente lo que se puede hacer con los módulos más generales. Por suerte, usted tiene este libro para ayudarle.

Por último, se puede, instalar el módulo y probarlo. Cuánto más tiempo pueda pasar probando y aprendiendo los módulos con mayor potencial, mejor será su capacitación en drupal.

Instalación de módulos

La forma más sencilla de instalar módulos normalmente es así:

Puedes encontrar el módulo en drupal.org y copiar el enlace del archivo del módulo (es el enlace con formato tar.gz o zip).

Luego va a la lista de módulos en su sitio Drupal (*Módulos* en la barra de herramientas) y haga clic en el enlace *instalar un nuevo módulo* que se encuentra en la parte superior de la página.

Puedes pegar el enlace al archivo del módulo y hacer clic sobre el botón de instalación. Si Drupal solicita información de inicio de sesión para el servidor, introduzca los datos pertinentes.

Para volver a la lista de módulos, haga clic sobre el enlace para activar los módulos recién instalados.

Usted puede comprobar los módulos que desea habilitar y guardar la configuración. (Ver figura A1.7).

¡Ya está!

Sin embargo, esto no siempre funciona. En estos casos, el procedimiento de instalación más común es la siguiente:

Usted lleva a cabo las etapas 1-4 de la lista anterior, pero falla cuando intenta activar el módulo, no se puede encontrar ninguna página de administración para cambiar los ajustes del módulo, o simplemente no conseguirá que el módulo funcione.

Volverá a la página del proyecto del módulo en drupal.org y leerá las instrucciones de instalación y/o notas sobre el funcionamiento del módulo. Usted puede incluso ver los archivos de texto README o INSTALL para el módulo.

Encontrará todos los pasos adicionales necesarios que tiene que realizar antes de que pueda comenzar a utilizar el módulo. Estos podrían ser:

El módulo depende de otro módulo y no se puede activar hasta que haya descargado ese otro módulo también.

El módulo depende de una biblioteca externa, que debe ser descargada manualmente.

El módulo es un módulo API, sin ninguna interfaz de usuario (y sólo es útil cuando se combina con otros módulos).

El módulo se conecta a un servicio de terceros y requiere las claves API de ese servicio para poder utilizarlo correctamente (por ejemplo, antiguamente el Gmaps solicitaba las claves de la API).

Usted realizará los pasos adicionales necesarios indicados en la documentación del módulo

¡Ya está!

Download additional contributed modules to extend Drupal's functionality.

Regularly review and install available updates to maintain a secure and current site. Always run the update script each time a module is updated.

✦ Install new module

▼ CORE

ENABLED	NAME	VERSION	DESCRIPTION	OPERATIONS		
☐	Aggregator	7.0-rc4	Aggregates syndicated content (RSS, RDF, and Atom feeds).			
☑	Block	7.0-rc4	Controls the visual building blocks a page is constructed with. Blocks are boxes of content rendered into an area, or region, of a web page. Required by: Dashboard (enabled)	⚙ Help	⚙ Permissions	⚙ Configure
☐	Blog	7.0-rc4	Enables multi-user blogs.			
☐	Book	7.0-rc4	Allows users to create and organize related content in an outline.			
☑	Color	7.0-rc4	Allows administrators to change the color scheme of compatible themes.	⚙ Help		
☑	Comment	7.0-rc4	Allows users to comment on and discuss published content. Requires: Text (enabled), Field (enabled), Field SQL storage (enabled) Required by: Forum (disabled), Tracker	⚙ Help	⚙ Permissions	⚙ Configure
☑	Toolbar	7.0-rc4	Provides a toolbar that shows the top-level administration menu items and links from other modules.	⚙ Help	⚙ Permissions	
☐	Tracker	7.0-rc4	Enables tracking of recent content for users. Requires: Comment (enabled), Text (enabled), Field (enabled), Field SQL storage (enabled)			
☐	Trigger	7.0-rc4	Enables actions to be fired on certain system events, such as when new content is created.			
☑	Update manager	7.0-rc4	Checks for available updates, and can securely install or update modules and themes via a web interface.	⚙ Help		⚙ Configure
☑	User	7.0-rc4	Manages the user registration and login system. Required by: Drupal	⚙ Help	⚙ Permissions	⚙ Configure

Save configuration

Figura A1.7: La lista de módulos se utiliza para activar y desactivar módulos. También hay un enlace para añadir nuevos módulos.

TIP: También puede añadir módulos manualmente en la estructura de archivos de Drupal, que es útil para escribir sus propios módulos. Los módulos contribuidos deben de estar colocados en la carpeta sites/all/modules (y no en la carpeta raíz de módulos, que se utiliza para los módulos del núcleo de Drupal). Los módulos personalizados por usted se suelen colocar en la carpeta sites/default/modules.

TIP: Técnicamente, lo que descarga de drupal.org es un proyecto, mientras que los elementos que se permiten en la lista de módulos son módulos. Un proyecto puede contener varios módulos. La mayoría de Drupalistas, sin embargo, se refieren a los proyectos de módulos simplemente como módulos.

TIP: Los drupalistas con experiencia utilizan a menudo la herramienta Drush ("Drupal shell") para descargar módulos. Echa un vistazo a la página del proyecto Drush para más información.

Desinstalación de módulos

Usted debe desactivar y/o desinstalar los módulos que no necesita. Esto se lleva a cabo de la siguiente manera:

Puedes desactivar los módulos desmarcando las casillas correspondientes en la lista de módulos y, a continuación, guardando la configuración. Esto desactiva cualquier funcionalidad proporcionada por el módulo, pero no borrará ningún dato. Si se habilita el módulo nuevo, todo se restaura de nuevo.

Los módulos se desinstalan en la pestaña de desinstalación que se encuentra en la lista de módulos. Desinstalar un módulo elimina los datos guardados por el módulo.

Hay algunas ventajas de eliminar las carpetas de módulos innecesarios de su estructura de archivos. El mayor beneficio es que usted no va a confundir a otros desarrolladores con módulos que ni se utilizan ni están habilitados. No es posible eliminar los archivos utilizando la interfaz web de Drupal, deberá ir manualmente a los archivos de Drupal y quitar la carpeta del módulo en sites/all/modules. Siempre deberá desinstalar un módulo antes de eliminar la carpeta.

Actualización de módulos

Como te darás cuenta después de la construcción de tu primer sitio de Drupal, con frecuencia hay actualizaciones de los módulos publicados. El procedimiento para la instalación de actualizaciones de los módulos es el siguiente:

Inicie una sesión como usuario 1, u otra cuenta con *Permisos* para realizar las actualizaciones del sistema.

Poner el sitio en modo de mantenimiento, esta es una opción que se encuentra en la barra de herramientas de *Configuración, el modo de mantenimiento*. Esto evita que los visitantes puedan afectar a su base de datos mientras se están realizando las actualizaciones.

Hacer una copia de seguridad de toda la base de datos y preferiblemente también la estructura de archivos de su sitio web. (Usted deberá hacer por lo menos una copia de seguridad de la carpeta del módulo que va a actualizar.)

Descargue el módulo actualizado y reemplace la carpeta del módulo correspondiente.

Visite update.php en la carpeta raíz de su sitio. También hay un enlace disponible en la lista de módulos. La página mostrará un resumen de los pasos descrita más arriba. Revise estos y luego haga clic en continuar para obtener una lista de las secuencias de comandos de actualización que deben ejecutarse con el fin de convertir los datos antiguos de la base de datos. Haga clic en aplicar las actualizaciones pendientes para ejecutarlas. (Si no se muestran las actualizaciones disponibles, significa que ya está hecho).

Asegúrese de que el sitio web funciona como debería y luego lleve a cabo el modo de mantenimiento.

TIP: Si usted piensa que el procedimiento anterior, es una pérdida de tiempo, o incluso aburrido, se recomienda revisar el proyecto Drush. Esto le permite aplicar cambios con un solo comando en un terminal.

Módulos de Drupal core

En una instalación estándar Drupal vienen preinstalados casi 50 módulos. Algunos de ellos están habilitados en el perfil de la instalación estándar. Algunos módulos son tan importantes para Drupal que no se pueden desactivar.

Todos los módulos básicos se describen brevemente en la siguiente lista.

Módulos obligatorios

Campo: Este módulo se encarga de la gestión básica de los campos de entidad.

Campo SQL de almacenamiento: Este módulo permite que los datos de campo de entidad se almacenen en las bases de datos de tipo SQL.

Filtro: Este módulo proporciona los formatos de texto que se aplican a la entrada del usuario y los filtros de los formatos que lo componen.

Nodo: Este módulo proporciona la entidad nodo y sus funciones relacionadas.

Sistema: Este módulo proporciona muchas de las funciones más básicas de Drupal, así como algunos de los ajustes del sitio.

Usuario: Este módulo proporciona la entidad usuario, así como el nombre de usuario y el sistema de *Permisos*.

Módulos no obligatorios habilitados en el perfil de instalación estándar

Bloque: Este módulo se encarga de la representación de los *Bloques* en Drupal.

Color: Este módulo le permite personalizar el esquema de colores utilizado en el tema, por defecto, *Bartik*, así como en algunos otros temas.

Comentario: Este módulo proporciona la funcionalidad estándar para realizar comentarios en Drupal.

Enlaces contextuales: Este módulo proporciona los enlaces de engranajes con algunos enlaces útiles y visibles cuando se cierne sobre los *Bloques* y otros elementos en su sitio.

Dashboard: Este módulo proporciona funciones simples para la construcción de un tablero de herramientas para la administración usando *Bloques*.

Registro de base de datos: Este módulo registra diversos tipos de eventos de la base de datos de su sitio web.

Campo UI: Este módulo proporciona la interfaz de usuario para cambiar la configuración del campo de entidad. Por lo general, se puede lo desactivar en los sitios en producción.

Archivo: Este módulo proporciona un campo a la entidad para el almacenamiento de archivos.

Ayuda: Este módulo proporciona páginas sencillas de ayuda en su sitio.

Imagen: Este módulo proporciona un campo a la entidad para la gestión de imágenes.

Lista: Este módulo proporciona los campos de entidad para las listas.

Menú: Este módulo se encarga de mostrar los menús, así como la interfaz de administración para gestionar los menús.

Número: Este módulo proporciona los campos de entidad para los números.

Opciones: Este módulo proporciona algunos widgets para campos de entidad.

Superposición: Este módulo permite que las páginas administrativas se muestren en una capa procesada en la parte superior de su sitio web público.

Path: Este módulo proporciona funciones de alias de URL de su sitio web.

RDF: Este módulo proporciona a su sitio con RDF metadatos sobre los elementos mostrados en una página. Esto puede ser útil para los lectores de presentación, así como robots de los motores de búsqueda.

Buscar: Este módulo proporciona herramientas para la búsqueda de contenido en su sitio.

Acceso directo: Este módulo le permite crear conjuntos de enlaces de acceso directo, así como enlaces para añadir y eliminar accesos directos.

Taxonomía: Este módulo proporciona las entidades taxonomía de vocabularios y las funcionalidades de gestión.

Texto: Este módulo proporciona los campos de entidad para el texto.

Barra de herramientas: Este módulo proporciona la barra de herramientas administrativas, que se muestra en la parte superior en una instalación estándar de Drupal.

Update Manager: Este módulo hace controles periódicos para ver si hay actualizaciones disponibles para el Drupal core o módulos y temas contribuidos.

Módulos de movilidad en el perfil de instalación estándar

Agregador: Este módulo permite a su sitio web leer los canales RSS de otros sitios web y publicar su contenido en *Bloques* y páginas separadas. Es posible utilizar los datos del agregador para las *Views*.

Blog: Este módulo proporciona un tipo de nodo y algunas funciones para la gestión de los blogs en su sitio web. Usted puede construir blogs más potentes y flexibles que utilicen campos y vistas.

Libro: Este módulo le permite ordenar los nodos en una estructura de árbol, y también proporciona un enlace de adelante/atrás/arriba para los vínculos en los nodos incluidos en la estructura de árbol. La función puede ser útil al escribir documentación.

Contacto: En este módulo crea un sencillo formulario de contacto en su página web, así como los formularios de contacto de cada usuario.

Traducción de contenido: Vea el capítulo sobre Drupal en más de un idioma para ver más detalles.

Foro: Este módulo proporciona funciones para foros de discusión simples. Puede crear foros más flexibles utilizando campos y vistas.

Configuración regional: Vea el capítulo sobre Drupal en un idioma que no sea inglés para más detalles.

OpenID: Este módulo permite a los usuarios iniciar sesión en el uso de la tecnología OpenID, que, por ejemplo, significa que la autenticación puede ser gestionada por otro sitio web. Ver http://openid.net/ para más información sobre OpenID.

Filtrar PHP: Este módulo proporciona un formato de texto que analiza y ejecuta código PHP en el texto introducido. El uso de PHP de esta manera es un mal hábito y crea riesgos masivos de seguridad si se pone en las manos equivocadas.

Encuesta: Este módulo proporciona un tipo de nodo para realizar encuestas simples en su sitio.

Estadísticas: Este módulo proporciona estadísticas de tráfico del sitio contando las visitas a cada página nodo. Los datos de las estadísticas se pueden utilizar en las vistas. Este módulo no se recomienda en los sitios web más grandes, ya que puede causar problemas de rendimiento.

Syslog: Este módulo registra la actividad en su sitio en las normas de registro del sistema, que, por ejemplo, significa que usted podría ser notificado si se producen errores graves.

Pruebas: Este módulo proporciona una serie de pruebas automatizadas para funciones proporcionadas por el núcleo de Drupal, así como un marco de pruebas para los módulos contribuidos. Las pruebas automatizadas deben ser parte de todo el proceso de desarrollo de software profesional.

Tracker: Este módulo proporciona una lista de seguimiento de la actividad más reciente de los usuarios, o del sitio web en su conjunto. Puede crear listas más flexibles con vistas.

Desencadenar: Este módulo le permite configurar reacciones simples cuando se producen determinados eventos en su sitio web. Usted puede crear reacciones más flexibles utilizando el módulo de *Reglas* (Rules).

Configuración para la Exportación de código

Una de las grandes ventajas de Drupal, en comparación con otros frameworks utilizados para construir sitios web, es la rapidez con la que se pueden construir nuevas funciones en su sitio. Esto en gran medida se explica por el hecho de que el 90 por ciento de todas las funciones pueden ser proporcionadas por medio de clics y mediante la configuración de módulos, en vez de tener que escribir código. En este sentido, puede parecer extraño que la comunidad de Drupal esté poniendo tanto esfuerzo en encontrar una buena manera de convertir la configuración de un sitio de Drupal en código para poder exportar la configuración.

Existen varias razones por lo qué tantas *Personas* están interesadas tanto en el ahorro de configuración como en el de código. Una de las razones es que así es más fácil de reutilizar las funciones que se han acumulado. Si pasados varios días tiene que volver a hacer clic en Drupal para crear una galería de fotos, es probable que no quiera pasarse otro día repitiendo esta configuración la próxima vez que quiera construir otra galería similar. Si se pudiera exportar la configuración y mover el código exportado a su nuevo sitio, usted podría tener la galería creada en cinco minutos. De hecho, eso sería muy útil.

Pero la motivación más importante para la exportación de la configuración en código no es que pudiera ser copiada. Sino que así se podría controlar la versión del sitio web.

El desarrollo de software profesional ha estado utilizando durante muchos años los sistemas de control de versiones como parte de sus herramientas estándar. Estas son herramientas que se utilizan para grabar un cierto estado del código que se está construyendo, lo que le permite ver y volver a los códigos en diferentes etapas del desarrollo. Los sistemas de control de versiones podrían compararse con las funciones de guardado de los grandes juegos de ordenador, lo que le permite guardar sus progresos entre todos los niveles. Si las cosas van mal usted puede volver a estos puntos de restauración, y empezar de nuevo.

Los sistemas modernos de control de versiones no sólo permiten a los desarrolladores guardar el código con el que se está trabajando en sí mismo, sino que también pueden combinar su trabajo con el de los demás, incluso si usted está escribiendo código en el mismo archivo. Esto significa que usted podría estar trabajando en una función específica de un proyecto, mientras que sus colegas están trabajando con varias características distintas, y aún así, podría compartir su progreso con los demás.

El control de versiones se ha convertido en una parte tan natural dentro del desarrollo de software que a un programador profesional no le gustaría asumir un proyecto sin un control de versiones para controlar su código. Esto permite realizar un seguimiento de los archivos en los que se está trabajando y, quizás más importante aún, permite transferir un estado grabado del código a los servidores de prueba, servidores de ensayo y en vivo (en producción). Si, por alguna razón, resulta que las últimas actualizaciones en el servidor en producción tienen errores graves, siempre se puede volver a la versión anterior del código en vivo. Y usted ya estará a salvo.

Hoy en día hay muchos y buenos sistemas de control de versiones de código. El problema, sin embargo, es que la configuración que se realice en Drupal se guardará en la base de datos y no hay un buen método de controlar el contenido de la versión de las base de datos.

Puede que haya diferencias entre el servidor en producción y que usted no las conozca. Tal vez alguien ha estado jugando con los ajustes en el sitio de Drupal en producción, sin decírtelo. Si usted no tiene el control de versiones, existe el riesgo de que no se puedan deshacer los cambios. No hay ningún estado guardado para volver y ni existe ningún ctrl + z.

La versión inicial de esta sección del libro vino del libro de Drupal 7: Conceptos básicos, cortesía de nodeone y Johan Falk.

Características

Strongarm y actualización hooks

Elaboración: Uso de las funciones de manera eficiente

Features (Características)

El método para la configuración de la exportación se ha convertido en un estándar de facto en la comunidad Drupal y se basa en un módulo llamado Features. Features le permite seleccionar los componentes de la configuración del sitio que desea exportar y guarda todos los parámetros relacionados en un mini módulo. (Ver figura A18). El módulo se puede utilizar en el lugar donde se creo originalmente la configuración, o cualquier otro sitio donde desee volver a utilizar la misma configuración. Cuando se activa el mini módulo, se instalan scripts que se ejecutarán y replicarán la configuración de los componentes seleccionados para la exportación. Esto incluye los tipos de nodos, los campos de entidad, las vistas, las banderas, las reglas y las páginas personalizadas.

El mini módulo consiste en un número de pequeños archivos, que pueden ser tratados como cualquier otro archivo. Esto significa que puede tener las distintas versiones controladas. Puede guardar, actualizar, cambiar entre los diferentes entornos y volver a ellos cuando sea necesario.

El módulo de Features tiene algunas funciones que lo hacen particularmente útil:

Si cualquiera de los componentes proporcionados por un mini módulo se cambia en la configuración manual, Features notificará y marcará el componente como anulado.

En combinación con el módulo Dif, usted puede revisar las sustituciones de cada mini módulo.

Puede restaurar cada componente individual al estado definido por el mini módulo.

Si los cambios reflejan mejoras que desea mantener, puede dejar que Features recree el mini módulo, dando algunos archivos nuevos que se pueden rastrear en su sistema de control de versiones.

Edit components

Tipos de contenido ⇕

☐ Artistas
☐ Artículo
☐ Eventos
☐ Exposiciones
☐ Noticias
☐ Página básica
☑ Slider

CTOOLS EXPORT API

views views_default 3.0

FIELDS

node-slider-body   node-slider-field_imagen_slider
node-slider-field_salas

IMAGE STYLES

slider

TIPOS DE CONTENIDO

slider

TAXONOMÍA

tags

VIEWS

slider

DEPENDENCIES

features   image   taxonomy   views

Normal   Auto-detected   Provided by dependency

Download feature

Figura A1.8: El módulo Features le permite exportar parte seleccionada de la configuración de Drupal y guardar esta configuración como un mini módulo.

TIP: Features se integra bien con la herramienta Drush, anteriormente citada en este libro.

TIP: Los mini módulos creados por el módulo Features también se denominan funciones. En la documentación online, estas características se suelen escribir con una f minúscula, mientras que el módulo de funciones tiene una F mayúscula.

Strongarm y hooks de actualización

Features (Características) ha resuelto muchos de los problemas que sucedían al bloquear el control de versiones de la configuración de Drupal. Sin embargo, persisten algunos problemas.

Para que las funciones puedan exportar la configuración, el módulo correspondiente debe guardar su configuración de manera que puedan reconocer las características. Prácticamente todos los módulos de gran tamaño admiten las funciones, pero muchos de los módulos más pequeños no lo hacen. Si usted quiere tener en el control de versiones toda la configuración de un proyecto, o bien pasará mucho tiempo en mejorar una serie de módulos o tendrá que encontrar otras soluciones.

En particular, hay una serie de ajustes en el núcleo de Drupal que no son reconocidos de forma nativa por Features. Para resolver esto, fue escrito el módulo Strongarm, actuando como un puente entre las características y los ajustes almacenados en la tabla de variables de Drupal. Dado que muchos de los módulos pequeños tienen muy pocas opciones, eligieron Strongarm para que los guarde en la tabla de variables, en lugar de crear sus propias tablas. Strongarm es capaz de recoger estos ajustes y decirle a Features datos sobre estos.

Sin embargo, las Características + la combinación de Strongarm por lo general no podrá exportar el 100 por ciento de la configuración. Si desea que esto, usted estará siempre luchando con Drupal, y a veces se verá obligado a escribir código personalizado, que en Drupal es llamado como hooks de actualización. Estas son las funciones que se están ejecutando al actualizar los módulos (o el Drupal core) de una versión a otra. Los hooks de actualización personalizados deben estar escritos para realizar los últimos cambios en la base de datos ya que de otro modo se habrían requerido clics con el botón manual, finalmente, esto le proporciona un flujo de trabajo totalmente automatizado para la actualización de la configuración del sitio.

Elaboración: Uso de las funciones de manera eficiente

Se necesita tiempo y capacitación para utilizar las funciones de manera eficiente y si se anima a empezar a utilizar Features (Características) para exportar la configuración desde el principio para obtener esta formación, le mostraré algunos TIPs útiles.

La mejor manera de asegurarse de que Features ha capturado todos los ajustes que desea exportar es instalar los módulos de funciones en un sitio de Drupal limpio. El sitio se utilizará para construir las características y hacer las pertinentes pruebas.

Divida la configuración del sitio en varias funciones diferentes. Esto hace que sea más fácil que varios desarrolladores puedan trabajar en un solo proyecto. También hace que sea posible activar y desactivar cada característica individual en el sitio resultante. También puede volver a utilizar las funciones seleccionadas en otras páginas de una manera más sencilla.

Al dividir la configuración del sitio en funciones separadas, deseará que las líneas entre las características sean lo más claras posibles para evitar conflictos. Por lo general, esto significa que las diferentes secciones o funciones en el sitio se mantendrán como funciones separadas. Por ejemplo, la construcción de un blog es una función y las noticias son una característica. En general, es mejor crear muchas características pequeñas que unas pocas grandes.

Algunas funciones dependen de otras características. Marcar todas las características necesarias como dependencias en la construcción de una nueva característica puede ahorrarle muchos problemas en el futuro.

Drupal tiene una gran cantidad de pequeños módulos que almacenan su configuración en la tabla de variables. Todas estas variables están disponibles como componentes Strongarm durante la creación de características. Compruebe esta lista, si la configuración del módulo no se presenta como grupos de componentes separados, es probable que encuentre útil tener una función núcleo incluyendo todos los ajustes básicos para un sitio, como las tareas de los *Permisos* y el front-end del sitio. Esta característica podría, si es necesario, ser tratada como un módulo estándar y ser utilizado para incluir cualquier actualización de hooks personalizados.

La exportación de elementos de menú individuales con características a veces es problemático, ya que los elementos del menú pueden estar definidos por (por ejemplo) una página personalizada y luego ser anulada por el módulo de menú. Si desea exportar los elementos del menú creados manualmente en el mismo menú y los elementos del menú proporcionados por módulos, lo más probable es que las características que no puedan ser revertidas acaben anuladas. Esto se puede resolver mediante la eliminación de los elementos del menú definidos en (por ejemplo) las páginas personalizadas y añadiendo los enlaces del menú correspondientes manualmente en la interfaz del menú.

La configuración de *Bloques* de Drupal no se puede exportar con las Características, incluso utilizando el Strongarm. Los tres módulos que ayudan a la exportación de la configuración de bloques son los Panel, el Context y los Checkboxes.

Aún no hay un buen módulo que nos sirva para exportar la configuración de *Bloques*.

TIP: El trabajo de mejora de la exportación de la configuración de Drupal está en desarrollo. No es un proyecto dedicado a mejorar esto para Drupal 8, donde el enfoque actual es el de que por defecto almacene toda la configuración en el código. Feature

(Características) tiene el estándar por defecto de Drupal 6, y por el momento también para Drupal 7, pero es posible que el desarrollo de Drupal 8 proporcione una nueva y mejor gestión de la configuración incluso para Drupal 7.

Temas

A grandes rasgos, Drupal hace tres cosas cuando se solicita una página en su sitio web. Lo primero es cargar los controles de Drupal para los archivos y las bibliotecas necesarias para recopilar la información de la página, y así cómo gran parte de la información a la que el usuario solicitante está autorizado a acceder. Lo segundo es recoger toda la información, que por lo general implica un poco de consultas y meterse en la base de datos.

El tercer y último paso es dar el gran array con los datos recogidos que se muestran con las diferentes plantillas y etiquetas de HTML para que sea presentable en un navegador web.

El último paso es la llamada de Drupal a la capa del tema que se rige por el tema de su sitio. La capa tema está separada del resto de la gestión de datos. Esto significa que un sitio web puede cambiar su apariencia por completo sin tener que cambiar el contenido ni lo más mínimo. Para cualquier experto en HTML, CSS, JavaScript y otros lenguajes utilizados para presentar los contenidos digitales significa que tiene la posibilidad de hacer una transformación extrema en la presentación su sitio con Drupal sin necesidad de modificar la estructura de los datos.

TIP: Los temas de Drupal no le obligan a que el contenido se tenga que presentar como una página web. Un tema, por ejemplo, podría tener el contenido presente en formato de texto hablado, o como archivos XML para ser procesados por otras aplicaciones.

La versión inicial de esta sección del libro vino del libro de Drupal 7: Conceptos básicos, cortesía de nodeone y Johan Falk.

Cambiar el tema de su sitio web

Instalación de temas contribuidos

Temas de base y escribir sus propios temas

Cambiar el tema de su sitio web

En la barra de herramientas >> *Apariencia*, se encuentra una lista de todos los temas disponibles en su sitio de Drupal. (Ver figura A1.9). En una instalación estándar de Drupal se encuentran cuatro temas:

Bartik: Este es el tema estándar, que se utiliza para las páginas no administrativas.

Seven: Este es el tema por defecto utilizado en las páginas de administración.

Garland: Este es el tema por defecto utilizado en Drupal 6, ha sido migrado a Drupal 7 como una alternativa a *Bartik*.

Stark: Este es un tema básico que podría ser utilizado como un tema de base.

Cada tema tiene un conjunto predeterminado de enlaces, se utilizan para establecer que tema debe ser utilizado en las páginas no administrativas. Justo debajo de la lista de temas hay una opción para seleccionar el tema que debe utilizarse en las páginas de administración.

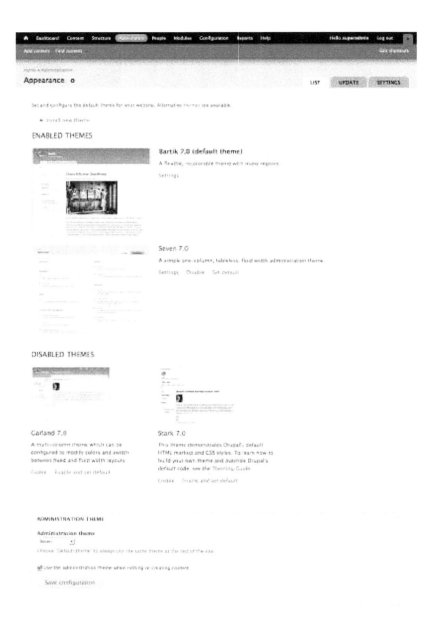

Figura A1.9: La página de Resumen de Temas le permite seleccionar qué tema debe utilizarse en su sitio.

TIP: Si hay más de un tema habilitado, los constructores del sitio pueden instalar un ThemeKey o Switchtheme para que los usuarios puedan elegir qué tema les gustaría utilizar. Esto puede ser útil para ofrecer un tema de alto contraste para los usuarios con discapacidad visual.

La página de selección de temas tiene una pestaña de configuración, que se utiliza para cambiar una serie de ajustes en los temas. Las opciones del tema por lo general incluyen opciones para convertir los elementos de dentro y fuera de la página, como el nombre del sitio o enlaces principales, y la opción de cambiar el logo o el icono de acceso directo para su sitio.

Cada tema habilitado en su sitio tendrá su propia *sub*pestaña, donde se puede cambiar la configuración de forma individual. Los temas también pueden añadir nuevos valores a la página. El tema *Bartik*, por ejemplo, permite modificar la configuración de su sitio utilizando el módulo Color.

Instalación de temas contribuidos

El desarrollo de temas para Drupal es un arte en sí mismo y no se tratará en este libro. Afortunadamente, usted no tiene que escribir su propio tema para ser capaz de variar la apariencia de su sitio Drupal. Hay un montón de temas contribuidos para descargar y utilizar. Seis meses después de que Drupal 7.0 fuera lanzado, ya habían 169 temas disponibles.

Va a encontrar temas contribuidos en el mismo lugar donde están los módulos contribuidos en drupal.org. Los temas se instalan de una de las dos maneras, como módulos:

Utilizar el enlace de instalar nuevo tema se encuentra en la página de información de los temas y pegar el enlace al archivo del tema de drupal.org.

Descargar y extraer manualmente el tema y ponerlo en la carpeta sites/all/themes de su instalación de Drupal. (No en la carpeta themes de la raíz, que se utiliza para los temas centrales).

Cuando se hace esto, el nuevo tema estará disponible en la lista de temas de la información general y podrán ser utilizados de la misma manera que los otros temas.

Temas de base y escribir sus propios temas

Para los sitios web pequeños a menudo es suficiente usar un tema contribuido, tal vez con un poquito de aquí y de allá. Los profesionales de desarrollo web tienen pocos clientes que aceptarían tener un sitio que se parece a otros cientos o miles de sitios Drupal.

El arte de escribir nuevos temas no se tratará en este libro, pero hay espacio para dos apuntes para cualquier persona con hambre de desarrollar un tema de su propio:

En lugar de construir un nuevo tema a partir de cero, se debe utilizar un tema básico.

Este será un tema escrito para ser ampliado y construido. El uso de un tema básico le ahorrará un montón de trabajo en la reposición de piezas de marcado estándar de Drupal y también tendrá un buen soporte para las versiones anteriores del Internet Explorer (que tiene una tendencia a hacer que los sitios web se vean rotos). Con un buen tema de base, al menos el 80% de su trabajo de tematización lo podrá lograr con sólo escribir CSS.

En lugar de la piratería y el cambio de su tema de base, deberá crear un subtema, incluyendo sólo las cosas que separan el tema del tema básico. Esto le permitirá actualizar el tema de base cuando sea necesario, sin poner en peligro su trabajo.

TIP: El tema Stark, incluido en el Drupal core, es un ejemplo de un tema de base, existen muchos más temas de base en drupal.org. Un buen tema básico para el aprendizaje es el tema Zen, que es el más popular de todos los temas de Drupal. Al lado del resumen del tema Stark hay un enlace con más información sobre cómo crear tu propio tema.

Apéndice 2: Drupal y los idiomas

Drupal tiene un buen soporte para la creación de sitios web que utilizan otros idiomas aparte del inglés. En este capítulo veremos cómo cambiar la interfaz de usuario de inglés a otro idioma, veremos la sección de sitios Drupal multilingüe para obtener información sobre cómo tener varios idiomas disponibles en el sitio.

En este ejemplo, el sueco se utiliza como el lenguaje no-inglés.

La versión inicial de esta sección del libro vino del libro de Drupal 7: Conceptos básicos, cortesía de nodeone y Johan Falk, donde veremos:

Instalación traducciones contribuido

Agregar o editar traducciones

Traduciendo con el cliente Localización

Instalación de actualizaciones de traducción

Instalación de traducciones contribuidas

Al usar Drupal con un idioma que no sea inglés, las traducciones presentadas son de un valor incalculable, ya que traducen los miles y miles de expresiones y cadenas.

El módulo de actualización de localización simplifica drásticamente el proceso de instalación de nuevos idiomas mediante la descarga automática y la instalación del repositorio central de traducción de Drupal. También le puede notificar cuando existan actualizaciones de traducciones disponibles, lo que le permitirá actualizar su sitio.

Con la actualización de localización, el proceso de instalación el lenguaje es tan simple como esto:

Instalar la actualización del módulo de localización, del mismo modo que otros módulos. Para ello será necesario habilitar en el núcleo el módulo Localización (Locale), que se utiliza para permitir la traducción de la interfaz de usuario.

Ir a la barra de herramientas de *Configuración*, *Idiomas* y haga clic en el enlace *añadir idioma*. (Ver figura A2.1)

Figura A2.1: La página de información del idioma, incluyendo el enlace para añadir nuevos idiomas.

Seleccione la traducción contribuida que desee agregar. (Ver figura A2.2)

Figura A2.2: Drupal cuenta con un gran número de idiomas predefinidos, la mayoría de los cuales tienen traducciones contribuidas.

Haga clic en el botón *añadir idioma* y espere a que la actualización de localización descargue e instale las traducciones para el Drupal core y para los módulos contribuidos que haya habilitado. (Ver figura A2.3)

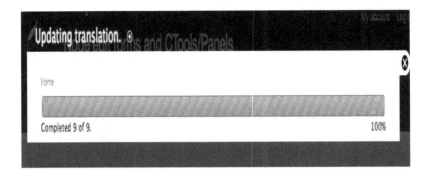

Figura A2.3: La actualización de Localización obtendrá traducciones disponibles para el Drupal core, así como para los módulos contribuidos. Usted podrá apreciar este paso en particular, si ha instalado previamente las traducciones manualmente.

Una vez finalizada la importación, se le redirige a la página de información general de idiomas, donde puede seleccionar el nuevo idioma como idioma predeterminado en su sitio Drupal. Esto hará que los enlaces de Drupal de la presentación de administración, descripción de textos y otras partes de la interfaz de usuario se traduzcan al idioma elegido en lugar del inglés. (Ver figuras A2.4 y A2.5) tan fácil como eso.

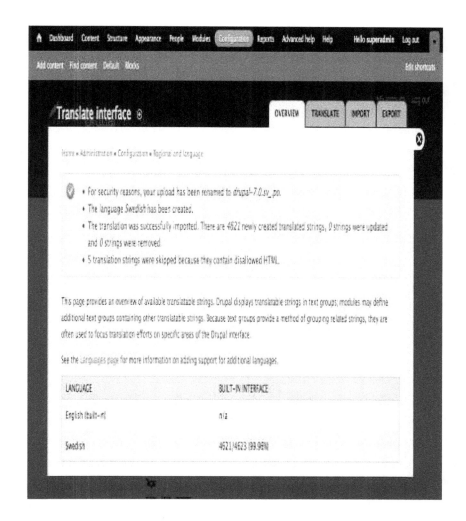

Figura A2.4: La página de información del idioma, ahora con el sueco recién instalado.

Figura A2.5: La página de información de idiomas, ahora con el sueco como idioma predeterminado del sistema.

Agregar o editar traducciones

Drupal y sus módulos contribuidos están en un estado de constante desarrollo, lo más probable es que encuentre partes de su interfaz que aún no se han traducido. También puede descubrir traducciones que le gustaría cambiar para que encajen mejor con la terminología utilizada en su sitio.

Drupal ha incorporado herramientas para convertir las cadenas de la interfaz en la derecha en su sitio web. Usted encontrará las herramientas en la barra de herramientas, *Configuración*, *Traductor de interfaz* y, finalmente, en la pestaña *Traducir*. La página resultante contiene una función de búsqueda para encontrar cadenas de texto (expresiones literales) en su sitio. (Ver figura A2.6) Cada resultado de búsqueda tiene un enlace para crear y/o editar su traducción. Haga clic en el enlace para configurar la traducción de lo que usted quiera.

Figura A2.6: Drupal tiene una herramienta integrada para permitir que los administradores del sitio establezcan o actualicen las traducciones.

Si usted no encuentra la cadena de texto que desea traducir, probablemente se deba a uno de los siguientes factores:

Drupal aún no ha cargado la cadena de texto. Sólo las cadenas que se han mostrado son reconocidas por Drupal y están disponibles para la traducción. Visite una página donde se muestra la cadena y trate de buscarla de nuevo.

¿Ha establecido letras mayúsculas o minúsculas diferentes a como se ha almacenado la cadena? la función de búsqueda es muy particular acerca de esto. Comprueba la ortografía y busque nuevamente.

¿Usted está tratando de encontrar una cadena que contiene una variable, como Hola administrador? Intente buscarla otra vez, con exclusión de lo que sospecha, que son las variables. (Hola administrador se almacena como Hola @ nombre de usuario, para permitir las traducciones de las frases de las variables).

¿La cadena que desea traducir no es una parte de la propia interfaz de Drupal, tal como el contenido de un bloque o un nodo? Las cadenas configuradas necesitan herramientas especiales para ser traducidas.

La cadena que desea traducir no se transmite a través de la función de traducción de Drupal. Dado que todos los textos de la interfaz deben pasar a través de la función de traducción, si este ha encontrado un error, los programadores del módulo probablemente estarán felices si usted les reporta esto al soporte técnico del módulo.

Al traducir las cadenas que incluyen variables, usted debe asegurarse de que las variables se incluyen también en la cadena traducida o Drupal no será capaz de modificar el contenido de la cadena correctamente. La cadena Hola @ nombre de usuario, por ejemplo, debe ser traducido a Hi @ username en inglés.

Al cambiar las traducciones, usted debe ser consciente del hecho de que las nuevas traducciones (en la mayoría de los casos) se utilizarán en todos los lugares en los que aparece la frase original. Cambiar la cadena Guardar, por ejemplo, afectará a casi todas los formularios de su sitio web.

Traduciendo con el módulo Localización

El módulo de localización proporciona una serie de herramientas útiles al hacer más extenso el trabajo de traducción. Las dos funciones más importantes son:

Pop up con cajas utilizadas para buscar cadenas de texto y para la creación de las traducciones, disponibles en todas las páginas cuando se selecciona un idioma que no sea inglés.

Funciones para contribuir en las traducciones del repositorio de traducción de Drupal en localize.drupal.org. Si usted hace esto, deberá también considerar el involucrarse en el equipo de la traducción local. Visite localize.drupal.org para más información.

Las características de cliente de localización no se describen en detalle en este libro.

Figura A2.8: El módulo de localización es una buena herramienta si necesita traducir una gran parte de su sitio web, en lugar de unos pocos hilos.

Instalación de actualizaciones de traducción

El módulo de actualización de localización no sólo le permite importar las traducciones presentadas, sino también le permite buscar y aplicar actualizaciones de traducción cuando estén disponibles.

Por defecto, hay que comprobar si hay actualizaciones de forma manual. Esto se puede cambiar si va hasta la pestaña de la traducción de actualizaciones que se encuentra en la barra de herramientas de *Configuración, Idiomas*. La página de configuración también le permite determinar cómo deben ser tratados a nivel local las traducciones modificadas o bien si se les mantiene en las nuevas actualizaciones (por defecto), o si se sobrescriben si sus traducciones se han modificado.

Usted puede comprobar si hay actualizaciones de las traducciones manualmente visitando la pestaña actualización en la barra de herramientas, *Configuración, Traductor de interfaz*.

Sitios Drupal multilingüe

La construcción de un sitio web que es capaz de presentar el contenido en más de un idioma requiere de una buena planificación. ¿Qué tipos de contenidos deben estar disponibles en más de un idioma? ¿Los nodos se traducen o se debe crear cada nodo para un idioma a la vez, de forma independiente el uno del otro? ¿Cómo se deben manejar los términos de la taxonomía? ¿Y de los *Menús*? ¿Es suficiente con tener las páginas de administración en un solo idioma? En el caso de las etiquetas de los campos de entidad, ¿también se traduzcan? ¿Qué vistas deben mostrar todo el contenido, y que debe ser sensible al idioma?

Ahora veremos los conceptos básicos de la gestión de contenidos de Drupal, en más de un idioma y veremos TIPs sobre dónde encontrar información sobre las opciones multilingües más avanzadas.

La versión inicial de esta sección del libro vino del libro de Drupal 7: Conceptos básicos, cortesía de nodeone y Johan Falk.

Nodos Traducción

Decidir idioma activo

Más herramientas para los sitios multilingües

Nodos de Traducción

Las primeras y más importantes cosas para traducir en Drupal son los nodos de una página web. Para muchos sitios web es suficiente si un puñado nodos se traducen en más de un idioma.

Para permitir las traducciones de los nodos tiene que habilitar el módulo de la traducción de contenidos (incluido en el núcleo de Drupal). Para utilizarlo para algún efecto también debe tener más de un idioma disponible en su sitio. Deberá tener la traducción de contenido activada, y usted encontrará algunas nuevas opciones disponibles para cada tipo de nodo. Vaya a la barra de herramientas, *Estructura*, *tipos de contenido* y al enlace de *edición* de cada tipo de nodo. En las opciones de publicación, verá un entorno de soporte multilingüe que ya está disponible con las siguientes opciones (véase la figura A2.8):

Desactivado: Esto le dará a los nodos de este tipo, el idioma predeterminado del sitio.

Habilitado: Esto proporciona un selector de idiomas para cada nodo de este tipo. (Esta opción está disponible en cuanto se habilita el módulo Locale).

Habilitado, con traducción: Esta opción no sólo te permite hacer nodos específicos del idioma, sino que también permite traducir los nodos a otros idiomas.

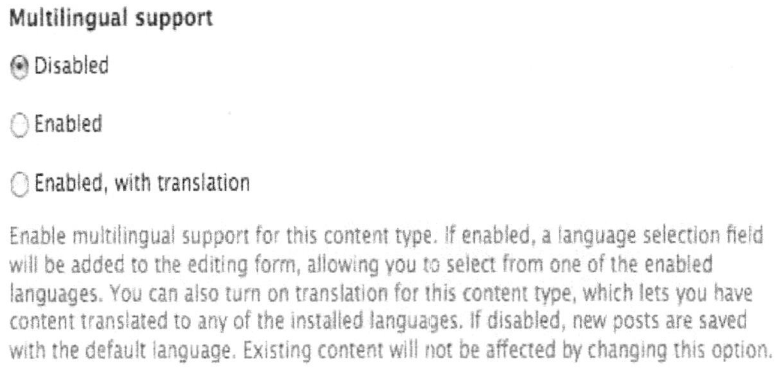

Multilingual support

◉ Disabled

◯ Enabled

◯ Enabled, with translation

Enable multilingual support for this content type. If enabled, a language selection field will be added to the editing form, allowing you to select from one of the enabled languages. You can also turn on translation for this content type, which lets you have content translated to any of the installed languages. If disabled, new posts are saved with the default language. Existing content will not be affected by changing this option.

Figura A2.8: El módulo de traducción de contenido permite manipular nodos en más de un idioma.

TIP: Cambiar la configuración de idioma para un tipo de nodo no afecta a los nodos existentes. Normalmente, desea establecer las opciones de idioma para los tipos de nodo antes de crear contenido.

Edición de nodos con el soporte de idioma habilitado

Al crear o editar nodos con el soporte de idioma activado, verá que hay un nuevo campo disponible: el idioma. Esta opción permite seleccionar el idioma utilizado por el nodo, o la selección de un lenguaje neutro.

En los nodos con la funcionalidad de traducción habilitada, los administradores del sitio verán una nueva pestaña: traducir. Esto nos lleva a una página que enumera todas las traducciones del nodo disponibles y nos ofrece vínculos para crear nuevas traducciones. (Ver figura A2.9.) En la lista de las traducciones, uno de los nodos está marcado como fuente. Esto se utiliza como el texto original de los otros nodos y su contenido se copiará en formas de nodos al crear las traducciones.

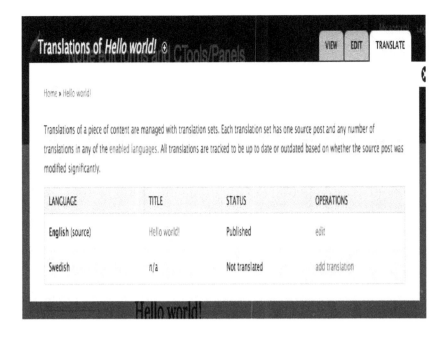

Figura A2.9: los nodos traducibles tienen una nueva pestaña, que se utiliza en la visión general o en crear traducciones.

Los nodos traducibles incorporan algunas nuevas funciones que ayudan a los visitantes y los administradores del sitio.

Cada nodo tiene vínculos a las traducciones existentes. (Ver figura A2.10). Durante la edición de los nodos de origen, hay una opción traducciones marcar como obsoletos que está disponible en la configuración de la traducción. (Ver figura A2.11) Si está activado, todas las traducciones tendrán la casilla correspondiente a esta traducción necesita ser actualizada activado.

La página con la información del contenido tiene una nueva opción de filtro para el estado, traducción obsoleta, por lo que es más fácil encontrar el contenido que necesita ser actualizado.

Hello world!

View | Edit | Translate

Submitted by superadmin on Fri 06/10/2011 - 15:42

This is some english gibberish. Mauris accumsan orci nec dolor fringilla ac hendrerit neque pulvinar? In hac habitasse platea dictumst. Nunc at fringilla mi. Aenean id sem sit amet turpis ornare interdum. Curabitur ultricies, elit sit amet tincidunt scelerisque, dui arcu porta purus, id molestie tellus leo a ligula. Phasellus sem augue, rutrum eu pretium a, pretium a elit. Donec scelerisque lacus massa, non fringilla dolor. Aliquam dapibus, ipsum a luctus ultrices, tortor enim dapibus odio, non venenatis elit massa at urna. Quisque lobortis suscipit nibh vitae laoreet. Duis mi urna, sodales ut pulvinar ut, pharetra sed elit. Pellentesque ornare accumsan justo, at varius sapien varius quis.

Tags:
alpha beta gamma

Figura A2.10: Nodos con traducciones para obtener enlaces a cada traducción.

▼ TRANSLATION SETTINGS

☑ Flag translations as outdated

If you made a significant change, which means translations should be updated, you can flag all translations of this post as outdated. This will not change any other property of those posts, like whether they are published or not.

Figura A2.11: Al editar un nodo de origen, todas sus traducciones se pueden marcar como obsoletas.

Decidir el idioma activo

Con más de un idioma disponible en su sitio, por supuesto, usted también deberá definir que cuestiones se mostrarán en esos idiomas. Drupal tiene varias formas de hacer esto:

Por nombre el dominio o los prefijos de la ruta para cada idioma, como en.example.com y sv.example.com o example.com/en/node/1 y example.com/sv/node/2.

Por un parámetro en la solicitud o sesión, como example.com?Language=es.

Al detectar la configuración de idioma en el navegador del visitante.

Al leer los ajustes de idioma en una cuenta que ha iniciado sesión en el usuario.

Usted puede seleccionar cuál de estas opciones se debe utilizar, y cómo se debe priorizar, visitando la pestaña de *detección de idioma* y selección en la barra de herramientas de *Configuración, Idiomas*. El prefijo que se utiliza para cada idioma se puede cambiar en la página general de idioma, siguiendo el enlace para la edición de cada idioma.

TIP: El módulo Locale proporciona el bloque de selección de idiomas, convenientemente para cambiar entre las diferentes versiones lingüísticas de la misma página (donde esté disponible). Debe habilitar la detección de idioma de prefijo para usar este bloque.

Más herramientas para los sitios multilingües

En la mayoría de los sitios, podrá llegar muy lejos si tiene la interfaz en una sola lengua y algunas páginas de información traducidas a varios idiomas. Sin embargo, en algunos sitios, esto no es suficiente. El punto de partida para la elaboración de los sitios multilingües está en el módulo de Internacionalización. Este módulo ofrece, entre otras cosas:

Opciones multilingües para los términos y vocabularios de la taxonomía, similares a los descritos anteriormente para los nodos.

Opciones multilingües para los menús.

Bloques traducibles, y la configuración de visibilidad de los *Bloques* en función del idioma.

La página del proyecto de Internacionalización contiene una serie de enlaces de interés para cualquier persona que quiera leer más sobre cuestiones multilingües, así como listas de más módulos para la ampliación de las capacidades multilingües de Drupal.

Y hasta aquí hemos llegado. Espero que después de la lectura de este libro haya conseguido despertar la curiosidad sobre esta poderosa herramienta que es Drupal, y que a partir de ahora experimente por su cuenta con los numerosos módulos y temas, y que logre el éxito en sus aplicaciones web.

Introducción al CMS Joomla

¿Qué es un CMS?

Un Sistema de Gestión de Contenidos (**CMS**) es un programa informático que permite la publicación, edición y modificación de contenido, así como el mantenimiento de una interfaz central. Estos sistemas de gestión de contenidos proporcionan procedimientos para la gestión del flujo de trabajo en un entorno colaborativo. Estos procedimientos pueden ser pasos manuales o un proceso automatizado.

Las plataformas CMS permiten a los usuarios centralizar los datos de la edición, publicación y modificación en una sola interfaz de back-end. Las plataformas CMS se utilizan a menudo como software de blog.

La función principal de los sistemas de gestión de contenidos es presentar la información en los sitios web. Las características de los CMS pueden variar ampliamente de un sistema a otro. Los sistemas simples podrán mostrar un puñado de características, mientras que otras versiones, en especial los sistemas orientados a las empresas, ofrecen funciones más complejas y de gran alcance. La mayoría de los CMS están basados en Web e incluyen la edición, gestión de formatos, control de revisión (control de versiones), indexación, búsqueda y recuperación de información. Un CMS puede servir como un repositorio central que contiene documentos, películas, fotos, números de teléfono, datos científicos. Los CMSs se pueden utilizar para almacenar, controlar, revisar, enriquecer semánticamente y publicar documentación.

Un sistema de gestión de contenido web (**web CMS**) es una aplicación independiente para crear, gestionar, almacenar y distribuir el contenido de las páginas Web. El contenido Web incluye texto y gráficos incrustados, fotos, video, audio, y el código que muestra el contenido o interactúa con el usuario. Los CMS Web suelen permitir el control del cliente sobre el contenido basado en HTML, archivos, documentos y planes de alojamiento web basado en la profundidad del sistema y el nicho al que sirve.

Los componente de gestión de contenidos (CCMS) pueden ser reutilizados (en lugar de copiar y pegar) dentro de otro documento o en varios documentos. Esto asegura que el contenido sea coherente en el conjunto de documentación.

Un sistema de gestión de contenido empresarial (ECM) organiza los documentos, contactos y registros relacionados con los procesos de una organización comercial. El contenido de las estructuras de la empresa, su información y formatos de archivo, gestiona lugares, agiliza el acceso mediante la eliminación de cuellos de botella y optimiza la seguridad y la integridad.

Distinguir entre los conceptos básicos del usuario y el contenido, el sistema de gestión de contenidos (CMS) tiene dos elementos:

El **Back-end**: que es donde el administrador del sitio web hace todas sus operaciones de gestión y administración del sitio web, tales como edición, modificación, publicación, etc. De contenidos.

El **Front-end**: es la parte que se muestra al usuario, es el sitio web en sí que pueden ver los usuarios. Por decirlo de una manera sencilla, los cambios que se hagan en el Back-end se reflejarán en el Front-end.

¿Qué es Joomla!?

Joomla es un Sistema de Gestión de Contenidos (**CMS**) libre y de código abierto para la publicación de contenidos en la World Wide Web e intranets y tiene un modelo-vista-controlador (MVC) de aplicaciones web que también puede ser utilizado de forma independiente.

Joomla está escrito en PHP, utiliza la programación orientada a objetos (POO) y los patrones de diseño de software, almacena los datos en una Base de Datos MySQL e incluye características tales como el almacenamiento en caché de la página, feeds RSS, versiones imprimibles de páginas, flashes de noticias, blogs, encuestas, búsqueda, y apoyo a la internacionalización del lenguaje.

En marzo de 2012, Joomla ha sido descargado más de 30 millones de veces. Joomla tiene más de 10.000 extensiones libres y comerciales que están disponibles en el Directorio de Extensiones oficial de Joomla!, y más que están disponibles en otros sitios web. Se estima que es el segundo CMS más utilizado en Internet después de WordPress.

Hace años, si necesitaba un sitio web, la única opción era contratar a un estudio profesional de programadores o diseñadores gráficos para poder construirlo y tenía que depender plenamente en ellos para mantenerlo. Pero ahora, con el auge del software libre y de código abierto, ya puede construir fácilmente un sitio web usted mismo mediante el Sistema de Gestión de Contenidos (CMS). Hay varios CMS muy completos, pero el más adecuado para un sitio web pequeño o mediano es Joomla.

En este paso usted tendrá una breve introducción a Joomla y lo que está hecho.

Joomla es un software libre basado en web que le permite crear y administrar sitios web. Usted puede controlar:

Contenido del sitio web, como textos, fotos, videos, etc

La apariencia del Sitio Web mediante el uso de plantillas

Funcionalidades Web mediante la utilización de extensiones.

Hay dos partes del sistema: front-end y back-end.

El front-end

Front-end es lo que la gente ve cuando tienen acceso a su sitio web. Normalmente, es el logotipo, barra de menús, en la columna lateral y el texto principal envuelto en un diseño fresco y atractivo.

The website front-end

Viewing article at front-end

El back-end

Back-end es el área de administración donde puede controlar su sitio web. El acceso se realiza a través especial la página de acceso y sólo para los usuarios con permiso especial.

Editing article at back-end

¿Que podemos hacer con Joomla?

Ahora, vamos a explorar las partes principales de Joomla!

Contenido

En Joomla, el contenido se compone de artículos, categorías y medios de comunicación.

Artículos

Los artículos son las piedras angulares de un sitio web Joomla. En el front-end es fácil reconocer un artículo como un fragmento de texto con imágenes presentadas en el área de la página principal.

Para ello, los artículos se gestionan de **"Gestor de Artículos"** accesible a través del menú **"Contenido"** => **"Gestor de Artículos"**.

Aquí, usted puede crear nuevos artículos, editarlos, decide si publicar o anular la publicación, etc.

Categorías

Categorías ayudará a organizar sus artículos con mayor comodidad. Usted puede imaginar categorías como carpetas que contienen los archivos. Por ejemplo, la categoría "Productos" puede contener todos los artículos sobre sus productos. O, la categoría "Quiénes somos" puede contener artículos como "Nuestra empresa", "nuestra visión", "Junta Directiva", etcétera

En el fondo, las categorías se logró en "**Gestor de Categorías**" accesible a través del menú **"Contenido"** => **"Gestor de Categorías"**.

Aquí, puede crear nuevas categorías, editarlas, decide publicar o anular la publicación, etc

Medios

Los medios son aquellos elementos que no son texto y que se puede poner en tu sitio. Estos elementos pueden ser imágenes, vídeos y otros elementos multimedia.

Los medios de comunicación se manejan en **"Gestor de Medios"** accesible a través del menú **"Contenido"** => **"Gestor de Medios"**.

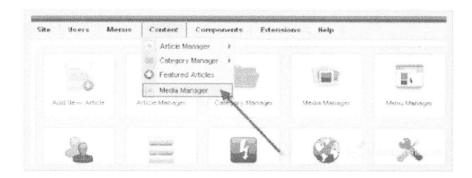

Aquí, usted puede crear la carpeta de los nuevos medios, subir archivos, etc. Vamos a discutir más sobre cómo utilizar el Gestor de Medios en el capítulo Crear contenido para su sitio Joomla.

Menús

Los Menús ayudan a los visitantes del sitio a navegar y a ver todas las partes de la web.

Puede crear varios menús y configurarlos para que se muestren en diferentes lugares, tales como la barra de menú principal y una columna lateral.

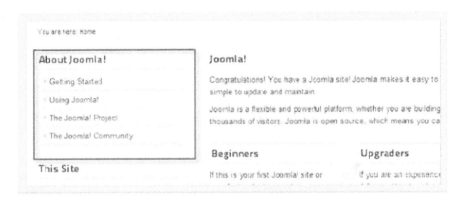

En el ejemplo anterior, el administrador crea dos menús:

1.   El Menú "Sobre Joomla! " con varios elementos de menú "Introducción", "Uso de Joomla! ", etcétera.

2.   El Menú "Este sitio" con varios elementos de menú "Home", "Mapa del sitio", "Login", "Sitios de ejemplo", etcétera. Para controlar los menús, vaya al menú "**Menús**" => "**Gestor de Menu**".

Aquí usted puede crear menús y elementos de menú a cualquier parte de la página web que desee. Cuando el menú está listo se necesita Crear un módulo de menú para presentarlo en front-end.

Usuarios

Joomla le permite a su sitio web para tener múltiples usuarios registrados.

Todos los usuarios se organizan en grupos de usuarios que tienen permiso de acceso a cierta parte de la página web. Por defecto hay varios grupos de usuarios, como "Autor", "Editor", "editorial", etc. Por ejemplo:

• Los usuarios asignados a "Administrador" grupo puede trabajar tanto en back-end y front-end

• Los usuarios asignados a "Registrado" grupo puede trabajar sólo en el front-end. Puede administrar usuarios, grupos de usuarios y niveles de acceso en el menú "Usuarios".

Site Users Menus Content Components Extensions Help

User Manager ▶
Groups ▶
Access Levels ▶
Mass Mail Users

Add New Article   Article Manager   Category Manager   Media Manager   Menu Manager

User Manager   Module Manager   Extension Manager   Language Manager   Global Configuration

Template Manager   Edit Profile

Extensiones

Las extensiones son aplicaciones escritas para ser conectadas a Joomla con el fin de ampliar la funcionalidad de un sitio web. Por ejemplo, si usted quiere tener una presentación de fotos, galería de vídeos o una forma avanzada de contactos, entonces usted tendrá que para instalar extensiones para esos fines.

Por defecto, Joomla se distribuye con varias extensiones que cubren las necesidades básicas. Si quieres más, hay miles de adicional Joomla extensiones disponible en Directorio de Extensiones Joomla. Este es el directorio oficial de extensiones Joomla mantenido por el equipo de Joomla.

http://extensions.joomla.org

Hay 5 tipos básicos de extensiones: componentes, módulos, plug-ins, la plantilla y el idioma. Cada uno de estas extensiones maneja una funcionalidad específica.

Componente

Componente es el tipo más complejo de extensión. Se puede ver
como una aplicación que realiza ciertas tareas y mostrar el
contenido específico en su sitio. Como se ha mencionado antes,
una galería de vídeo es un ejemplo de un componente. Además de
eso, puede ser un carrito de compras, sistema de reservas, foro y
mucho más.

El contenido producido por un componente se muestra en el área
de la página principal. En el ejemplo anterior, se puede ver la lista
generada por el componente "Newsfeeds".

Todos los componentes se encuentran en la sección
"Componentes".

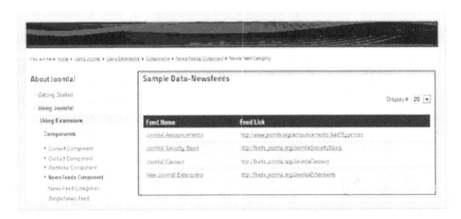

Por defecto, Joomla se suministra con los siguientes componentes:
"Banners", "Contactos", "Mensajes", "Noticias"," Redirección ","
Búsqueda " y "Enlaces web".

Módulo

Los Módulos tienen funciones similares a las de los componentes, pero en menor escala. Se lleva a cabo tareas simples y el contenido se muestra como pequeños bloques que cuelgan alrededor de la página.

Los ejemplos de módulo pueden ser un cuadro de búsqueda, el formulario de inicio de sesión, el menú, la información de copyright pie de página, etc. En muchos casos, los módulos están trabajando en conjunto con el componente de presentación de contenido. Por ejemplo, un componente carro de la compra que se utiliza para gestionar los productos y un módulo para mostrar los productos top.

Todos los módulos se gestionan de "**Extensiones**" => "**Gestor de Módulos**".

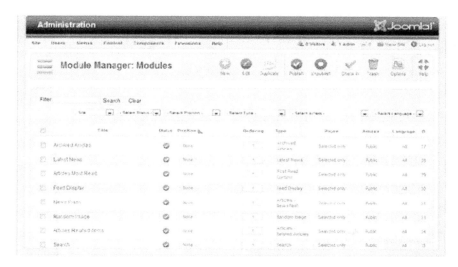

Module Manager at the back-end

Plantillas

Plantilla es la presentación gráfica de su sitio web. Determina el diseño, colores, tipos de gráficos, y otros aspectos del diseño que hacen que su sitio sea único.

En general, la plantilla se compone de tres elementos:

•   Elementos gráficos estáticos, como imágenes de fondo, decoración de diseño, logotipo, etc.

•   Área de contenido principal presentar los datos generados por el componente.

•   Múltiples posiciones de módulo para mostrar contenido que se presenta en módulos.

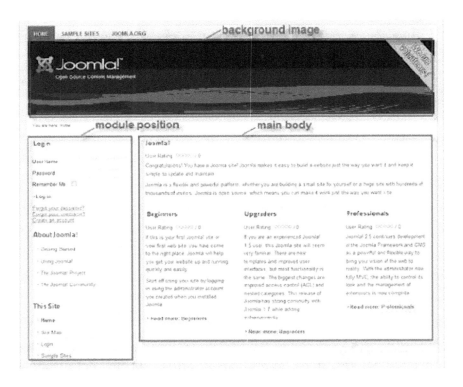

Aquí hay algunos ejemplos más de la plantilla:

Usted puede controlar las plantillas a través del menú **"Extensiones"** => **"Gestor de Plantillas"**.

Por defecto, Joomla viene con tres plantillas: "Atomic", "Beez_20" y "Beez5". Pero hay miles de plantillas disponibles tanto gratuitas como comerciales, por lo que definitivamente se puede elegir entre muchos tipos de diseño.

Plug-in

El Plug-in está diseñado para mostrar contenido dentro de los componentes y módulos. Además, el plug-in puede realizar tareas en determinados puntos durante la carga de página web. Usted puede pensar en plug-in como una forma más versátil para interactuar con el sistema.

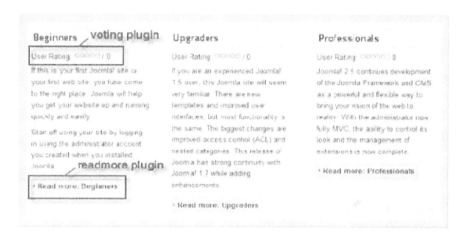

En este ejemplo de plug-in puede ver que tiene la funcionalidad de votación en los artículos y la "Leer más ..." que es el botón de pie debajo de artículos.

Todos los plug-ins se gestionan de **"Extensiones"** => **"Gestor de Plug-ins"**.

En la comunidad de Joomla! 2.5, en el paquete principal, los plug-ins se dividen en once categorías diferentes: "Autenticación", "captcha", "contenido", "editores", "editor-XTD", "extensión", "buscador", "quickicon", "buscar", "sistema" y "Usuario".

Idiomas

Idioma le permite ejecutar su sitio en más de un idioma. Por ejemplo, desea utilizar el francés para su sitio Joomla. Sólo tienes que descargar los paquetes de traducción de francés Joomla Extensión Directorio de los Idiomas luego instalarlas con el "Gestor de Extensiones".

Los dos idiomas instalados se muestran en la "Gestor de Idiomas" En el back-end.

A Continuación…

Vamos a instalar Joomla 2.5.x en el host local y vamos a dar una vuelta de prueba.

Instalar Joomla 2.5.x en host local

La instalación de Joomla 2.5.x en el host local es fácil, pero puede resultar complicado la primera vez. Así que en este paso se hará con las instrucciones precisas para comenzar desde el principio.

En primer lugar, vamos a dejar claro el significado de "Localhost". Como ustedes saben, cualquier sitio web tiene que ser alojado en un servidor web con el fin de poder mostrarse publicamente a los usuarios. Normalmente, usted tendrá que comprar un paquete de alojamiento de algún proveedor de hosting como GoDaddy. Dependiendo del paquete que usted elija, el proveedor de alojamiento instalará un servidor web para usted en algunas de sus máquinas servidor. Así, localhost es básicamente el mismo servidor web pero instalado en su propio equipo.

Ahora, con el fin de ejecutar Joomla, usted no necesita servidor web, sino más bien dos cosas: un intérprete de scripts de PHP y un sistema de base de datos MySQL. Suena complicado, pero afortunadamente, hay un solo paquete llamado XAMPP con todos los elementos incluidos.

Instalar XAMPP en el equipo.

Instalar XAMPP

1.   Descargue el paquete de instalación en XAMPP http://www.apachefriends.org/en/xampp.html

2.   Ejecute el archivo de instalación como lo hace con el software habitual y siga las instrucciones paso a paso.

3.   Una vez instalado, abra el "Panel de Control XAMPP" e Inicie "Apache" y "MySQL".

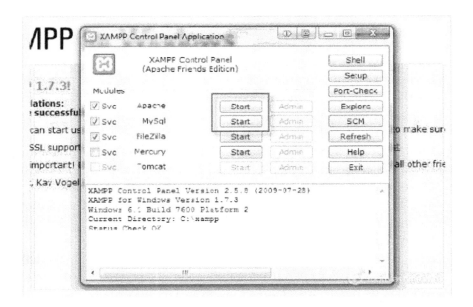

Eso es todo, tu host local ya está instalado. Puede comprobar si funciona o no, escriba la dirección "Http://localhost" en su navegador web y ver una página como abajo.

XAMPP for Windows interface

Ahora ya está listo para instalar Joomla.

Instalación de Joomla

Descargue el paquete completo de Joomla 2.5.x en http://www.joomla.org/download.html

Cree una nueva carpeta titulada "Joomla25" en la carpeta "Htdocs" en la carpeta XAMPP. Normalmente será situado en "C:\xampp\htdocs"

Descomprimir el archivo del paquete descargado en la carpeta "Joomla25"

Ir a la URL Http://localhost/joomla25

Siga todos los pasos de instalación de Joomla:

- **Paso 1.** Idioma: Elija su propio idioma, por ejemplo, "**Inglés (Estados Unidos)**" y luego haga clic en el botón "**Next**"
- **Paso 2.** Previa a la instalación: Si todas las condiciones previas que se comprueban resultan igual a "**Sí**", usted puede tomar los siguientes pasos. Si al menos una condición que es comprobada resulta igual a "**No**", por favor, encuentre el problema y soluciónelo para continuar con la instalación.
- **Paso 3.** Licencia: Lea la licencia **GNU / GPL v2**, a continuación, haga clic en el botón "**Next**". Puede omitir esto si usted es ya está familiarizado con esta licencia.
- **Paso 4.** Base de datos: Entrada de datos relacionados con su base de datos:
- Nombre de host: localhost
- Nombre de Usuario: root
- **Contraseña**: dejar en blanco si no ha configurado la contraseña de base de datos
- Nombre de Base de datos: joomla25
- **Paso 5. Configuración del FTP**: Puede saltarse este paso.
- **Paso 6.** Configuración: Entrada de parámetros que mencionan su Página Web:
- **Nombre del sitio**: nombre de su sitio web
- Su e-mail: e-mail

- **Nombre de usuario Admin**: su nombre de usuario admin, como administración
- **Contraseña de administrador**: la contraseña de administrador, como administración
- **Confirmar la contraseña de administrador**: escriba la contraseña de administrador de nuevo.

Hay un botón "Instalar datos de ejemplo", pero que no lo pulse. Vamos a construir un sitio web desde cero con nuestro propio contenido.

- **Paso 7. Terminar**: Este es el último paso. Aquí sólo tiene que hacer clic en el botón "**Eliminar carpeta de instalación**" para completar el proceso de instalación. Después de eso, puede hacer clic en "**Sitio**" para ver a su recién creado o "**Administrador**" para acceder a la zona de administración.

Ahora tiene su primer sitio Joomla instalado con éxito! No es demasiado difícil, ¿verdad? Bueno, si usted tiene algún problema con el proceso de instalación, puede tratar de encontrar respuesta en las siguientes fuentes:

Oficial foro Joomla

El foro de Joomla es uno de los más concurridos foros de soporte (y más amable) en el mundo, y es un gran lugar para conseguir ayuda de otros usuarios Joomla!. Hay un montón de preguntas y respuestas que se discuten aquí. Debido a que nuestro tema es acerca de la instalación de Joomla 2.5, usted puede encontrar ayuda en la categoría "La instalación de Joomla 2.5".

Joomla ayuda en vivo (**http://joomla.cmshelplive.com/**)

Este sitio web le brinda un servicio se soporte on-demand para Joomla. Por supuesto, usted tiene que pagar dinero por el servicio, pero el problema será solucionado por expertos en Joomla.

Hay muchos otros sitios web que usted puede recabar información sobre Joomla:

- http:// Docs.joomla.org / Principiantes
- http://www.joomlatutorials.com
- http://www.joomlablogger.net
- http://www.howtojoomla.net
- http://www.tutorialjoomla.net

Crear contenido para su sitio Joomla

El propósito principal de un sitio web es proporcionar alguna información a los visitantes. Así que es indudable, que los contenidos son el elemento más importante de cada página web.

En este paso, usted podrá:

1.   Preparar la estructura del contenido

2.   Crear categorías y artículos

3.   Crear el menú

Preparación de la estructura del contenido

Al construir una página web, utilizamos muchos archivos: imágenes, sonidos, documentos html... Uno de los aspectos más delicados a la hora de producir una página web es organizar todos los ficheros, de manera que los tengamos localizados para poder modificarlos, cambiarlos o añadir nuevos de manera fácil y rápida. Es importante que antes de empezar a producir nuestra página, dediquemos unos minutos a pensar cómo los organizaremos.

La creación de contenido es como disponer los productos en una tienda de comestibles. En Joomla, artículos son similares a los productos, las categorías son como los productos de los estantes de cabecera y los menús son como los pasillos de los estantes. Ahora, imaginemos que tengamos un sitio web vendiendo cosas de lujo.

La estructura de contenido puede tener un aspecto como el siguiente:

- Acerca de
- Acerca de mi sitio web
- Cómo comprar / ordenar productos
- Cómo hacer el pago
- Noticias
- Últimas noticias
- Llegadas
- Venta
- Cupones
- Promoción
- Ayuda
- Información
- Los servicios en línea de los clientes
- Contáctenos

La creación de contenido

Ahora, cuando la estructura de contenidos está listo en el papel, es el momento para reflexionar en Joomla. Vamos a empezar con la creación de categorías.

Categorías

1.   Ir a "**Contenido**" => "**Gestor de Categorías** " y haga clic en el botón "**Nuevo**" en la barra de herramientas.

2.   En el título de la categoría ponemos "**Acerca de**" y hacemos clic en el botón "**Guardar**" en la barra de herramientas.

Después de guardar, se puede ver que la nueva categoría "Acerca de" apareció en el **Administrador de Categoría**.

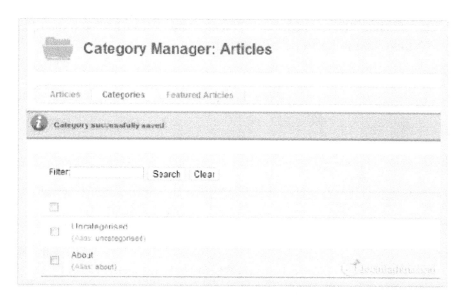

A mayores se han creado 6 categorías más para poder poner artículos en ellas.

Artículos

Vamos a añadir un nuevo artículo en la categoría "Acerca de mi sitio".

1.   Ir a "**Contenido**" => "**Gestor de Artículos**" y haga clic en "**Nuevo**" en la barra de herramientas.

2.   Después, necesitará configurar 3 parámetros:

- Título: Entrada "Acerca de mi sitio".
- Categoría: Seleccione la categoría "Acerca de mi sitio" de la lista.
- Texto del Artículo: Entrada de contenido del artículo.

Ahora, vamos a suponer que tiene un artículo con texto sin formato. Más adelante, en la sección Hacer artículos buenos vamos a discutir más sobre cómo crear artículo con contenido enriquecido.

3. Cuando termine, haga clic en el botón "**Guardar y Cerrar**" en la barra de herramientas para guardar su nuevo artículo.

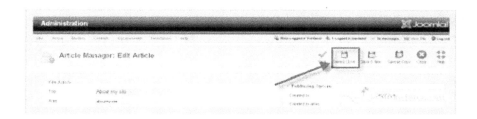

Ahora, ya tiene un nuevo artículo en el Gestor de artículos.

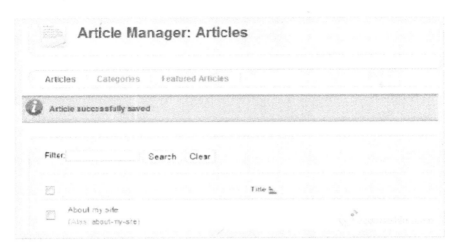

Ahora puede crear de la misma manera otros 2 artículos "Cómo comprar / ordenar productos" y "Cómo hacer pago " en la categoría "Acerca de mi sitio".

Ahora, después de completar el proceso de creación de contenidos, hay una última cosa que hacer: crear el elemento de menú con enlaces a los artículos.

Menú

En Joomla, el menú es una colección de enlaces a ciertos
elementos de la web como artículos, módulos, etc. En el back-end
todos los menús se encuentran en la sección "Menús". Por defecto,
Joomla se entrega con menú "Menú Principal".

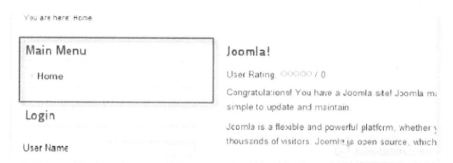

Vamos a añadir nuevos elementos de menú en el menú "**Menú
Principal**".

1.   Haga clic en el "**Menú Principal**".

2.   A continuación, haga clic en el botón "**Nuevo**" crear nuevo
elemento de menú.

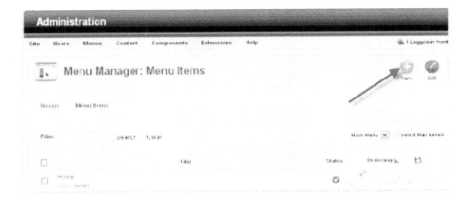

A continuación, haga clic en el botón **"Seleccionar"** para elegir el tipo de elemento del menú.

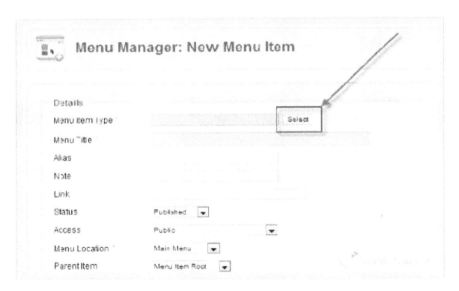

Select menu item type

4. Ahora, se mostrará arriba una pantalla pop-up. Hay muchos elementos diferentes a los que usted puede crear un enlace, como **"Contactos"**, **"Artículos"**, **"Noticias"**, **"Buscar"** y así

sucesivamente. Aquí es necesario crear un enlace a un artículo, por lo que hacer clic en "**Artículo Único**".

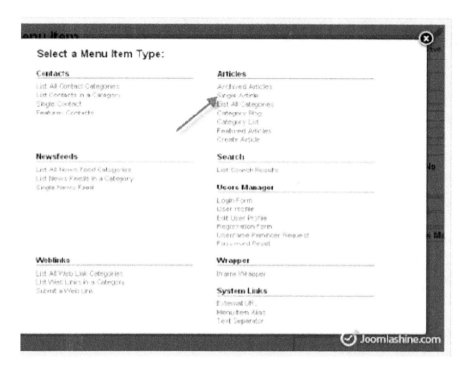

5.   Después, tendrá que ponerle un título en el "**Título de Menú**", por ejemplo "Acerca de mi sitio".

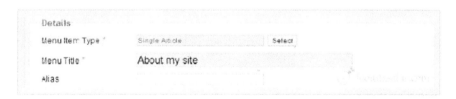

6.   A continuación, usted tiene que elegir el artículo que desea mostrar. En la esquina derecha de la pantalla, haga clic en el botón "**Seleccionar / Cambiar** " para seleccionar el artículo.

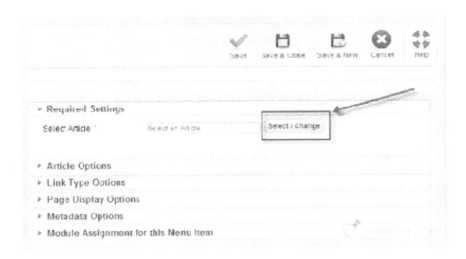

7.   Aparecerá una pantalla pop-up, seleccione el artículo "Acerca de mi sitio".

8.   Por último, haga clic en el botón "Guardar" o "Guardar & Cerrar " para terminar

Después de eso, puede crear enlaces del menú a los otros 2 artículos "Cómo comprar / ordenar productos" y "Cómo hacer un pago".

Ahora, usted puede ir para el front-end y ver el resultado.

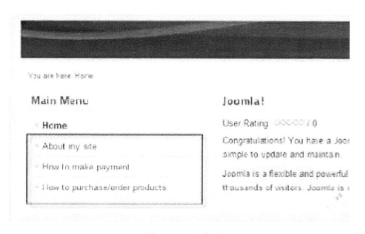

The new articles in main menu

Al hacer clic en cada enlace, podrás ver el artículo correspondiente.

Ahora puede repetir los mismos pasos para crear enlaces a todos los artículos necesarios.

Creación de Objetos con estética Atractiva

Ahora, usted ya sabe cómo crear el artículo. Es hora de ir poco hacia adelante y crear un artículo atractivo. Hay varias técnicas tales como: dar formato al texto, añadir imágenes, enlaces, etc

Formateo de texto

Si ha trabajado con Microsoft Word o cualquier otro procesador de texto diferente, entonces el formato de texto en Joomla le será familiar. Aunque, es mucho más simple que Microsoft Word, ya que sólo hay un formato de texto básico y pocas opciones.

Vamos a ir al Gestor de Artículos y haga clic en el artículo "Acerca de mi sitio" para abrirlo. Ahora verá el área de edición del artículo. Este es el lugar donde se edita su artículo:

Article Manager: Edit Article

Edit Article

Title	About my site
Alias	about-my-site
Category	About my site
Status	Published
Access	Public
Permissions	Set Permissions
Featured	No
Language	All
ID	21

Article Text

B *I* U ABC | ☰ ☰ ☰ ☰ | Styles ▾ Paragraph ▾

☰ ☰ | | ↶ ↷ | ⚓ ▦ ✂ 🌐 ABC

— ∠ ▦ x₂ x² Ω

Welcome to my site!

My website provides the customer with a large number of perfumes of well-known brands from all over the world.

Our products are of guaranteed quality, no fakes.

We provide our customers with the best service, with care and fast.

Echa un vistazo a las opciones de formato, la mayoría de los iconos son muy familiares, con iconos para que el texto en negrita, cursiva o subrayado y los iconos para alinear el texto. Sólo tienes que seleccionar el texto al que desea dar estilo y haga clic en el icono.

Puede crear títulos de diferentes niveles en el texto, seleccione el texto al que desea dar estilo y haga clic en el menú desplegable "**Párrafo**", luego desplácese hacia abajo en el menú desplegable y elija un título adecuado del "**Título 1**" al "**Título 6**".

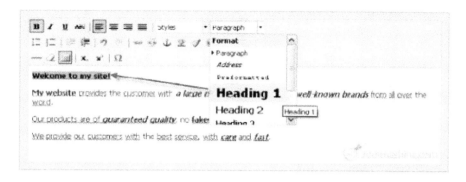

Añadir imágenes

En primer lugar, debe organizar las imágenes en una carpeta determinada antes de añadirlos a los artículos.

Creación de carpetas de imágenes

1.   Ir a "Contenido" => "Gestor de Medios"

2.   Introduzca el nombre de la carpeta y haga clic en el botón **"Crear carpeta"**.

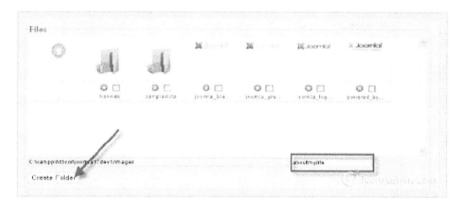

Ahora tiene la nueva carpeta en el Administrador de Medios.

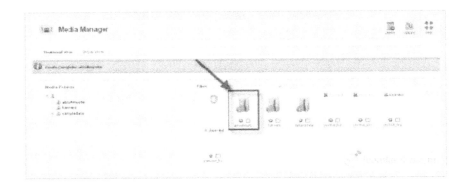

Cargar imágenes

Ahora, es el momento de subir las imágenes a la nueva categoría creada "Aboutmysite".

1. Haga clic en la carpeta "Aboutmysite", y luego haga clic en el botón "**Examinar...**"

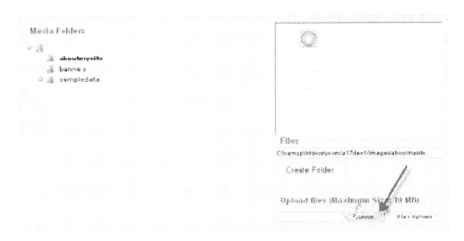

2. Seleccione el archivo de imagen que desea cargar. En este momento solo un archivo puede ser seleccionado a la vez, pero más adelante le mostraremos cómo seleccionar varios archivos a la vez.

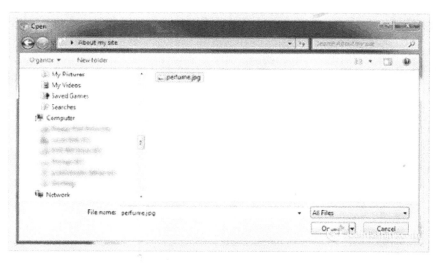

Select image file

Haga clic en el botón "**Start Upload**" para cargar la imagen.

Ahora, su nueva imagen aparecerá cargada en la categoría "Aboutmysite"

Con esta forma de publicar, sólo te permite subir una foto cada vez, así que te llevará un montón de tiempo y esfuerzo para hacer lo mismo con imágenes de otros. Por suerte hay otro método para cargar varios archivos **con el Cargador de Flash**. Vamos a echar un vistazo:

1. En el **Gestor de Medios**, haga clic en el botón "**Opciones**" en la barra de herramientas.

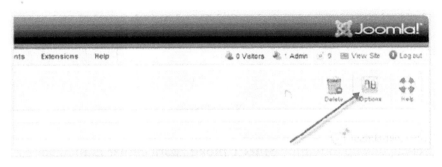

Click the button "Options"

2.　　En la ventana "**Opciones del Administrador de Medios**", abra la pestaña "**Componente**", ajustar el parámetro "**Activar cargador Flash**" a "**Sí**" para permitir el cargador de flash y haga clic en "**Guardar y Cerrar**".

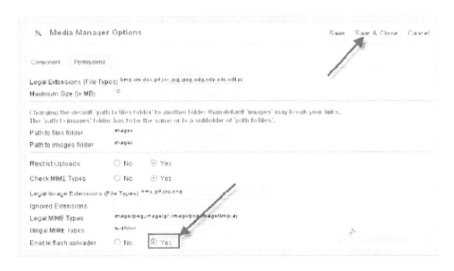

3.	Vuelve a la pantalla principal. Debe quedar como la siguiente imagen. Ahora puede hacer clic en "Buscar archivos" para subir varias imágenes al mismo tiempo.

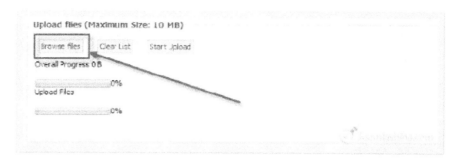

4.	Seleccione varios archivos. También puede utilizar el cursor del ratón para marcar todos los archivos o pulsar la tecla "CTRL" e ir seleccionando los archivos individualmente que desea seleccionar para cargarlos.

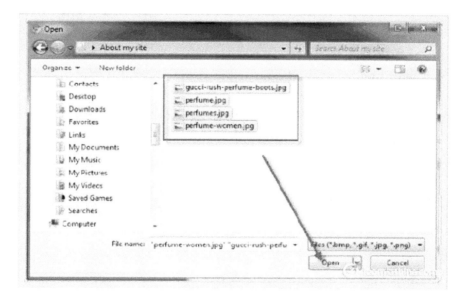

5.	Haga clic en el botón "**Start Upload**" y espere hasta que el proceso de carga se halla completado.

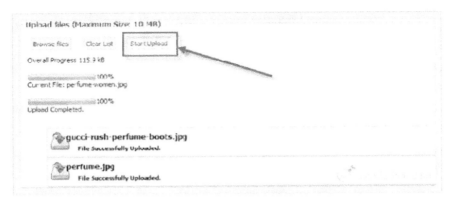

Uploading images

Ahora ya tienes las imágenes en la categoría.

Añadir imágenes al artículo

Una vez subidas las imágenes al servidor, es el momento de añadirlas al artículo. Vamos a usar el mismo artículo "Acerca de mi sitio".

1. Ponga el cursor en el punto donde desee insertar una imagen y haga clic en el botón "**Imagen**" de debajo del artículo.

2.   Seleccione la imagen que desee insertar.

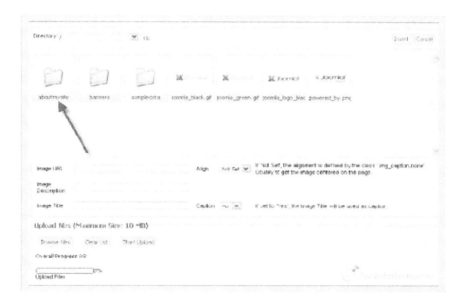

3.   Complete los parámetros de **Descripción** de la imagen y **Título** de imagen que describen la imagen y haga clic en el botón "Insertar" en la parte superior de la pantalla para terminar la inserción de imágenes.

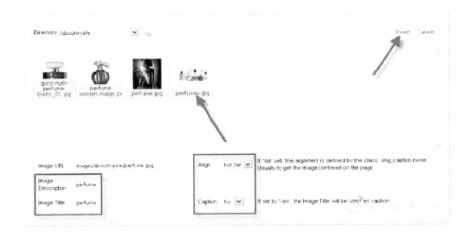

4. Vuelva a comprobar cómo la imagen se inserta en el artículo.

En este paso, si usted cree que la imagen es demasiado grande o demasiado pequeña y desea cambiar sus dimensiones, alineación, etc. Puede hacer clic en la primera imagen y, a continuación, haga clic en el botón **"Insertar / editar imagen"** y luego en las opciones de formato del artículo para poder editarlo.

The button to edit/insert image

Aparecerá arriba una pantalla pop-up. Aquí, usted puede editar la imagen que desee. Por ejemplo, vamos a cambiar las dimensiones y alineación de esta imagen, a continuación, haga clic en el botón "**Update**" para que los cambios surjan efecto.

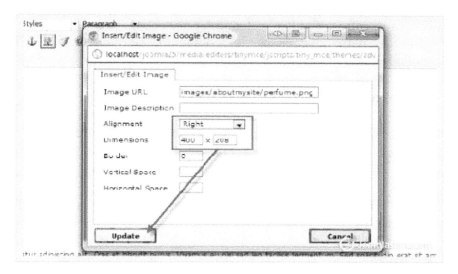

Haga clic en el botón "**Guardar y Cerrar**" en la barra de herramientas del Gestor de artículos y vaya a la página para ver tu artículo con la nueva imagen.

Añadir enlaces

Añadir enlaces internos

Una situación muy común es cuando se necesitan crear enlaces internos entre artículos. Estos enlaces no sólo son útiles para los usuarios para navegar por el contenido, sino que también son buenos para el SEO.

Vamos a ver cómo crear un enlace interno dentro de artículo.

1.   Abra el artículo al que desea añadir enlaces internos

2.   Seleccione el texto que desea estar vinculado

3.   Haga clic en el botón "**Artículo**" situado debajo del editor de artículos

4. Ahora verá una ventana emergente con la lista de todos sus artículos. Encuentra el artículo al que desea establecer el vínculo, a continuación, haga clic en su título.

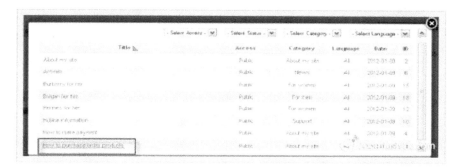

Select appropriate article

Como resultado, el título del artículo seleccionado se utiliza como texto del enlace.

Puede cambiar el texto del vínculo como texto normal.

5. Ahora haga clic en el botón **"Guardar"** y vaya a su sitio para ver el artículo con el nuevo enlace.

Si desea editar un enlace, simplemente selecciónela y haga clic en el icono **"Insertar / editar enlace"** como se muestra a continuación.

O bien, puede eliminar el enlace del texto mediante el icono **"Desvincular"**.

Unlink the article

Añadir enlaces externos

En la sección anterior, aprendió cómo crear enlaces internos, es decir, los que vinculan a los artículos en su sitio web. En esta sección, verá cómo crear enlaces externos a páginas de Internet.

1. Seleccione el texto que desea vincular a una web externa, luego haga clic en el icono **"Insertar / editar enlace"**.

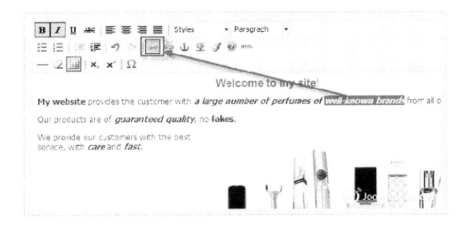

Una ventana pop-up aparecerá como a continuación:

2. Ahora tenemos que establecer los 4 valores de los parámetros que nos solicitan a continuación:

Enlace URL: El destino al que desea crear un enlace

Objetivo: Hay dos opciones para que usted elija: "**Abrir el enlace en la misma ventana**" y "**Abrir enlace en una nueva ventana**" (Cuando lo dejas "No establecido", el enlace se abrirá en la misma ventana)

Título: Texto breve que describe el vínculo

Clase: Puede ponerlo en "No establecido" (Las otras dos opciones son "Subtítulo" y "Sistema Salto de página")

3. Haga clic en el botón "**Insertar**" para insertar el enlace. Después de eso, se puede ver que su texto está vinculado a la página web externa

The linked text

Añadir "Salto de página" y "Leer Más"

En el caso de tener un artículo largo, tendrá que dividir el artículo en secciones pequeñas y separadas. Con Joomla, usted tiene dos opciones para ayudar a los lectores leer los artículos más fácilmente.

1.   Salto de página

Este elemento divide un artículo en páginas separadas como Página 1, Página 2, Página 3, etc… los saltos de página son ideales para artículos muy largos.

2.   Leer más

Este elemento divide un único artículo completo en un texto teaser y el resto del artículo. Si desea leer el resto del artículo, usted tiene que hacer clic en el enlace "Leer Más".

Añadir el "Salto de página"

1.   Ponga el cursor de texto en la posición donde desea dividir el artículo.

2.   Haga clic en el botón "Salto de página" debajo del editor de artículos.

Adding a page break

3.   Introduzca el título que desee dar a esta página en el parámetro "**Título de Página**" y haga clic en el botón "**Insertar salto de Página**".

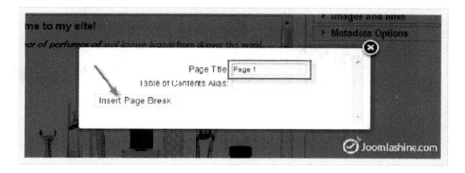

4.   Eso es todo. Ahora verá una línea de puntos que muestra un salto de página dentro de tu artículo como en la captura de pantalla que mostramos a continuación.

Dotted line showing a page break

5.   Haga clic en el botón "**Guardar**".

6.   Puede ver en su sitio el resultado, se muestra una lista junto al artículo, sólo tiene que hacer clic en el título o "**Siguiente**" para entrar en la página.

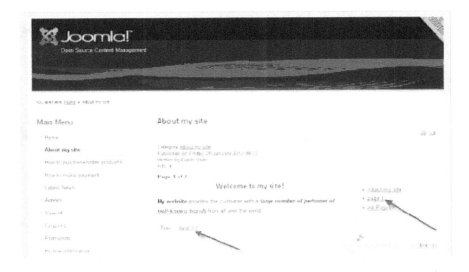

Tenga en cuenta que:

- Usted puede agregar como tantos saltos de página como desee en su artículo.
- Puede eliminar el salto de página poniendo el cursor al final de la línea punteada y pulsando la tecla "Retroceso" en su teclado.

Añadir el enlace "Leer más"

Para añadir un enlace "**Leer Más**" es similar al proceso de agregar un salto de página.

1.   Ponga el cursor en la posición donde desea dividir el artículo, normalmente se separa en una parte de introducción y la parte del contenido principal.

2.   Haga clic en el botón "Leer Más " debajo del editor del artículo.

Insert a read more link

You will see a dotted line in red.

"Read more" dotted line

3.   Mire hacia arriba y ajuste el parámetro "**Destacado**" a "**Sí**". De esta manera, hace que este artículo aparezca en la página principal del sitio web.

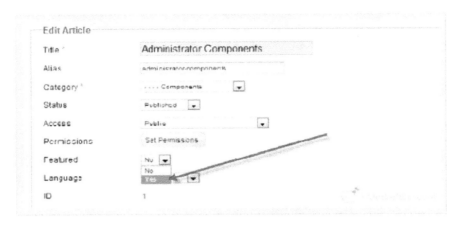

Featured article

Haga clic en el botón "**Guardar**" para finalizar.

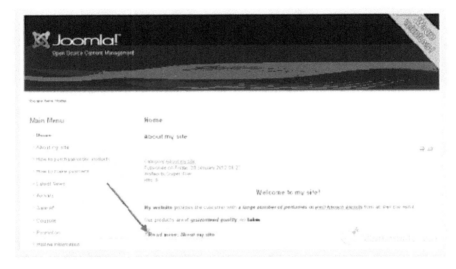

The article with read more link

Aquí está el artículo con un enlace de leer más en el front-end. Sólo tiene que hacer clic en el botón "Leer más ..." para leer el artículo completo.

Personalizar la web Joomla con Plantillas

¿Qué es una plantilla Joomla?

Como se mencionó antes, una plantilla es la presentación gráfica de su sitio web. La plantilla determina el diseño, colores, tipos de letra, gráficos y otros aspectos del diseño que hacen que su sitio sea único.

Hay dos tipos de plantillas: **"plantilla del Sitio"** para la presentación de front-end y **"plantilla de Administración"** para la presentación en el Back-end.

Plantilla del Sitio

Plantilla del sitio cambia la forma en que su sitio web se ve por los visitantes.

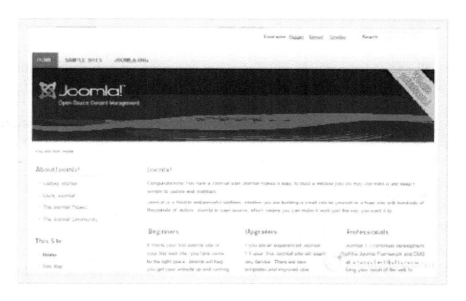

La mayoría de las veces, usted tendrá que lidiar con la plantilla de sitio para cambiar el aspecto y dar una sensación de sitio web profesional.

Plantilla de Administración

La plantilla de administración cambia la forma de la interfaz del administrador del Sitio Joomla.

Si está construyendo un sitio web, entonces probablemente nunca tenga que cambiar su plantilla de back-end. La plantilla de administración se suele usar cuando la construcción de sitios web son para clientes, en ese caso, es posible que tenga que personalizar un poco la plantilla de administrador para que se ajuste a lo que su cliente desea.

Elegir una plantilla Joomla

Los recursos de plantilla

La forma más rápida y fácil para diseñar su sitio web es comenzar con alguna plantilla existente de Joomla que halla disponible en Internet.

Recursos de plantillas gratuitas

La comunidad de Joomla ofrece miles de plantillas gratuitas para que elegir. Visite los sitios siguientes:

- http://www.joomla24.com

- http://www.joomlaos.de/

- http://www.bestofjoomla.com

Recursos de plantillas comerciales

Si puede conseguir algo de presupuesto para una plantilla, entonces le recomendamos que eche un vistazo a los siguientes proveedores de plantillas.

- http://www.joomlart.com

- http://www.rockettheme.com

- http://www.yootheme.com

- http://www.gavick.com

- http://www.joomlashine.com Buscando a través de Internet

Ahora puede buscar en Google con las palabras clave: "**Joomla Templates**" o "**Plantillas para Joomla**" y obtendrá unos 120 millones de resultados.

Criterios para elegir la plantilla adecuada

Podrá ver que hay una gran cantidad de plantillas de Joomla para elegir. Estos son algunos criterios que pueden ayudarle con la elección de la plantilla adecuada:

Compatibilidad

¿Qué versión de Joomla soporta? Es mejor elegir una plantilla que soporta Joomla 2.5

Comercial o no comercial

¿Quieres tener una plantilla de alta calidad y apoyo o tienes un presupuesto ajustado y tiene que ir con la plantilla de forma gratuita? Normalmente, las plantillas comerciales tienen mayor calidad, una documentación más completa y mejor soporte que las que no son comerciales.

Documentación

¿Está bien documentada? ¿Logra entender todas las características que tiene? ¿Se le muestran las formas de personalizar la plantilla?

•   Soporte ¿Hay soporte continuo a la plantilla? ¿Qué formas de soporte tienen? - Por teléfono, chat en vivo, foro...?

Diseño

¿Coincide con la apariencia que desea para su sitio? Si es similar a su diseño deseado, No tendrá que pasar mucho tiempo para personalizarlo.

Características

Las plantillas profesionales ofrecen muchas características, mientras que una gran cantidad de plantillas gratuitas ofrecen funciones limitadas.

Si es un usuario normal, una plantilla gratuita será una buena opción para usted. Sin embargo, si va a crear un sitio web de negocios, vale la pena gastar unos cuantos dólares en una plantilla comercial de un proveedor profesional.

No piense que está perdiendo dinero, ya que además de una plantilla de alta calidad, usted también consigue una buena documentación y soporte técnico. El tiempo que ahorra será mayor que el dinero gastado.

Instalación de plantilla en Joomla

Después de seleccionar una plantilla que nos guste en Joomla, es el momento de instalarla.

1.   Ir a "Extensiones" => "Gestor de Extensiones"

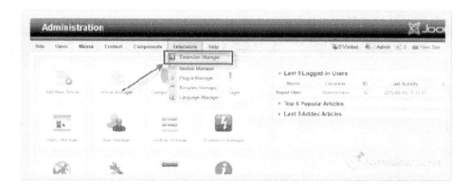

2.   Haga clic en el botón "**Examinar...**", busque el archivo de plantilla que ha descargado y haga clic en el botón "**Subir e Instalar**". Después de eso, recibirá una notificación que le informará de que la plantilla ha sido instalada correctamente.

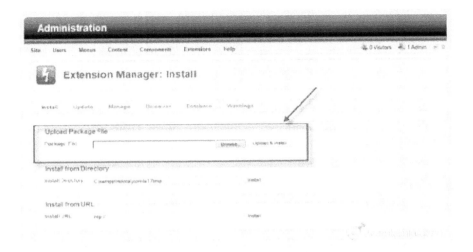

3.   Ahora que tiene su nueva plantilla instalada, es hora de aplicarla a su sitio web. Para ello vaya a "**Extensiones**" => "**Gestor de Plantillas**"

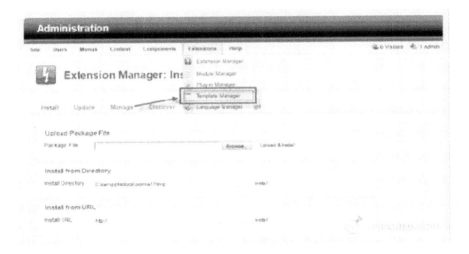

4.   A continuación, seleccione la casilla de verificación junto a su plantilla nueva de Joomla y en el menú de arriba a la derecha, haga clic en el icono "Establecer como predeterminado", esto fijará el diseño de la plantilla seleccionada, como la plantilla por defecto de su sitio web Joomla.

5.   Ahora, haga clic en el botón "**Ver sitio**" en el back-end para ver el front-end y comprobar que el sitio tiene el estilo definido por la plantilla que ha instalado.

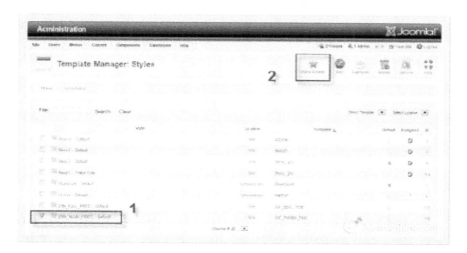

Posicionar los Módulos en las Páginas de Joomla

Como se mencionó anteriormente, el módulo realiza tareas simples y muestra su contenido como pequeños bloques que cuelgan alrededor de la página. Cada módulo se encuentra en una posición, es decir, el módulo "menú principal" se coloca en la posición "izquierda". Cada posición está diseñada para tomar algún punto en el diseño de página, es decir posición "izquierda" se coloca en el lado izquierdo del contenido principal. Cada plantilla puede tener muchas posiciones diferentes que se sitúan en varios puntos de la página.

Hay dos tipos de módulos: "**Módulo de Sitio**" para ser utilizado en el front-end y "**Módulo de Administración**" que son para back-end.

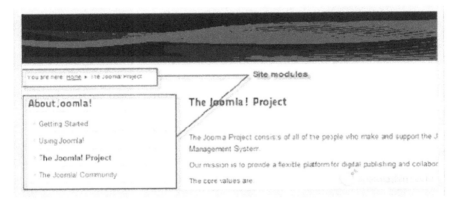

Site modules at front-end

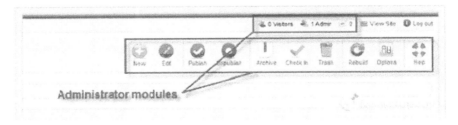

Ver las posiciones de los módulos de una plantilla

Es difícil de entender todas las posiciones de módulo en alguna plantilla con sólo mirar en la página web. Por suerte, Joomla proporciona una herramienta para el usuario para ver el contorno de todas las posiciones.

Vamos a ver cómo se usa:

1.   Ir a "Extensiones" => "Gestor de Plantillas".

2.   En el Administrador de plantillas, haga clic en el icono "**Opciones**" en la barra de herramientas.

3.   A continuación, establezca el parámetro "**Vista Previa de Posiciones de módulos**" a "**Habilitado**" y haga clic en "**Guardar y Cerrar**"

4.   Ahora, haga clic en la ficha "**Plantilla**"

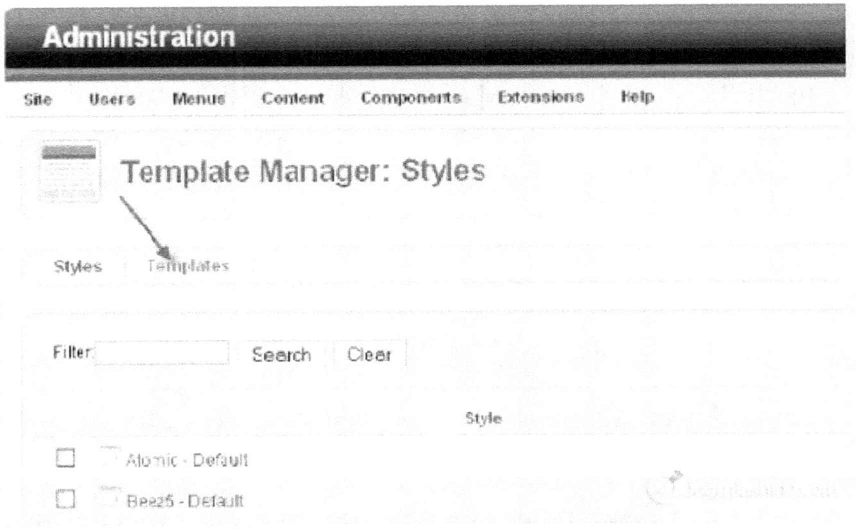

Administration

Site   Users   Menus   Content   Components   Extensions   Help

Template Manager: Styles

Styles   Templates

Filter   Search   Clear

Style

☐   Atomic - Default

☐   Beez5 - Default

5.   En esta pantalla pop-up, se muestran todas las plantillas instaladas, por lo que habrá que desplazarse hacia abajo para ver la plantilla **Beez_20**, haga clic en Vista previa para ver las posiciones de los módulos de esta plantilla.

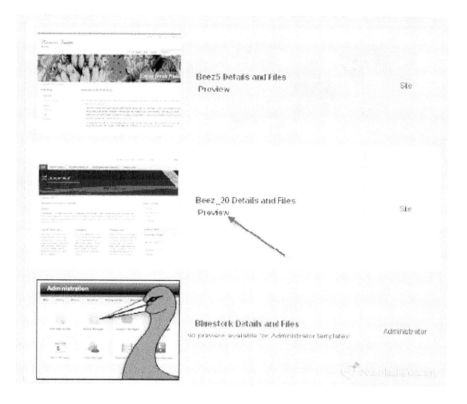

Beez5 Details and Files
Preview
Site

Beez_20 Details and Files
Preview
Site

Bluestork Details and Files
No preview available for Administrator templates
Administrator

6. Se abrirá una nueva página en una nueva pestaña, esta página muestra todas las posiciones de módulo de la plantilla, como podemos ver en la figura siguiente.

Ahora puedes ver todas las posiciones de módulo de la plantilla. Esto le ayudará a elegir la posición correcta cuando se agrega un nuevo módulo.

Agregar un módulo nuevo a la página

Cuando esté familiarizado con el módulo de Joomla y el concepto de posición, querrá aprender sobre cómo agregar un nuevo módulo a su página web.

Familiarizarse con los módulos por defecto

Por defecto, Joomla viene con un montón de módulos listos para usar. Echemos un vistazo:

Los módulos de Usuarios

Estos módulos diseñados para la presentación de usuarios y de servicios:

•   **Quien está en línea**: Este módulo muestra el número de invitados y usuarios registrados que se encuentran actualmente conectados al sitio web

•   **Últimos usuarios**: Este módulo muestra los últimos usuarios registrados

•   **Login**: Este módulo muestra un formulario con los campos de inicio de sesión Nombre de Usuario/Contraseña y algunos otros enlaces.

Los módulos de contenido

Son los módulos diseñados para la presentación de artículos

•   **Últimos artículos**: Este módulo muestra una lista de los artículos publicados más recientemente y los que están en curso se ser publicados.

•   **Contenido más leído**: Este módulo muestra una lista de los artículos publicados actualmente que tienen el mayor número de página visitas

- **Noticia de última hora**: Este módulo presenta una serie de artículos de una categoría basada en la fecha o en una selección aleatoria

- **Artículos relacionados**: Este módulo muestra otros artículos que están relacionadas con la que se está viendo actualmente

- **Archivo**: Este módulo muestra una lista de los meses naturales que contienen artículos archivados

- **Categorías del artículo**: Este módulo muestra las categorías de una categoría padre

- **Artículos categoría**: Este módulo le permite mostrar los artículos de una determinada categoría

Muestra los módulos

Los módulos diseñados para la presentación de contenidos ricos:

- **Custom HTML**: Este módulo le permite crear cualquier código HTML personalizado que desee.

- **Noticias a mostrar**: Este módulo permite la visualización de un feed sindicado

- **Pie de página**: Este módulo muestra el pie de Página del Sitio Web, como el copyright por ejemplo.

- **Imagen aleatoria**: Este módulo muestra una imagen aleatoria desde el directorio imagen que haya elegido

- **Los enlaces web**: Este módulo muestra una lista de los enlaces de la web en una categoría

- **Bandera**: El módulo de bandera se utiliza para mostrar los banners del Componente Banners

Módulos de Utilidad

Estos módulos fueron diseñados para realizar mini-tareas:

- **Búsqueda inteligente**: Este módulo proporciona una búsqueda utilizando el componente de búsqueda inteligente

- **Envoltura**: Este módulo muestra una ventana iFrame en una ubicación especificada

- **Cambiador de Idiomas**: Este módulo muestra los idiomas disponibles para el contenido y para que se pueda cambiar entre ellos

- **Buscar**: Este módulo mostrará un cuadro de búsqueda

- **Estadística**: Este módulo muestra información estadística sobre el servidor, los usuarios del sitio web, artículos, enlaces web, etc

- **Sindicato**: El módulo sindicato mostrará un enlace que permite a los usuarios tener un feed de tu sitio

Módulos de Utilidad

Estos módulos están diseñados para presentar la navegación web:

- **Menú**: Este módulo muestra un menú en el sitio

- **Breadcums**: Pasos para la navegación de los usuarios a través del sitio

Crear nuevo módulo

Ahora, vamos a ver cómo agregar un nuevo módulo.

1.   Ir a **"Extensiones"** => **"Gestor de Módulos"**, a continuación, haga clic en el botón **"Nuevo"** en la barra de herramientas.

2.   En la ventana emergente, seleccione el módulo que desea crear. Por ejemplo, vamos a crear el módulo **"Login"** para permitir a los usuarios acceder a sitio web.

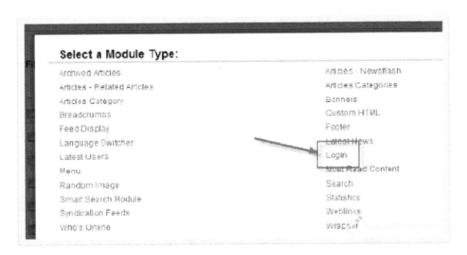

Select "Login" module

3.   Ahora tiene que introducir los datos del nuevo módulo. No se olvide de seleccionar la posición en la que desea colocar el módulo.

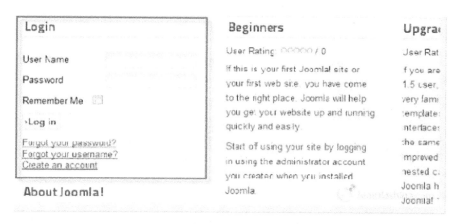

4. Por último, haga clic en el botón "**Guardar y Cerrar**" para completar el proceso. Vamos a ver cómo se ve en el front-end

Ahora ya puede agregar más módulos con el mismo proceso.

Las Extensiones de Joomla

Como se mencionó antes, las extensiones están especialmente diseñadas para ser conectadas a Joomla con el fin de ampliar la funcionalidad del sitio web. Por ejemplo, si usted quiere tener una galería de fotos, galería de vídeos o una forma avanzada de contactos, entonces tendrá que instalar extensiones para esos fines. Para obtener información más detallada sobre las extensiones de

Joomla, consulte la sección "¿Qué puedo hacer con Joomla?" => "Extensiones".

Por defecto, Joomla se distribuye con varias extensiones que cubren las necesidades básicas.

- **Banners**: Extensión para la gestión de banners y presentación.

- **Contactos**: Extensión para la gestión de contactos y la presentación de formulario de contacto

- **Newsfeeds**: Extensión para la gestión de RSS feeds y presentación

- **Redirección**: Extensión para gestionar redirecciones de URLs

- **Weblinks**: Extensión para la gestión de enlaces web y presentación

Echemos un vistazo más de cerca a cada una de las extensiones por defecto para entender cómo trabajar con extensiones de Joomla en general.

La extensión por defecto "Contactos"

En esta sección, aprenderá a utilizar la extensión para Joomla **"Contactos"**. Esta extensión le permite crear formularios de contacto para que cualquiera pueda enviarle correos electrónicos o mensajes a usted.

Creación de categoría de contactos

Tenemos que crear contactos para usuarios y que se pongan en contacto a través de formularios. Sin embargo, para una mejor organización de contactos, primero tenemos que crear las categorías de contactos.

1. Ir a "Componentes" => "Contactos" => "Categorías"

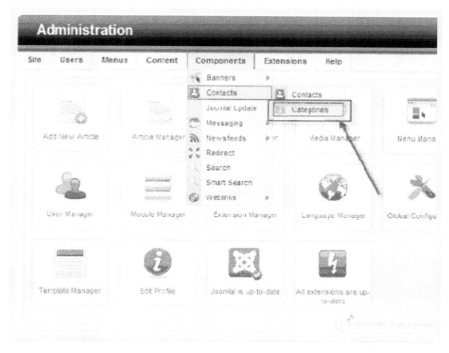

Click on contact categories

2.　　A continuación, haga clic en el botón "**Nuevo**" en la barra de herramientas para crear nueva categoría de contacto.

3.   A continuación, rellene el título de la categoría del nuevo contacto, por ejemplo "Administradores de sitio web", y guárdelo haciendo clic en "**Guardar y Cerrar**".

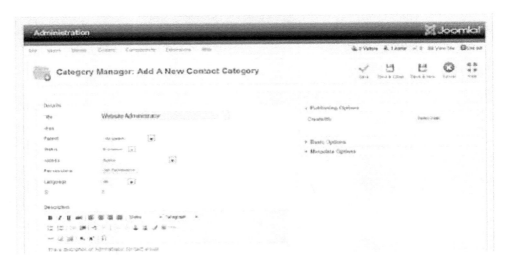

Crear nuevo contacto

Ahora, cuando las categorías de contacto están listos, es el momento de crear el contacto.

1.   Ir a "Componentes" => "Contactos" => "Contactos"

2.   A continuación, haga clic en el botón "**Nuevo**" en la barra de herramientas para crear un nuevo contacto.

3.   A continuación, rellene los siguientes campos en la sección "**Nuevo Contacto**":

•   **Nombre**: Introduzca el nombre del contacto, que podría ser su nombre

•   **Categoría**: Elija la categoría que ha creado previamente

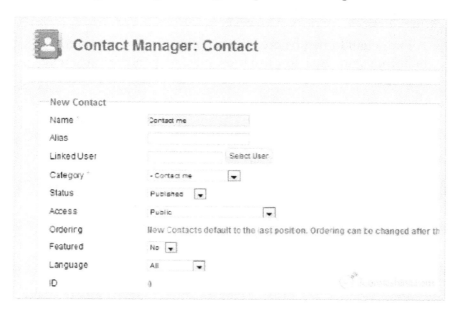

4.   A continuación, en la sección "**Contacto**" en el lado derecho de la pantalla, ponga el nombre del correo electrónico de

contacto en el parámetro **"Email"**. Este parámetro es muy importante, ya que todos los datos recogidos del formulario de contacto serán enviados a esta dirección de correo electrónico.

5.   Por último, haga clic en **"Guardar y Cerrar"** para guardar el contacto.

Creación del menú para mostrar el formulario de contacto

Ahora, cuando hemos creado un contacto, es el momento de crear la forma para que los usuarios puedan ponerse en contacto con nosotros.

1.   Seleccione la opción del menú "Menús" => "Menú Principal" => "Agregar nuevos elementos de menú"

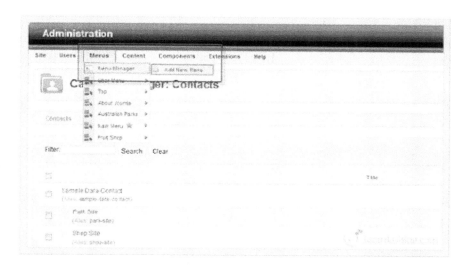

2.   A continuación, haga clic en **"Seleccionar"** para seleccionar el tipo de elemento del menú.

3. A continuación, elija "**Contacto Simple**"

Select a Menu Item Type:

Contacts
List All Contact Categories
List Contacts in a Category
Single Contact
Featured Contacts

Articles
Archived Articles
Single Article
List All Categories
Category Blog
Category List
Featured Articles
Create Article

Smart Search
Search

Newsfeeds
List All News Feed Categories
List News Feeds in a Category
Single News Feed

Search
Search Form or Search Results

Users Manager
Login Form
User Profile
Edit User Profile
Registration Form
Username Reminder Request
Password Reset

Weblinks
List All Web Link Categories
List Web Links in a Category
Submit a Web Link

Wrapper
Iframe Wrapper

System Links
External URL

4. A continuación, cubra los datos del campo "**Menú Título**" con el título que desee, por ejemplo "Ponte en contacto conmigo".

5. A continuación, seleccione el contacto y haga clic en el botón "**Cambiar Contacto**"

6.   A continuación, haga clic en el contacto que creó previamente.

7.   Por último, haga clic en "**Guardar y Cerrar**" para guardar esta opción de menú.

Ahora, vamos a ir a la página web front-end para ver el resultado. Mira el "Menú principal", verá elemento de menú "Ponte en contacto conmigo". Haga clic en él y verás formulario de contacto.

Hemos añadido un formulario de contacto para el sitio web. Este formulario se puede ajustar bastante más ya que disponemos de numerosas opciones para ello.

Ajustes adicionales

Ir a "**Contactos**" o "**Categorías**" y haga clic en el icono "**Opciones** " en la barra de herramientas.

En la ventana que aparece puede configurar todo tipo de parámetros que desee.

Añadir nuevas extensiones

Durante la evolución de su página web, usted querrá agregar más funcionalidades que irán más allá de las extensiones predeterminadas. En esta parte, vamos a ver qué extensiones puede agregar a su sitio web y cómo hacerlo.

Definición de extensiones para ser instaladas

Por supuesto, cada sitio tiene su propio propósito y no hay una lista que nos concuerde con nuestras necesidades específicas. Sin embargo, hay una cierta cantidad de extensiones que cada sitio web debe tener. Por ejemplo, galería de imágenes, galería de videos, creación de formularios, la integración con las redes sociales, la presentación en dispositivos móviles, etc.

Encontrar extensiones útiles

El mejor lugar para que usted encuentre extensiones útiles de Joomla es Joomla Extensions Directory (JED). Es un recurso inmenso con un gran número de extensiones de Joomla divididas en determinadas categorías basadas en la funcionalidad.

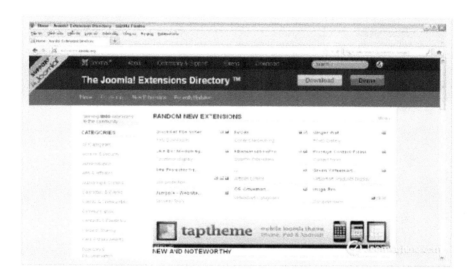

Todas las extensiones tiene una sección de votación y revisión, en la que comprobar y juzgar. Este directorio es moderado por equipo profesional y puede tener cierto nivel de confianza a los artículos publicados aquí.

Instalación de nuevas extensiones

Después de seleccionar y descargar las extensiones que piensa que son necesarias para su sitio web, lo que necesitará saber es cómo instalarlas y ponerlas a trabajar en su sitio web.

1.   Ir a "Extensiones" => "Gestor de Extensiones"

2.   A continuación, haga clic en **"Examinar"** para seleccionar el paquete de extensión de Joomla descargado

3.   Después de eso, haga clic en **"Subir & Instalar"** para iniciar la carga e instalar este archivo en su sitio.

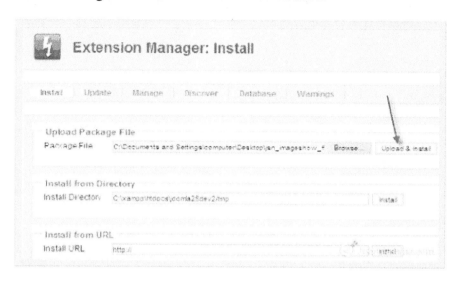

Joomla automáticamente reconoce el lugar adecuado para poner la extensión sobre la base de su tipo. Por ejemplo, si la extensión es un componente, usted lo verá en el menú **"Componentes"**, si esa ampliación es un módulo, usted lo encontrará en el **"Gestor de Módulos"** y así sucesivamente.

JSN Image Show in Components

Desinstalación de extensión

Si has encontrado alguna extensión que no cumple con lo que necesita, no dude en desinstalarlo.

1.   Ir a "Extensiones" => "Gestor de Extensiones" y haga clic en el "Administrar".

2.   De entrada podrá ver la extensión completa o solo una parte de la extensión, para ello use el campo de texto "**Filtro**" y haga clic en el botón "**Buscar**".

3.   Marque la casilla junto a la extensión que desee desinstalar y haga clic en el botón "**Desinstalar**" en la barra de herramientas.

Uninstall the extension

Comparativa de Joomla con Drupal y Wordpress

Joomla, **Drupal** y **Wordpress** son los tres Sistemas de Gestión de Contenidos (**CMS**) más utilizados en la actualidad. A su vez, son los tres sistemas que cuentan con mayores comunidades de desarrolladores, recursos, manuales e información.

¿Porque deberíamos trabajar con Joomla?

Vamos a ver las siguientes comparativas y luego usted podrá tomar su decisión sobre que CMS se ajusta más a sus necesidades

1. A nivel de **Programación** estas son las Características de los 3 CMS:

Joomla	Drupal	Wordpress
Modelo-Vista-Controlador (MVC)	Presentation-Abstraction-Control (PAC)	Application Program Interface (API)
Documentación Fair	Una buena documentación	Documentación Gran
MySQL, SQLServer, SqlAzure y Oracle	MySQL, PostgreSQL, SQLite	MySQL
PHP 5.2 +	PHP 5.2 +	PHP 4.3 +
Apache, Microsoft IIS	Apache, Microsoft IIS	Apache, Microsoft IIS

2. A continuación podemos ver este gráfico que representa en color granate el **uso** del CMS y en color lila la **cuota de mercado** que tiene cada CMS.

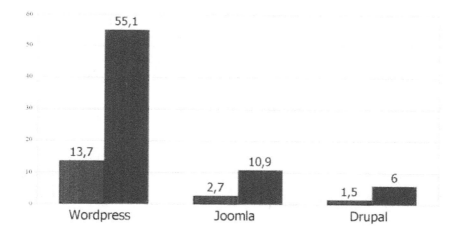

Comparamos ahora los CMS por su **capacidad de gestionar** los contenidos:

	Joomla	Drupal	Wordpress
Contenido	Artículos	Páginas	Páginas y Mensajes
Categorización	Categorías	Taxonomía	Categorías y Etiquetas
Extensiones	Componentes, Módulos y Plugins	Módulos y Bloques	Plugins y Widgets
Diseño	Posiciones	Regiones	Áreas Widget

Ahora comparamos lo que se llama la **curva de aprendizaje**.

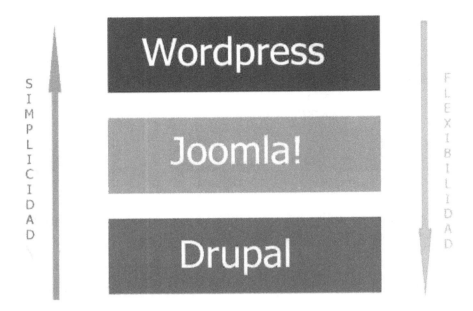

Entonces…¿porque elegimos Joomla para construir un sitio web? Joomla es un sistema muy versátil y con una gran comunidad como soporte técnico, lo cual nos proporciona una gran cantidad de recursos que otros CMS no pueden tener. Le haremos un resumen de puntos fuertes y débiles de los 3 CMS para que usted tener un conocimiento objetivo sobre este tipo de sistemas.

CMS	Curva Aprendizaje	Recursos	Flexibilidad / Escalabilidad
Wordpress	Es el CMS más sencillo de manejar.	Tiene una comunidad muy amplia. Con numerosos plugins gratuitos y comerciales	Poco flexible: está muy orientado a la realización de Blogs. Poco escalable.
Joomla	Un poco más complejo que Wordpress pero perfectamente manejable para un usuario amateur.	Una de las comunidades más amplias. Extensiones, plantillas, módulos, plugins, puentes con otras aplicaciones.	Bastante Flexible: se puede construir muchas aplicaciones distintas y se pueden programar bastantes parámetros
Drupal	Es el CMS más complejo de manejar.	La comunidad está creciendo en estos momentos. Pero aún está muy lejos de las comunidades de Wordpress y Joomla.	Muy Flexible: permite programar prácticamente cualquier parámetro del CMS. Se pueden realizar todo tipo de aplicaciones.

Copia de Seguridad y Restauración de Joomla

Ahora vamos a ver como hacer copias de seguridad y restaurar joomla usando Akeeba Backup. Akeeba Backup es uno de las mejores aplicaciones de copia de seguridad de su instalación de Joomla. Es el más usado y es uno de los que mejores críticas recibe y además es gratis.

Primero descargue Akeeba Backup e instálelo como lo haría normalmente al instalar un módulo o componente. Inicie sesión en su sitio web como administrador e instálelo y luego configúrelo de acuerdo a sus necesidades.

URL de Akeeba Backup:

http://www.akeebabackup.com

Se recomienda utilizar el formato de compresión jpa. Es el formato de compresión utilizado por Akeeba Backup que mejores resultados da, si quiere ver más información para programar las copias de seguridad de una manera más profesional y detallada, puede consultar la documentación de Akeeba Backup en:

https://www.akeebabackup.com/documentation/akeeba-backup-documentation/archiver-engines.html

Después de haber configurado Akeeba Backup, vaya a **Componentes → Akeeba Backup** y haga clic en **Backup Now**.

1. Haga clic en **Akeeba Backup**

2. Haga clic en **Backup Now**

3. Haga clic en **Backup Now!** y puede introducir alguna descripción.

4. Ahora se muestra la copia de seguridad en proceso

Procure no ir a otra página mientras está en el modo de copia de seguridad a menos que vea un error.

5. Administrar el archivo de copia de seguridad

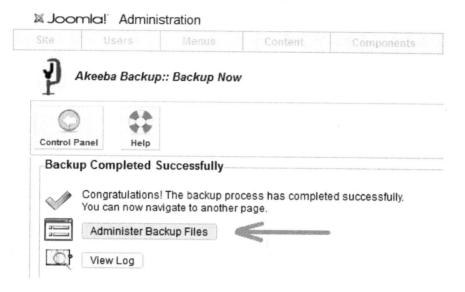

6. Ahora puede ver los detalles del archivo, incluyendo el tamaño y ahora ya puede descargar el archivo de copia de seguridad. Es preferible usar un cliente **FTP** para descargar los archivos desde el servidor

Como puede ver, realizar una copia de seguridad de su sitio web contraído con Joomla es muy sencillo.

Ahora vamos a ver cómo restaurar su sitio web en el mismo servidor:

1. Descomprima el archivo que ha descargado anteriormente, usando el extractor de Akeeba, comprima el contenido en un formato que el servidor puede leer, como por ejemplo. Zip. Procure utilizar únicamente el asistente del extractor de Akeeba si el archivo ha sido comprimido en formato APP.

2. Inicie sesión en el servidor y borrar todos los archivos de su sitio web joomla de la raíz de su sitio. Es muy importante que solo elimine los archivos y carpetas de joomla, y no otros archivos. Usted puede guardar una copia estos en otro lugar.

3. Cargue el archivo zip en su servidor y descomprima el contenido en la raíz de su sitio web joomla, donde eliminó anteriormente las carpetas y los archivos de joomla.

4. Después de desempaquetar el archivo, asegúrese de que todas las carpetas y los archivos están donde deberían de estar, o de lo contrario se producirán errores al iniciar el proceso de instalación

5. Ahora abra su navegador web y escriba la dirección URL de su sitio web joomla y siga las instrucciones en pantalla.

Asegúrese de seleccionar la opción para eliminar el directorio de instalación de forma automática.

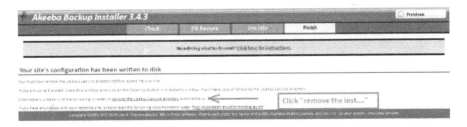

El directorio de instalación ha sido eliminado, haga clic en **Aceptar**

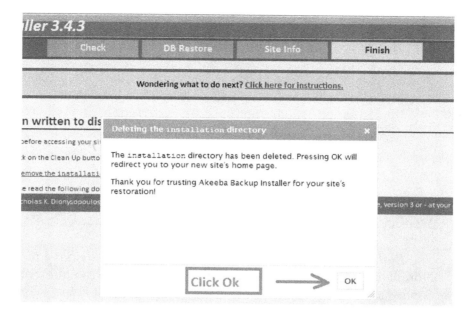

6. Eso es todo, su sitio web joomla debería de estar en funcionamiento. Es un proceso muy sencillo.

Referencia Bibliográfica

Para la realización de este libro se han consultado, leído, traducido y contrastado datos con las siguientes fuentes de información:

Libros:

Drupal 7. The Essentials, escrito por Johan Falk, World Fallz y Maurice Bouchard, entre otras contribuciones.

Site Building Guide, escrito por Emma Jane Westby, Hans Fredrik Nordhaug, Ariane Khachatourians y Lisa Rex, entre otras contribuciones.

Joomla 2.5 Made Easy. Escrito por el Equipo de Joomlashine

How to choose between Joomla, Drupal and Wordpress. Escrito por Marco Barbosa.

Páginas web:

http://www.drupal.org

http://www.joomlahispano.com

http://www.ostraining.com

http://www.wikipedia.org

http://www.mbrsolutions.com

Acerca del Autor

Ángel Arias

Ángel Arias es un consultor informático con más de 12 años de experiencia en sector informático. Con experiencia en trabajos de consultoría, seguridad en sistemas informáticos y en implementación de software empresarial, en grandes empresas nacionales y multinacionales, Ángel se decantó por el ámbito de la formación online, y ahora combina su trabajo como consultor informático, con el papel de profesor online y autor de numerosos cursos online de informática y otras materias.

Ahora Ángel Arias, también comienza su andadura en el mundo de la literatura sobre la temática de la informática, donde, con mucho empeño, tratará de difundir sus conocimientos para que otros profesionales puedan crecer y mejorar profesional y laboralmente.

www.ingramcontent.com/pod-product-compliance
Lightning Source LLC
Chambersburg PA
CBHW080130060326

40689CB00018B/3740